市值增长

| 林佑刚 ◎ 著 |

增长

打造卓越价值管理体系

MARKET VALUE GROWTH

机械工业出版社
CHINA MACHINE PRESS

图书在版编目（CIP）数据

市值增长：打造卓越价值管理体系 / 林佑刚著 .

北京：机械工业出版社，2024. 8. —— ISBN 978-7-111
-76388-8

Ⅰ . F279.246

中国国家版本馆 CIP 数据核字第 2024C42D13 号

机械工业出版社（北京市百万庄大街 22 号　邮政编码 100037）
策划编辑：谢晓绚　　　　　　　　责任编辑：谢晓绚　崔晨芳
责任校对：张勤思　李可意　景　飞　责任印制：常天培
北京机工印刷厂有限公司印刷
2024 年 11 月第 1 版第 1 次印刷
170mm×230mm・24 印张・1 插页・306 千字
标准书号：ISBN 978-7-111-76388-8
定价：79.00 元

电话服务　　　　　　　　　　网络服务
客服电话：010-88361066　　　机　工　官　网：www.cmpbook.com
　　　　　010-88379833　　　机　工　官　博：weibo.com/cmp1952
　　　　　010-68326294　　　金　书　网：www.golden-book.com
封底无防伪标均为盗版　　　机工教育服务网：www.cmpedu.com

序

实现卓越成长的逻辑

    我国股票市场自 20 世纪 90 年代初正式设立以来，在股市波动起伏中，有大量的上市公司曾经辉煌，但其股票最终变成垃圾股乃至退市，也有不少上市公司自上市后实现了业务的快速发展和业绩的持续增长，穿越牛熊，成为股市的常青树，为投资者带来丰厚的回报。

    二十多年前，作者在美的集团证券部门工作时，美的电器（000527）就已经是资本市场的绩优白马股，彼时，美的电器的市值不过几十亿元。时至今日，美的集团（000333）仍然是被投资者喜爱的优秀上市公司，但市值已经达到几千亿元规模，最高甚至达到 7000 多亿元。持续的业绩增长让美的集团成为资本市场的优秀典范，其股票常年成为被外资爆买的对象。

    最近两年，我的前美的同事纷纷根据自己的工作经历和研究，出版了好几本有关美的经营管理方面的书，受到读者的热捧。

    作为横跨管理与资本市场市值管理服务的"双栖"顾问，多年前作者曾经发愿写一本有关市值管理的书，力图帮助成长型上市公司切实建立战略导向的系统化市值管理思维和工作方法论，为成长型上市公司合法、合规、有效做好市值管理，实现市值增长提供智慧助力，而不是通过违法违规的非正常方式炒作股价而得到短时的市值增长，最终陷入"眼看他起朱楼，眼看他宴宾客，眼看他楼塌了"的可叹结局。

于是，作者以美的集团、招商银行、比亚迪、迈瑞医疗、汇川技术等中国优秀上市公司的发展经验为依托，结合多年管理与顾问的经历和研究，梳理出美的集团等优秀上市公司市值增长的内在逻辑，最终形成了本书。

就上市公司市值增长的内在逻辑，作者做了如下阐述。

一、卓越成长的含义

上市公司如何才能获得投资者的青睐，成为股票市场的"常青树"？答案是实现卓越成长。

什么是卓越成长？其含义是，企业能够顺应产业发展趋势，把握准产业发展周期，"在正确的时间做正确的事"，持续获得业绩的增长，无论在营业收入、净利润还是市场地位方面都成为行业前三名。卓越成长的具体表现为：

（1）公司营业收入、净利润在较长的时间（10年以上）里实现倍数增长。

（2）市场地位（市场规模、市场占有率、品牌影响力等）进入行业前三名。

（3）在资本市场上，公司市值在业绩增长的支撑下，在较长的时间（10年以上）里穿越牛熊市的大小波动，呈现持续增长态势，为长期股东带来良好的价值投资回报。

在A股上市公司中，截至2023年6月30日市值排名前50名的诸如宁德时代、招商银行、中国平安、比亚迪、美的集团、迈瑞医疗、海康威视、汇川技术等完全市场化发展起来的公司，是中国企业卓越成长的典型代表。

我们选取宁德时代、招商银行、美的集团、迈瑞医疗、海康威视、汇川技术六家上市公司自上市以来的业绩进行统计比较，完全印证了上述卓越成长的三个具体表现。

这六家公司自上市以来，市值增长均为高倍速增长，截至2023年6月30日，最迟在A股上市的迈瑞医疗自2018年10月16日上市以来市值增长了3.25倍，同年6月11日上市的宁德时代市值则增长了11.79倍，而最早于2002年上市的招商银行市值则增长了10.11倍。这六家公司的市值表现如图0-1所示。

图0-1　研究标的上市首日与2023年6月30日的市值 [⊖]

这些市值持续增长的优秀公司，自上市以来其营业收入、净利润等核心业绩指标也呈现倍数增长态势，最迟上市的迈瑞医疗增长倍数最小，营业收入、净利润增长为1.21和1.58倍；而于2013年整体上市的

⊖　除另外注明的，本书数据均来自东方财富Choice。

美的集团在高基数下，营业收入、净利润的增长倍数也达到 1.85 和 2.56 倍；2002 年上市的招商银行营业收入增长了 42.10 倍，净利润则增长了 78.59 倍，增速惊人；上市仅 4 年的宁德时代借助新能源汽车的快速普及增速最快，营业收入增长了 10.10 倍，净利润增长了 8.07 倍。这六家公司上市首年与 2022 年的营业收入、净利润表现如图 0-2、图 0-3 所示。

图 0-2　研究标的上市首年与 2022 年的营业收入

数据来源：公司年度报告。

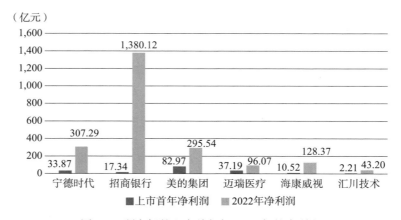

图 0-3　研究标的上市首年与 2022 年的净利润

数据来源：公司年度报告。

上述六家上市公司的市值倍数、营业收入倍数、净利润倍数如表 0-1 所示。

表 0-1　六家研究标的市值倍数、营业收入倍数、净利润倍数

上市公司	上市时间	市值倍数	营业收入倍数	净利润倍数
宁德时代	2018 年 6 月 11 日	12.79	11.10	9.07
招商银行	2002 年 4 月 9 日	11.11	43.10	79.59
美的集团	2013 年 9 月 18 日	5.81	2.85	3.56
迈瑞医疗	2018 年 10 月 16 日	4.25	2.21	2.58
海康威视	2010 年 5 月 28 日	7.57	23.07	12.20
汇川技术	2010 年 9 月 28 日	17.20	34.09	19.55

注：市值倍数为 2023 年 6 月 30 日收盘价对应的市值除以上市首日收盘价对应的市值，营业收入倍数、净利润倍数为 2022 年数值除以上市首年数值。

二、卓越成长的逻辑

这些优秀的上市公司为什么能够实现卓越成长？

研究上述六家 A 股优秀上市公司的成长历程，我们可以发现它们实现卓越成长背后的逻辑主要有以下几点：

（1）具有前瞻性的产业趋势判断，有效把握产业发展趋势，率先实现行业规模领先。

（2）战略导向，适时做好业务布局，并以终为始，在关键成功因素上着力。

（3）能够因应竞争环境进行持续的组织变革，打造组织能力。

进一步总结，这些优秀公司的卓越成长体现了如下内在逻辑：由于市值＝利润 × 市盈率，其市值要在资本市场波动中持续呈现上升状态，根本在于公司能实现持续的业绩增长。公司业绩增长背后的动因，是公

司在产业周期中的优秀战略布局下形成了具有强竞争力的多层次业务增长结构，以及在业务经营发展中战略引领下的强组织执行能力。

三、以终为始，实施从业务到能力上的布局

对企业而言，以终为始，就是坚持战略导向，基于战略，展开多层次的业务组合布局，持续推进组织变革，提升组织能力，以驱动企业走向成功，实现卓越成长。

对成功的企业家而言，"以终为始"是一种思维习惯。"以终为始"意味着企业家在领导企业经营管理的过程中，总是以对未来的前瞻性思考和判断为出发点，给自己确立宏伟的目标并决定自己当下的领导行为。

任正非是一位"以终为始"的卓越大师，早在1994年华为还只是通信行业的"小萝卜头"的时候，他就跟员工宣扬未来全球通信市场"三分天下，华为有其一"，结果华为用了不到15年（到2008年）就达到了这一目标。在此过程中，华为通过《华为基本法》在20世纪90年代后期明确了未来较长一段时间的业务战略大方向以及组织原则和组织能力要求，在此期间持续开展并完成了从集成产品开发（IPD）到集成供应链（ISC）、集成财经服务（IFS）、开发战略到执行（DSTE）等一系列流程变革。通过开展持续的渐进式管理变革，华为打造出卓越的全球化组织运行能力。

在华为跻身全球通信行业三强之后，任正非并没有停下前进的脚步，他又提出华为要做"全球通信领导者"，结果不到10年便达成了此战略目标。即使2018年以来遭受来自外部的重大危机，华为仍表现出了极强的组织韧性。

美的集团的创始人何享健同样是"以终为始"的管理大师，他在1997年就提出"要么不做，要做就做到行业前三"，结果美的集团在白

色家电领域的所有品类都做到了行业前三名。为了达成战略目标，美的集团持续开展组织变革，在推动美的集团由几亿元迈向千亿元规模的同时，也打造出一个中国民营企业卓越组织机制的标杆。更让人钦佩的是，何享健在接班人培养上，同样"以终为始"，提前十几年着力培养方洪波，并顺利地在 2012 年把千亿元规模的美的集团经营管理重任交给了以方洪波为首的职业经理人团队。

"短期看业绩增长，中期看业务布局，长期看能力发育。"资本市场对上市公司市值增长预期的流行说法高度概括了卓越成长的果因关系 ⊖。

四、关于本书

本书将以上述六家为代表的 A 股优秀上市公司作为研究样本，结合作者团队多年企业管理与咨询服务经验，探究上市公司市值增长的因果驱动逻辑，形成一套可供中国成长型上市公司学习借鉴的卓越增长方法——"一二三四"循环市值增长闭环管理。

"一"：以市值增长为基本出发点，厘清市值增长逻辑。

"二"：实现公司所处的产业与资本两个市场的产融交互循环。

"三"：公司形成从价值创造到价值传播再到价值实现的联通产业与资本市场的价值循环。

"四"：公司要形成从战略信念力到战略方向力，再到战略推进力，以及战略变革力加持下的以业务增长为核心的市值增长战略行动管理循环。

本书的内容结构如下。

以"形成好思维""成就好公司""打出好价格""达成好交易""展

⊖ 市值、利润等是经营的结果，这些结果是由背后的原因（经营行为、能力等）推动形成的，我将这种关系称为"果因关系"。

开好行动"五个"好"建构卓越价值管理体系的完整框架，形成第一章至第五章的内容。

具体来说，第一章，对市值增长的内在逻辑做了梳理，通过市值影响因素金字塔模型，解构影响市值增长的多层面因素；通过"一二三四"循环建立市值管理体系框架。

第二章，就市值增长的决定因素（价值创造）构建一个大的思考框架，包括厘清价值创造的果因关系，价值创造应如何以产业发展趋势为战略导向，如何在内部系统性地思考和构建公司的创新机制以获得价值创造的源泉，如何厘清战略效能与运营效率之间"大处着眼，小处着手"的关系，以及二者在价值创造中所起的基础性支撑作用。

第三章，就上市公司如何在资本市场进行有效的价值传播建立一个完整的工作框架，创新性地将整合营销传播原理、传播心理学等运用于资本市场价值传播，提出整合价值传播的系统性方法，让价值传播"既见树木，又见森林"。

第四章，明确指出价值实现不是单纯的股票套现，其本质是一个"投入—产出"不断循环的完整过程。基于此，提出两种价值实现管理策略：基于战略的价值实现管理、基于股东的价值实现管理。本章开创性地基于战略导向的价值实现角度，将定增[⊖]、可转债、配股、回购、股票激励、盈余管理、商誉减值、分拆等资本运作方式分为筹资型、内部激励型、内部调节型三类价值实现的策略性工具，以帮助上市公司从更广阔的视角有策略地使用这些工具。

第五章，基于实战的需要，从战略信念、战略规划、战略执行、战略变革四个角度，就如何实现增长提出一套卓越增长战略闭环管理方法。

⊖ 即定向增发。

而第六章，则重点介绍了美的集团、比亚迪、迈瑞医疗三个优秀企业的卓越成长案例。

世界百年变局之际，大时代的逻辑正在重构，各行各业都在发生巨大的变化。例如，"卡脖子"让很多企业陷入困境，但也给自主创新技术品牌以极大的发展机会；全球新能源汽车渗透率不断上升，既给了很多坚定选择新能源汽车产业链的企业以极大的业务增长机会，也让传统燃油汽车产业链上的企业面临极大的生存危机。再比如，随着互联网的进一步发展，数字化转型已是大势所趋，如果企业不能及早跟上，就可能在效率、质量、客户服务上落后于竞争对手，逐渐被客户抛弃，与竞争对手拉开差距。

做大做强是企业的"天然"追求，要实现卓越成长，就必须做时代的企业，能积极承担社会责任，将 ESG（环境、社会、治理）理念与自身经营发展高度融合，不断自我变革、自我进化，不断刷新能力曲线。

CONTENTS

目　录

第一章

形成好思维
增长逻辑要厘清

  对上市公司而言，建立完整的市值形成认知体系，把握资本市场对自身市值影响的运行机制并加以有效利用，具有重大的现实价值。

  通过自身健康、可持续地创造价值，产业投资与资本市场形成良性互动，既能支持上市公司更好地发展，又能为股东带来实实在在的收益。

第一节　市值增长的影响因素

市值（市场价值，Market Value）对上市公司而言，是指一家上市公司所发行的股份按市场价格计算出来的总价值。市值不仅反映了上市公司当前的内在价值，也反映了上市公司的未来价值的折现。上市公司的内在价值是上市公司市值的基础，上市公司的市值是上市公司内在价值的外在表现，代表着股东财富的多少。

所谓内在价值，又称为投资价值、公平价值或内涵价值等，是指企业预期未来现金流收益以适当的折现率折现的现值，它强调的是企业的持续盈利能力。专业投资者在对企业债券、股票等进行投资时，通常会使用所评估出来的内在价值作为决策依据。

所谓市场价值，是指企业出售所能够取得的价格。当企业在市场上出售时，其买卖价格即为该企业的市场价值。市场价值也可以理解为公司未来价值的当前折现。

例如，会畅通讯（300578）于2023年5月8日公告，控股股东北京会畅企业管理合伙企业（有限合伙）和实际控制人黄元元拟将其直接持有的公司股份合计54,090,000股股份（占公司目前总股本的27.00%）转让给江苏新霖飞投资有限公司，本次交易的股份转让价格为19.47元/股，股份转让总价款共计人民币1,053,132,300元。该转让价格即会畅通讯该等股份在当时的市场价值。

市场价值本质上是由内在价值所决定，只不过会受市场的供求关系影响而产生波动。在这里，我们做一个专门的界定，上市公司股票的单位市场价值即股票价格，即所谓"股价"，上市公司股本数与股价的乘积为市值。

对上市公司而言，市值或者股价 [⊖] 永远是一个波动的数值。

从长期角度看，市值取决于产业的大趋势与上市公司主动创造价值的能力。但是，市值或者股价又受多种因素的影响，只要上市公司不退市，它就处于"永续"波动状态。

从根本上说，市值或股价的波动永远是围绕着企业的内在价值进行的，有时内在价值被低估并反映为股价的持续低迷，有时内在价值被高估，反映在股价上则是市盈率等相对估值指标高企，也即价格与内在价值偏离度过大，如图 1-1 所示。

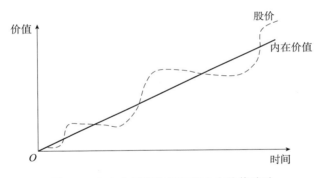

图 1-1 上市公司股价围绕着内在价值波动

上市公司需要厘清市值在"永续"波动中到底是被什么因素影响乃至左右着，它背后的逻辑是什么。接下来我们对此进行探讨。

⊖ 在本节中，当说到市值时，其内涵基本上与价格等同，因为市值＝股本数 × 股价，而在某一时段内股本数是相对固定的，因此，在该公式下，股价是市值的唯一函数。

一、市值影响因素金字塔模型

1. 由两个市值公式分解市值影响因素

从中长期的维度来看，企业的盈利能力与其估值之间存在一种动态的平衡，两者之间存在一种线性关系，这也构成了全球企业估值比较的基础。

在估值的方法上，虽然内生性估值方法（绝对估值方法）能够更好地评估企业的价值，但它基本无法直接体现股票市场上各种内外部影响因素对股价／市值波动的影响。因此，要探究股价／市值的内外部影响因素及其机制，通过相对估值方法的计算逻辑进行分析是比较适宜的方式。其中，市盈率（PE）、市销率（PS）方法则是分别针对有盈利、未实现盈利两种企业利润状态最常用的方法。这里我们使用市盈率方法来分析市值波动的影响因素。

我们来看两个计算市值的公式：

$$市值＝利润 \times 市盈率$$
$$市值＝股本数 \times 股价$$

在上述公式中，可看出决定市值大小的有四个变量：利润、市盈率、股本数、股价。而在第二个公式中，股价＝每股收益（EPS）×市盈率，每股收益是利润和股本数的商，因此本质上，股价变化对应的是市盈率变化，也就是说这两个公式其实是同一种方法的两种表达。

我们对上述市值公式的变量进行再分解，形成金字塔式的多层次影响因素体系，称为"市值影响因素金字塔模型"。在这个模型中，我们认为，利润、市盈率、股价这三个关键变量均受到外部、内部因素的影响，由此，我们首先把影响这三个变量的因素分为外部因素和内部因素，然后再梳理内外部影响因素有哪些，由此形成多层次的金字塔结构。事实上，它也是一个多层次的市值形成果因关系图，如图 1-2 所示。

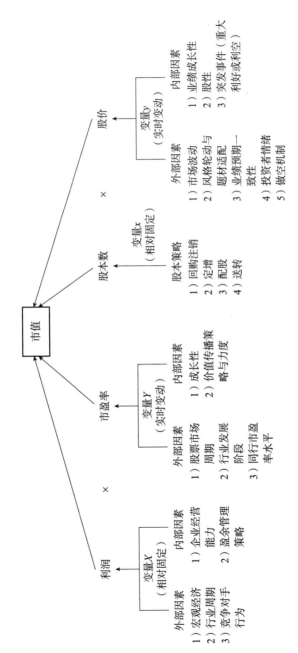

图 1-2 市值影响因素金字塔模型

2．从公式"市值＝利润 × 市盈率"的角度分析

通过这个公式可以看出，要想提高市值，有三种途径：

（1）增加利润——当市盈率不变时，每个业绩报告期（季度、半年、年）的利润如果不断增加，那么将会提高市值（在股本不变时直接表现为股价上涨）；

（2）提高市盈率——当利润不变时，市盈率提高，即市场估值水平的提高，也将提升市值；

（3）增加利润的同时，提高市盈率水平——当一家公司处于盈利持续增长阶段，而市场又处于牛市时，投资者就会极其看好这家公司的未来前景，因此愿意给其更高的市盈率，乘数效应明显。

很显然，要想让市值获得乘数效应，第三种途径是最佳方式，即在极力增加利润的同时，如果最大限度地提高市盈率，市值将可实现最大化的增长。

接下来我们进一步分析影响市值增长的利润、市盈率这两个因素背后的逻辑。

决定市值的第一个变量，也是最关键的因素，必然是利润，利润是一切市值的根源。一个企业的利润表现，从根本上说，取决于企业经营能力，包括商业模式选择、战略选择、组织能力、关键资源配置能力等，以及盈余管理策略。但同时也受制于宏观经济、行业周期、竞争对手行为等外部因素（见表 1-1）。

表 1-1　影响市值的利润、市盈率因素分解表

类别归属	利润	市盈率
	产业经营	资本经营
外部因素	1）宏观经济 2）行业周期 3）竞争对手行为	1）股票市场周期 2）行业发展阶段 3）同行市盈率水平

（续）

类别归属	利润	市盈率
	产业经营	资本经营
内部因素	1）企业经营能力 2）盈余管理策略	1）成长性 2）价值传播策略与力度

例如同样是养猪企业，牧原股份（002714）的盈利能力就比其他同行要强很多，在 2021 年全行业都在亏损的时候，它的扣非净利润仍高达67.85 亿元，原因在于其建立起了比其他竞争对手更具成本优势的产业链一体化能力。但是，无论牧原股份的盈利能力有多强，它仍然抵挡不住所在养殖行业"猪周期"下行阶段对盈利的侵蚀，2022 年一季度亏损额高达51.80 亿元，2023 年一季度亏损 11.98 亿元。

决定市值的第二个变量是市盈率，市盈率代表市场愿意给什么样的估值水平。一家上市公司市盈率的高低也受内外部因素影响。外部因素包括资本市场的波动与周期变化，也包括行业处于什么发展阶段，以及同行的市盈率水平等。

例如，熊市中市盈率普遍偏低，而牛市中市盈率普遍偏高。当上市公司所在的行业处于快速成长阶段时，投资者普遍愿意给更高的市盈率，因为快速成长能够更快拉低高企的市盈率水平。

影响市盈率高低的内部因素，主要是上市公司的成长性、价值传播策略与力度。当一个企业处于快速成长阶段，例如每年的利润增长超过50%，投资者有较好的成长预期，就愿意给更高的市盈率。

举个简单的例子，如果当年市盈率为 50 倍，公司下一年归母净利润预期增长 100%，那么意味着市盈率将下降到 25 倍，投资者在进行股票买卖时是按照预期的 25 倍甚至 30 倍来做决策的，于是当前 50 倍甚至 60 倍的市盈率完全可以接受。

上市公司价值传播策略与力度对股票的市盈率也会产生较大的影响，

持续有利好消息传出，并且善于与投资者进行有效沟通的上市公司，能够被投资者更深入地了解、理解。在良好的预期下，投资者能接受相对更高的市盈率。

例如爱尔眼科（300015）由于其眼科业务连锁发展的独特性，过去10年一直保持了较快的增长，其增长几乎没有停止过（见图1-3），长期以来，投资者看好其成长性，而且该公司特别擅长与投资者沟通，维持了极高的市盈率（见图1-4），2018年1月以来，市盈率最低也在35倍以上，最高甚至超过200倍!

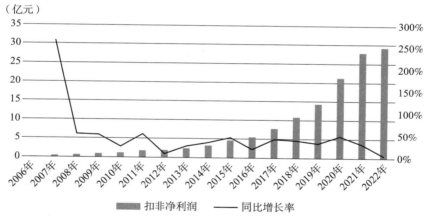

图 1-3　爱尔眼科上市以来的净利润表现

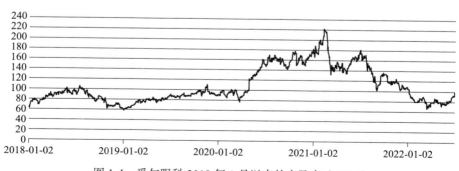

图 1-4　爱尔眼科 2018 年 1 月以来的市盈率（TTM）

3．从公式"市值＝股本数 × 股价"的角度分析

在这个公式中，我们先来看股本数对市值的影响。股本数是不是影响市值的变量？这要具体情况具体分析。

一个公司的股本变动，主要包括股票的回购注销、定增、配股、送转等。

股票的回购注销会增加每股的净资产含量，但公司整体的资产账面价值并不会增多或减少，主要还是体现公司在特定时期对公司价值或未来成长的信心，进而增强投资者对公司股价的信心，最终刺激投资者的购买需求，而投资者在买入股票时可能会推动股价上涨。

定增和配股是以市场能够接受的价格发行新的股票筹集资金，此举增加了注册资本和净资产值，是否能增大市值，取决于投资者对募投项目是否能够带来超额利润的信心。股票市场行情不好又叠加公司利润下降时，股价跌破定增价的情形比比皆是。

股票的送转属于公司的股本扩张，主要由公司根据自身业务发展需要考虑是否需要扩大注册资本，该动作不会对公司的价值带来直接的影响，相当于把一张大饼分成两份，而总价值量并没有变化。

如果在过去市场喜欢"高送转"题材的时代，股本转增可能会被认为是一个变量。举个例子：某公司股本数为1亿股，2022年实施10股转增10股的股本扩张计划，转增前股价是50元，总市值为50亿元。转增方案实施后股本变为2亿股，除权后股价变成25元，总市值并未发生变化。但投资者看好公司的未来发展前景纷纷买入公司股票，于是公司股价又由25元上涨到50元，公司的市值变成了100亿元，股价实现了所谓的"填权"。

在中国A股市场，过去多年，由于投资者的不成熟，上市公司的"高

送转"成为一个常被资金拿来炒作的大题材。当一家公司被认为具有高送转的可能时，往往在年报或半年报公布前会被资金炒作一番，极大地推升公司的市值。更有甚者，个别上市公司管理层与外部资金密谋合作，以非常隐蔽的方式相互配合，推高股价，达到高位套现的目的。在投资者日趋成熟的今天，高送转行为对股价的影响已经越来越小。

我们再来看股价的变动对市值是如何产生影响的。由于股本的扩张只是某一天开盘那个时点上的股份数量变化，在绝大部分时间都是一个固定的值，所以它不是影响市值的变量。从这个角度说，股价是影响市值的唯一变量。

在股票市场上，股价的波动是由资金方买卖股票直接推动的，因此，理论上只要有足够多的资金，就可以完全不考虑股票的基本面等支撑因素，利用资金优势连续买入股票而把股价推上去。

利用资金优势直接在股票市场推高股价，是做大市值最简单粗暴的方式。但是，不要忘了，股价＝每股收益 × 市盈率，如果没有盈利的支撑，也没有确定的未来成长性预期，炒作股价就只能使市盈率奇高，这样炒作起来的股价只会是空中楼阁、水中泡沫，如何涨起来还将如何跌下去。

但是，我们也要看到，股价的涨跌是由多种因素促成的，例如在某个时段，市场炒作风格与上市公司业务的题材属性刚好匹配，股票被炒作资金锚定，资金疯狂涌入炒作股价，于是上市公司市值短时间内实现大幅增长。2022 年第二季度市场对中通客车的炒作就是典型的例子。

在 2022 年 4 月底前，中通客车是一家名不见经传的山东地方国资控股的客车制造企业，很长时间市值都在 40 亿元以下，其股票甚至可以被归入"垃圾股"行列。然而，2022 年 5 月中旬开始，中通客车股票开始了一段"乌鸡变凤凰"的市值大涨之旅，短短两个多月时间股价涨了 4 倍多，股价由 5 月 5 日的 4.35 元（收盘价）上涨到 7 月 19 日的 22.89 元

（收盘价），对应市值也由 25.79 亿元增长到 135.71 亿元（市值走势参见图 1-5）。持有 1.1239 亿股的股东山东省国有资产投资控股有限公司本着"见好就收"的思维，趁股价高企时顺势减持了 1778.7 万股，减持均价在 22 元以上，可谓赚了个"盆满钵满"。

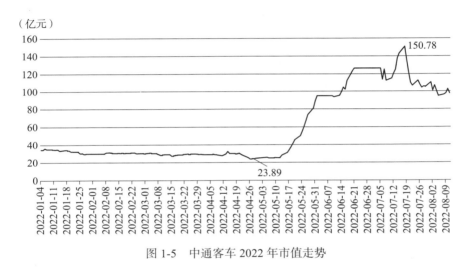

图 1-5　中通客车 2022 年市值走势

2023 年上半年市场对 AIGC 题材的关注导致相关个股大幅上涨也是市场炒作的典型现象，例如昆仑万维（300418）股价从 2023 年 1 月的不到 15 元被炒到了 5 月的最高价 70.66 元。

股价的波动受内外部多方面因素影响，主要的影响因素如表 1-2 所示。

表 1-2　影响市值的股本数、股价因素分解表

	股本数	股价
外部因素	—	1）市场波动 2）风格轮动与题材适配 3）业绩预期一致性 4）投资者情绪 5）做空机制

（续）

	股本数	股价
内部因素	1）回购注销 2）定增 3）配股 4）送转	1）业绩成长性 2）股性 3）突发事件（重大利好或利空）

上市公司管理层应明白股票市场的一个"真理"：所有的股价上涨都是由资金推动的，资金推高股价必然有其背后的缘由，是天时（市场环境因素）、地利（公司因素）、人和（市场资金因素）等各方面因素共振的结果。

总结而言，市值的影响因素包括外部、内部两部分。外部因素，特别是宏观经济、行业周期、市场波动等对企业而言属于客观因素，只能辨识，因势利导并善加利用。例如在股市低迷、价值被低估时，上市公司可进行回购或大股东增持公司股票，以增强投资者信心；在股市行情高涨时进行减持，可获得较好的投资回报。在内部影响因素方面，根本还在于以董事会为核心的公司经营管理层把公司经营好，使公司获得高质量的快速增长，实现持续的价值创造，唯有如此，市值的增长才具有可持续性。

二、利润为市值之"母"

把利润称为市值之"母"，毫不为过，因为在相对估值法中，利润是估值的根本要素，没有利润，上市公司的市值无从谈起。利润对市值的根本性决定作用，我们从前述两个公式已经能够很明确看出，接下来我们再做进一步的分析（参见图1-6）。

$$市值＝利润 \times 市盈率$$

$$股价＝每股收益 \times 市盈率$$

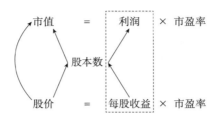

图 1-6　利润对市值、股价起着根本性的决定作用

在上述公式中，每股收益＝利润 ÷ 股本数，每股收益为利润的单位表达，本质上两者是一回事。很清楚，无论市值还是股价，利润都是其本源性影响因素。

市盈率也是影响市值和股价的变量，但如果没有利润的增长，就很难获得持续性的高市盈率。

虽然有人会说，很多企业没有利润，市值不是也很高吗？是的，上市公司中存在大量未实现盈利的企业，而且有些市值还很高，例如美国电商巨头亚马逊、中国电商龙头京东等互联网企业。这些企业过去多年没有实现盈利，但不影响其拥有万亿、千亿美元的市值，因为投资者对它们使用的是诸如市销率等估值方法。在用市销率评估市值时，公式如下：

市值＝销售收入 × 市销率

股价＝每股销售收入 × 市销率

这两个公式表达的内涵是，在行业发展周期的早期阶段，要想取得更高的市值或股价，应该尽快实现销售收入的快速增长，并由此获得更有力的市场竞争地位，以在未来取得更好的利润。在"赢家通吃"的互联网行业尤其如此。

我们还可以从公式"利润＝营业收入－成本"的角度来理解。决定利润的关键变量是营业收入和成本。在这个利润恒等式中，当成本相对固定时，营业收入的增长会带来利润的增长；当营业收入相对稳定时，成本的节约也会带来利润的增长。要想取得更大的利润，首先是"开源"，即提高营业收入；然后才是"节流"，即降低成本。在市场需求空间巨大，市场集中度还不高的情形下，提高营业收入，赢得更高的市场地位是每一个企业的首要战略任务。

三、走出市值管理的误区

2021年9月24日，证监会在通报有关案件调查进展、回答记者提问时表示，市值管理的根本宗旨是提高上市公司质量。上市公司应当切实提高合规意识，守法经营，合规运作，在依法合规的前提下运用资本市场工具合理提升公司经营治理水平，坚决抵制"伪市值管理"。监管部门的这一番话道出了市值管理的真正本质，也为上市公司的市值管理提供了明确的方向和工作指导。

1．有效市值管理的好处

市值是果，利润与市盈率是因。

市值管理是在合法、合规的前提下，以股东价值最大化为目标，以实业的可持续经营发展为根本支撑，遵循资本市场运作规律，以价值增长战略为导向，推动产业发展与资本支持良性互动的价值增值，最终实现股东价值最大化的系统管理行为。

市值管理的目标是股东价值最大化，通过有效的市值管理带来的市值增长，将直接体现为股东财富的增加，这是市值管理的最大意义所在。

市值增长，当股本不变时，意味着股价的上涨，它给上市公司自身的经营与发展带来的好处也是显而易见的。

首先，高市值有利于降低公司的资本成本。高市值意味着高溢价，投资者愿意以较高的价格认购较少的股份，上市公司在进行股权融资（增发或配股）时就可以用较少的股本扩张数量获得较多的增量资金，从而降低公司的资本成本。

其次，高市值有利于提高公司的营销能力。高市值意味着公司的基本面得到投资者的认同，可以提高公司的品牌知名度，使公司在经营时提高谈判地位和议价能力，有利于提高公司的营销能力，从而获得产品在市场上的竞争优势。在市值理性增长的基础上，股价增长与品牌价值提升之间是一种相辅相成、互相拉动的关系。在消费品市场上，上市公司出色的股价表现也会改善消费者对品牌的认知，增强品牌向心力，并为消费者带来愉悦的购物体验。

再次，高市值有利于降低公司的并购成本。上市公司利用股票而非现金作为并购的支付手段在成熟市场已经广泛流行，高市值意味着高股价，上市公司将用较少的增量股份（向并购标的的股东增发股票）获得并购标的，从而使并购完成后的每股收益上升，成功的并购又反过来提升上市公司的市值。

举个简单的例子。某上市公司原股本 1 亿股，净利润 10,000 万元，则对应每股收益为 1 元；股价 20 元，对应市盈率则为 20。该公司拟收购一家净资产为 1 亿元、净利润为 2,000 万元的企业，如果标的作价 2 亿元，上市公司在市盈率为 20 时实施收购，则需发行 1,000 万股，收购后上市公司股本数变为 1.1 亿股，每股收益为 1.091 元；如果上市公司当前的市盈率提高到 40，则它只需发行 500 万股，收购后股本为 1.05 亿股，每股收益为 1.143 元，对比收购前每股收益增加了 0.143 元。

最后，有效的市值管理除了可给股东和上市公司带来直接的经济效益外，还能推动上市公司建立一套强有力的运营管理机制。第一，市值管理使组织内每位员工的行动与价值创造和股东目标保持一致；第二，上市公司的市值管理是一种理念，促使上市公司能够在公司所有层面上对价值进行科学的管理，从公司的产品、服务到企业间的并购重组，从投资资本到人力资本，引导上市公司全面塑造自己的竞争优势；第三，市值管理也是一套规划和实施程序，它按照股东价值最大化的原则制订并执行战略规划；第四，市值管理也是一系列工具，它能使我们了解什么能够创造企业价值，什么可能会损害企业价值。

2. 市值管理的误区

股票所蕴含的巨大利益让有些资本玩家在二级市场上借市值管理之名，行股价操纵之实，牟取不法利益。坚守合法性边界，杜绝违法、违规行为是市值管理工作的正道。

市值管理的误区，从认知到行为，可分为认知误区、理念误区、行为误区三种情形，对应的解释如表 1-3 所示。

表 1-3　市值管理的误区

三大误区	解释
认知误区	对市值管理的内涵、知识体系没有完整的概念，对市值管理理解片面，例如认为市值管理就是股价管理或是投资者关系管理等
理念误区	指在市值管理的价值观选择与确立上存在偏差甚至产生邪念，这是一个根本性的问题
行为误区	指在开展市值管理时，要么没有系统性安排，要么抓不住关键要素，甚至出现违法行为

认知误区相对容易解决，通过学习可以改变认知，建立起完整的市值管理认知体系，但理念误区就不那么容易改变，因为这涉及一个人的价值观问题。

有一位上市公司实际控制人（董事长）曾经对作者说过这样一句话："公司管理团队要像爱护眼珠子一样爱护公司，只有这样才能始终走在正道上。"这位董事长是真正的明白人，拥有正确的市值管理价值观。事实上，该实际控制人所领导的公司也正因为拥有良好的价值观，而一直走在稳健发展的道路上，经营规模三年翻一番，市值一年上一个台阶。

3. 市值管理的合法性边界

市值管理的合法性边界到底在哪里？2021 年 9 月 24 日，在证监会新闻发布会（见图 1-7）上相关部门负责人的讲话为我们提供了清晰的答案。这个讲话为市值管理设立了"三条红线"，规定了具体所应遵守的"三项原则"，明确了市值管理的基本出发点——以"提高上市公司质量"为根本宗旨。

图 1-7　证监会官网 2021 年 9 月 24 日新闻发布会信息披露截图

2021 年 9 月 24 日，证监会召开新闻发布会，新闻发言人高莉主持，上市部副主任郭瑞明出席，发布了 1 项内容：证监会会同公安机关查获多起操纵市场重大案件，并回答了记者提问。

问：近期，市场各方对以市值管理之名、行操纵市场之实等违法违规行为较为关注。请问如何理解上市公司市值管理的合法性边界？

答：以市值管理之名行操纵市场、内幕交易之实，借"伪市值管理"牟取非法利益的行为严重破坏资本市场公平秩序，严重干扰资本市场功能发挥，严重损害投资者合法权益，也不利于上市公司质量提高，是证监会长期以来严厉打击的重点。市场各方应当对市值管理形成正确认识，依法合规的市值管理与操纵市场等违法违规行为之间存在清晰的边界和本质的区别。正确把握上市公司市值管理的合法性边界，应当严守"三条红线"和"三项原则"。

"三条红线"：一是严禁操控上市公司信息，不得控制信息披露节奏，不得选择性信息披露、虚假信息披露，欺骗投资者；二是严禁进行内幕交易或操纵股价，牟取非法利益，扰乱资本市场"三公"秩序；三是严禁损害上市公司利益及中小投资者合法权益。

"三项原则"：一是主体适格。市值管理的主体必须是上市公司或者其他依法准许的适格主体，除法律法规明确授权外，控股股东、实际控制人和董监高等其他主体不得以自身名义实施市值管理。二是账户实名。直接进行证券交易的账户必须是上市公司或者依法准许的其他主体的实名账户。三是披露充分。必须按照现行规定真实、准确、完整、及时、公平地披露信息，不得操控信息，不得有抽屉协议。

市值管理的根本宗旨是要提高上市公司质量。上市公司应当切实增强合规意识，守法经营，合规运作，在依法合规的前提下运用资本市场工具合理提升公司经营治理水平，坚决抵制"伪市值管理"。

问：下一步在打击以市值管理为名行操纵市场之实等违法违规行为方面，证监会还将开展哪些工作？

答：下一步，证监会将全面贯彻中办、国办发布的《关于依法从严打击证券违法活动的意见》，进一步构建全方位监控、高效率查办、多部门协作、立体式追责的综合执法体系，依法从严打击以市值管理为名行操纵市场之实等违法违规行为。

一方面，坚持"零容忍"方针，密切关注市场动态、账户联动、异常交易，重拳打击操纵市场、内幕交易等违法违规行为，加强行刑衔接，强化执法威慑。另一方面，坚持市场化、法治化原则，完善相关信息披露制度，进一步提高市场透明度和有效性，积极为上市公司创造有利于长期价值提升的政策环境。

资料来源：中国证监会网站。

【案例】

新美星实际控制人因操纵股价被罚

江苏新美星包装机械股份有限公司于 2012 年 6 月 28 日由江苏新美星包装机械有限公司整体变更设立，主营业务为液态食品包装机械的研发、生产与销售。该公司于 2016 年 4 月 25 日在深交所创业板挂牌上市。

2023 年 5 月，新美星实际控制人操纵股价遭罚近亿元的新闻屡屡登上热搜，持续成为资本市场的热门话题。

事情的起因是，2023 年 4 月 13 日，证监会网站公布了对何德平等 5 人的行政处罚决定书（〔2023〕27 号）（见图 1-8），但新美星并没有及时予以公告。新美星于 5 月 16 日，因仍未披露其实际控制人受证监会处罚事项，收到深交所下发的关注函。之后，新美星于 5 月 23 日在巨潮资讯网披露了相关行政处罚决定书。

图 1-8　对新美星实际控制人何德平等人的行政处罚决定书网页截图

证监会的处罚决定书显示，时任新美星董事长何德平和其配偶黄秀芳提供资金，委托蒋维对新美星进行"市值管理"，维持、抬高公司股价，以便后续自己减持获利。蒋维跟毛明土、李传武合谋，控制35个证券账户，利用资金优势、持股优势，连续集中交易新美星股票，影响股价，合计盈利约4,783.56万元。

证监会表示：本案为多个主体参与、多个环节实施、环环相扣、锁链式的上下游衔接、合作，共同完成的操纵行为。在案证据可以证明，何德平、黄秀芳向蒋维提供资金作为保证金，委托其通过二级市场交易影响新美星股价，蒋维会向黄秀芳反馈交易情况；何德平知悉并参与了本案行为；上述行为的实质是操纵股价，并非合法理财。在案证据可以证明，蒋维、毛明土、李传武有共同影响新美星股价的意图和目标，共同商议、谋划操盘、拉抬股价，并且采取了联合影响股价的行动，属于共同操纵行为。

证监会认为：何德平、黄秀芳、蒋维、毛明土、李传武违反了2005年《证券法》第七十七条第一项规定，构成2005年《证券法》第二百零三条所述的操纵证券市场行为。

根据2005年《证券法》规定，证监会决定：就操纵证券市场行为，对何德平、黄秀芳、蒋维、毛明土、李传武没收违法所得约4,783.56万元，并处以约4,783.56万元罚款，其中，对何德平、黄秀芳罚款约2,391.78万元，对蒋维罚款约1,195.89万元，对毛明土、李传武分别罚款约597.94万元。就信息披露违法违规，对何德平给予警告，并处以40万元罚款。

虽然相关人员提出了陈述意见，但证监会对其主要陈述意见不予采纳。

第二节　市值的增长来自盈利增速

对上市公司而言，市值的高低代表了企业最终的经营管理水平和市值管理成果，让市值持续增长是企业经营的基本目标。股价＝每股收益 × 市盈率，由此，我们可以将股价增长分解为公司业绩增长和股票估值增长两部分。上市公司的市值增长从根本上说来自经营的增长，最终体现为营业收入和利润的有质量地持续增长。归根结底，市值管理的核心在于管理企业的经营增长，核心指标为营业收入和利润。

一、市值增长的溢价和折价因素

假如使用相对估值法，股票市盈率的主要决定因素为净利润的预期增长率、股息支付率（股息占净利润的比例）和预期回报率。实际上，投资者通常也会给预期增长率高的公司更高的市盈率。

很明显，市值增长的溢价来自其成长性。我们进一步分拆成长性的内在因素，包括两个方面，一方面指过往业绩的增长累积及其资产、运营质量等相对确定的因素，这涉及估值是否会产生折价；另一方面是指对未来业绩的增长预期，这涉及估值是否能够获得溢价。我们把影响市值增长的估值因素分为三个因子："放心"因子、溢价因子、折价因子。

1."放心"因子

首先是健康的财务结构和现金流，其次是清晰的商业模式和可行的盈利路径。

好的财务结构和顺畅的现金流（特别是经营性现金流）就像是人体中健康的血管和血液流通状态一样，不容易产生大问题。为什么房地产上市公司的市净率（PB）普遍低于 1？因为这些房地产上市公司的资产负债率极高，在市场需求萎靡的情况下，经营性现金流转差，银行信贷资金稍微紧缩，资金链很容易断裂，形成恶性循环。最近两年中国恒大、碧桂园、融创等大房地产商纷纷陷入债务危机，陆续有房地产上市公司退市，都是因为其财务结构不健康，现金流出现严重问题。

股票投资的前提假设是企业永续经营。清晰的商业模式和可行的盈利路径是企业成熟的表现，也是让投资者更好地确定上市公司未来"有前途"的重要因素。

2．溢价因子

成长股的溢价因子来自决定其成长性的关键因素，即我们所说的优质成长股的条件，包括：①市场份额快速提升；②收入快速增长；③盈利快速增长；④高额净资产和高额的研发投入等。这些条件的背后，其实隐含了公司所在行业的市场有巨大发展空间、自身的市场竞争优势乃至产品具有独特的稀缺性等内外部因素。

例如有"电池茅"之称的宁德时代，自 2018 年 6 月 11 日上市以来，市值从不到 1,000 亿元，到 2021 年 5 月首次突破 10,000 亿元，原因就是宁德时代收入、盈利的快速增长。而其业绩之所以能快速增长，背后的逻辑是新能源巨大的市场空间以及公司在电池领域无与伦比的技术与产能竞争优势。

新能源产业链上的诸多上市公司，前几年因为行业的强劲需求而实现规模和利润的急剧攀升，从而带来股价的大幅上涨，为锂电池提供原材料的天齐锂业、赣锋锂业等就是典型的例子。

3．折价因子

所谓折价因子，是指引发股价下跌的直接或间接、即期或远期的因素。直接的因素，例如公司业绩不达预期、公司重大事故、重大法律问题等突发的黑天鹅事件，外部市场环境等。间接的因素，例如竞争对手推出了更好的技术或是更受欢迎的革命性产品，导致公司产品在未来可能受到挤压，从而引发投资者对公司未来增长的担忧。例如 2022 年 7 月，被热炒的 PET 复合铜箔未来将要替代传统铜箔这一预期，就对诺德股份（600110）、嘉元科技（688388）等传统铜箔公司的股价表现形成了压制。

业绩不达预期、突发的黑天鹅事件对股价的影响是最直接且巨大的。例如华宇软件（300271）在 2021 年 8 月 30 日公告称董事长邵学被北京市监察委员会立案调查并留置，股价开始连续大跌，从公告前的约 18 元跌到 11 元多，市值损失超过 55 亿元。事实上，该公司董事长早在 2021 年 3 月就已被监察机关留置，但公司一直拖了近半年才不得不公告。在随后的一年多时间里，华宇软件股价虽有所反弹，但仍然止不住跌势，到 2022 年二季度，公司股价停留在 7 元上下，市值跌至不到原先的一半。

二、盈利增速是关键——站在投资者视角

1．盈利增速与股价涨跌的关系

利润的增速必然来自营业收入的增速，或者是在营业收入不变的情况下成本的降速，即成本控制能力，整体上表现为企业的盈利能力。对成长型上市公司来说，控制成本是必要的，但投资者更看重的是其营业收入规模是不是在加速扩大，因为只有营业收入规模的加速扩大，才可能具有规模效应，才可能带来利润的加速增长。而且营业收入规模的加速扩大也反映了公司市场地位的变化，即市场渗透率、市场占有率比竞争对手更快增长，市场影响力在迅速提升。

股价＝每股收益 × 市盈率，也就是说，影响股价的两个基本因素是

盈利增速和估值水平变化，那么，我们自始至终要关注的问题只有两个：

1）如何更好地追求未来的盈利增速；

2）如何更好地突出自家股票的估值优势，或者说比别人有更好的价格。

处于不同发展时期的公司的盈利增速差异很大，其估值定价逻辑也不同。一般来说，处于初创期的公司盈利增速刚刚开始抬头，处于成长期的公司盈利增速应该是加速上升的，处于成熟期的公司盈利进入稳态，而进入衰退期的公司盈利增速应该出现明显下滑。

在盈利增速上，天风证券研究所的研究 [一] 指出，从全市场看，一年维度涨跌幅的高低取决于业绩增速的高低。不管是 A 股过去 30 年，还是美股过去 50 年，全市场年度的涨幅高低与当年净利润增速的高低呈现线性正相关的关系。

天风证券认为，从单因子有效性来看，在过去 30 年，最有效的仍然是业绩的一阶指标，比如净利润增速、营业收入增速、净资产收益率（ROE）变化率等。也就是说从单因子角度，不管市场是牛市、熊市还是震荡市，不管风格是蓝筹还是成长，相对景气度的高低决定相对收益的高低。天风证券认为，"增速"单因子并非万能，但代表的是高胜率的方向。

国盛证券的研究 [二] 也显示，股价涨幅最高的股票其盈利增速的中枢也是最高的，两者存在严格的单调性。通过图 1-9 我们可以看到，当盈利增速小于 0 时，股价在一年内下跌 3%，当盈利增速在 0～20% 区间，股价在一年内的涨幅仅为 11%；当盈利增速在 20%～50% 区间，股价一年内的涨幅达到了 23%；当盈利增速超过 50% 时，股价一年内的涨幅达到了 32%。由此可以很清楚地看到，盈利增速和股价的涨跌呈正相关性。

———————————

　[一]　天风证券研究报告《增长的选择——30%、−50%、70% 三个经验值》，2022 年 02 月。

　[二]　国盛证券研究报告《成长型行业投资模式的探讨》，2021 年 08 月 18 日。

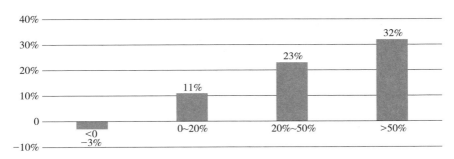

图 1-9　成长型上市公司：盈利增速和股价涨跌幅关系

资料来源：国盛证券。

　　盈利增速是股价的驱动因素，除关注此因素外，还需要特别注意增速背后的风险因素，即盈利的质量和可能的潜在损失（见表 1-4），例如，一家公司虽然盈利增速比较高，但其应收账款也急剧攀升，一旦应收账款回收出现问题，就可能会发生坏账损失，最终侵蚀利润。还有，假如公司商誉比较高，一旦收购的资产出现减值情形，就将对盈利造成很大的影响。如果处于成长期的上市公司能够有效规避这些风险因素，则说明它的盈利增速质量是优质的。

表 1-4　盈利风险改进因素

盈利风险因素	盈利的质量	主要关注应收账款占比，占比越高，意味着利润的质量越差，容易出现纸面富贵的问题
	可能的潜在损失	主要关注商誉占比，占比越高，意味着未来商誉减值的风险越高，潜在损失越大

2. 盈利提升会带来戴维斯双击

　　所谓"戴维斯双击"指投资者以较低的市盈率买入具有成长潜力的上市公司的股票，待成长性显现、市盈率相应提高后卖出，获得乘数效应的收益，即每股收益和市盈率的"双击"。虽然戴维斯双击是基于投资者角度而言，但一般来说，盈利增速更高的公司理论上可以享受更高的估值。

所有的大公司都是由小公司发展而来的。公司由小变大的过程，本质上是营业收入和盈利不断加速增长的过程。除了处于相对景气度较高赛道的公司，其他公司则主要受益于基本面的优势、盈利增速持续兑现，从小市值公司逐渐稳步成长为大市值公司。

以中国中免（601888）为例，其于 2012 年 7 月前复权股价基本在 7.5～9.5 元波动，经过十年的逐步增长，至 2022 年同期前复权股价已达 170 元左右，涨幅达十几倍。中国中免的总市值也由 2012 年 7 月的 250 多亿元大幅增长到 2021 年 2 月最高时的 7000 多亿元，即使后来回落，到 2022 年的 7 月也在 4000 亿元上下波动，十年间市值增幅惊人（见图 1-10）。业绩稳步增长是推动其股价持续向上的主因，在此期间，除 2014 及 2015 年外，中国中免盈利增速均维持在 20% 以上。稳定的盈利增速给予企业股价持续向上的良好支撑，稳定增长的核心在于企业的竞争力以及可持续的盈利模式。

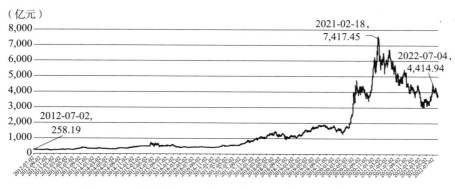

图 1-10　中国中免 2012 年 7 月至 2022 年 7 月市值曲线

由于业绩的超预期增长，资本市场对于企业的商业模式或行业周期的认知发生变化，从而带来估值水平的变化，即形成"低估值筑底→业绩超预期→估值提升→每股收益＋市盈率戴维斯双击"的传导过程。

在股票市场，股价永远处于波动中。对成长型上市公司而言，如何驱动业绩的持续增长，并且通过业绩的持续增长驱动股价的上涨，乃至在特定的时间段迎来戴维斯双击行情，最终让上市公司市值迈上新台阶，是一个战略性的产业与资本运作课题。

3．增长类型

对增长类型的有效梳理，目的是帮助厘清上市公司市值增长背后的逻辑，以更好地确定自己的成长策略。我们从以下几个角度对企业增长类型进行分类。

（1）按增长幅度划分

增长幅度代表了企业的业绩增速，增长幅度越大表示企业的业绩增速越快。我们将增长幅度按百分比进行划分，分为以下九类（九个层级）：严重下降（−50%以下）、较大幅下降（−50%～−30%）、一般幅度下降（−30%～−10%）、小幅负增长（−10%～0）、没有增长（0）、小幅增长（0～10%）、一般幅度增长（10%～30%）、较大幅度增长（30%～50%）、大幅度增长（50%以上）。我们对上述九个增长幅度赋予相应的刻度，形成表1-5的级别。

表1-5　按增长幅度划分增长类型表

级别	增长幅度划分	对市值增长的影响
4	大幅度增长（50%以上）	如果归母净利润实现50%以上的增长，那么当年的市值可能获得大幅超过平均值的上涨
3	较大幅度增长（30%～50%）	30%～50%的增长幅度一般是被市场普遍认可的增长速度，如果其增长的可持续性被投资者认可，那么对市值（股价）的上涨会形成有力支撑

（续）

级别	增长幅度划分	对市值增长的影响
2	一般幅度增长（10%～30%）	一般幅度的业绩增长对市值（股价）会形成支撑，但一般不会有超额的涨幅
1	小幅增长（0～10%）	10%以内的增长基本上被视为业绩成长性不佳，因此对市值的提升不会有太大的助力（市值或股价的事件性波动是另一回事）
0	没有增长（0）	没有任何业绩波动的情形基本上不存在，但为了更好地进行对照，我们还是把"0"刻度放置于此
−1	小幅负增长（−10%～0）	业绩出现小幅负增长会被投资者视为公司基本面转坏的征兆，一旦被市场确认趋势转坏，那么对市值的负面影响也是肯定的
−2	一般幅度下降（−30%～−10%）	业绩出现明显的下降，投资者会特别质疑公司业绩是不是呈加速下降趋势，进而对股价信心下降，一旦公司业绩连续（年度内各季度业绩，或连续2～3个年度业绩）下降，那么股价持续下跌也是必然的
−3	较大幅下降（−50%～−30%）	一旦公司的业绩呈现较大幅下降，投资者基本上就会断定公司基本面已经转坏，股价的大跌是必然的
−4	严重下降（−50%以下）	当一家公司业绩出现50%以上的降幅，特别是年度降幅超过50%时，可以被理解为业务逻辑发生了改变，股价的下杀是必然的，企业估值体系也要发生改变

上述增长幅度可以用于各种经营指标变动的划分，但主要是用于能够直接推动市值增长的收入和利润变动幅度的划分。

我们从个股的市场表现也可以得到验证，例如控制器龙头企业拓邦股份（002139），在2019、2020年净利润连续大幅增长，增长率分别达到57.83%、62.75%，而2021年仅实现6.16%的增长，2022年一季度净利润同比下降幅度高达60.58%。对应地，其股价从最低的2018年3.09元增长到2021年12月最高价23.33元，随后股价大跌到7.2元才止跌，跌幅近70%。

（2）按增长的持续性划分

在企业的增长中，有些属于持续性的高增长，有些则属于特殊因素导致的短期爆发增长，不具有可持续性。按增长的持续性，我们可以将增长分为：持续高增长、持续加速增长、持续平稳低增长、困境反转、短期脉冲式爆发增长。

业绩增长的持续性，如果在一个年度内则以季度为时间划分单位，看公司业绩是否在一到四季度均实现增长；如果是按年度计，则看公司业绩是否实现连续多年的增长。表 1-6 是我们对 2018～2022 年 5 年时间跨度的以具体上市公司为例进行的增长持续性分类的介绍。

业绩的增长一般不会是一个固定的刻度，波动性明显，从长周期观察，主要看是否在波动中持续得到增长。例如美的集团，自 2013 年 9 月整体上市后，其归母净利润由 2013 年的 53.2 亿元增长到了 2021 年的 285.7 亿元，年复合增长率约为 23.5%，如图 1-11 所示。

图 1-11　美的集团 2013～2021 年的利润增长

资料来源：公司年报。

美的集团利润的增长也带来了市值的增长，美的集团在 2013 年 9 月 18 日整体上市后的初始市值为 712.3 亿元，2021 年 1 月一度超过 7,000 亿

表 1-6　不同增长类型及上市公司举例

增长持续性类型	2018 年	2019 年	2020 年	2021 年	2022 年	注解
1. 持续高增长（以天赐材料为例）	−96.62%	16.69%	4432.33%	310.55%	155.38%	公司作为电解液行业龙头企业，把握机会，充分享受了新能源产业的高速发展机会
2. 持续加速增长（以国联股份为例）	59.08%	66.64%	73.11%	98.62%	98.49%	公司为 ToB 电子商务平台，近几年业务增长迅猛
3. 持续平稳低增长（以美的集团为例）	28.46%	13.29%	8.32%	5.34%	10.33%	在激烈的市场竞争中成为白色家电的寡头企业后，维持着平稳低增长态势
4. 困境反转（以联创股份为例）	−663.39%	24.62%	70.62%	164.01%	130.23%	导致公司巨亏的数字营销业务剥离后，将业务重心转向化工新材料，经营情况显著改善，业绩实现反转
5. 短期脉冲式爆发增长（以英科医疗为例）	15.31%	0.95%	4045.04%	5.42%	−93.77%	2020 年新冠疫情带动了医用手套的超量需求，使得公司的营业收入、扣非净利润巨量增长，疫情平稳后，需求急剧下降，扣非净利润也呈现断崖式下跌

注：上表数据为上市公司 2018～2022 年扣非净利润同比增长率。

元，之后回落下来，维绕 4,000 亿元上下波动，即便如此，年复合增长率也达到了 26%，超过利润额的复合增长率。也就是说，假如投资者自美的集团整体上市日起买入美的集团股票并一直持有到 2023 年，其年化收益率达到了 26%，远超"股神"巴菲特的投资业绩。

（3）按收益增长的来源划分

从收益增长的来源角度看，增长有四种类型：市场份额增长、价格增长、潜在市场增长及兼并收购增长。该四种类型的划分主要是基于收入增长，进一步的逻辑是，当收入增长时，只要成本没有不成比例地大幅上升，那么利润也自然实现增长。

每种类型可以进一步细分。例如，可以通过降低价格或加强销售来提高市场份额，扩大收入规模。1997 年中国彩电价格大战就是一个典型的例子。地处"三大线"腹地的军工转型民用企业长虹以每台降价 1000 元的惊人之举迅速抢夺了大量的市场，一举奠定全国"彩电大王"的市场地位。

再比如，2020 年下半年到 2022 年上半年期间，全球煤炭价格上涨，导致煤炭企业的收入、利润实现大幅增长，股价也随之迎来一波非常大的上涨行情。国内最大的焦煤企业——山西焦煤，在 2021 年前 8 个月里股价从 4 元多上涨到超过 15 元，上涨了 2 倍多，见图 1-12。

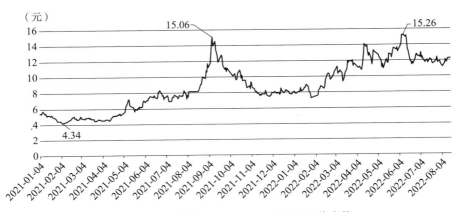

图 1-12 山西焦煤 2021～2022 年 8 月股价走势

三、成长预期是市值提升的心理驱动力

股票市场由亿万投资者组成，每一个人都有自己对未来趋势的判断，并将之反映在自己的投资交易决策中，由此形成了买与卖的决策关系。在买卖决策中，并不是所有人都是百分之百理性的，通常都会有情绪左右下的决策。理性分析加情绪判断也就构成了投资者的心理驱动因素，对未来的预期是其中的核心要素。

1．成长预期是投资者股票投资的基本心理范式

二级市场投资者常常会说这样一句话：炒股就是炒预期。当投资者对上市公司有良好的预期时，他内心对股票当前的价格就会产生信心，进而萌发买入的情绪冲动并实施买入行动，而且也愿意持有直到预期被证伪，或是因为某种原因丧失信心而卖出，或者预期被验证，进而强化持股信心。这就是投资者股票投资的基本心理范式。

高增长的股票始终是市场的热点，而大部分成长股估值往往都会很高，特别是在牛市时，市盈率在100以上的公司比比皆是。100以上的市盈率，既取决于当时的市场情绪，又有其背后对公司未来业绩增长逻辑的判断。例如，100的市盈率，按50%的年增长率，第二年即下降到50，第三年则下降到25，也就是说高速增长3年，市盈率即可降到30以下；如果按100%的增长率，3年后市盈率仅为12.5。但反过来，如果公司业绩不达预期，股价则面临业绩和估值的"双杀"回调。

基于上述基本心理范式而出现的股价大幅波动的事例几乎每天都在发生，特别是在业绩公告期间，上市公司业绩超预期时，公告当天股价往往大涨，而业绩不达预期则迎来股价大跌。

例如，2022年7月5日，有"防水茅"之称的建材白马股东方雨虹

（002271）股价闪崩跌停至 46.63 元，并以跌停价收盘，总市值跌至 1,175 亿元，市值损失 130 亿元。跌停的原因是在消息面上有市场传闻称，公司上半年业绩不达预期（多家券商发布相关研报称，公司第二季度净利润下滑超过前期预期）。该日盘后龙虎榜数据显示，四个机构席位合计卖出 4.42 亿元，深股通净卖出 7,902 万元，此数据表明包括机构在内的大量投资者因为对东方雨虹业绩预期的看空而选择卖出股票。此后东方雨虹股价的持续下跌都是投资者看空其成长预期的反应。

再如锂电铜箔生产龙头企业嘉元科技 2022 年 8 月 17 日公布中报，归母净利润仅增长 17.92%，由于业绩不达预期，当天股价大跌 8.31% 收盘。而宠物食品生产商佩蒂股份（300673）由于中报超预期，2022 年 8 月 16 日中报公布当天股价大幅高开，并以 20% 涨停报收。因为业绩预期变化导致股价波动的情形几乎每天都在发生。

2．分析师一致性预期

在股票市场上，分析师对上市公司未来增长的分析预测对投资者的投资决策会产生很大影响。假如 10 个分析师所作的增长预测都在某一个窄幅的范围内，说明他们对公司业绩的增长预测具有高度的一致性，于是会让投资者产生强有力的心理预期，使投资者纷纷买入，从而推动股价的上涨。如果预测不断得到验证，那么将强化心理预期，股票处于"供不应求"的状态，进一步推升股价。

第三节　市值增长管理的"一二三四"循环

市值和股价是公司内在价值的外在表现，推动公司的市值增长要充分把握好"内"与"外"运行机制。

具体来说，一方面，公司内在价值的创造由企业自身的运营决定，但又受外部产业环境尤其是产业周期的影响；另一方面，即使公司内在价值是在持续增长的，也不代表公司股价和市值能同步持续增长，因为公司的股价和市值还受外部资本市场周期影响。

在牛市中，如果业绩增长超预期，那么股价将会出现超倍的上涨；而在熊市中，业绩虽然超预期增长，公司股价却未必能有超额表现。如果上市公司业务增长并处在大盘的牛市阶段，内外两股力量能够合力推动市值的更大幅度增长；如果上市公司业务衰退又处于大盘的熊市阶段，内外两股力量则会导致股价和市值的双杀，如图 1-13 所示。由此，可以形成两种"极端"的情形——

情形一：业务增长 + 牛市行情→市值的超倍增长；

情形二：业务衰退 + 熊市行情→市值的严重下降。

这两种情形提示上市公司应认真思考如何做好市值的正向管理——努力实现在牛市中业务增长与市值增长的"双向奔赴"，避免市值的"双杀"。

具体来说，我们以某个时点上（通常为年初）的市值作为起点（即图 1-13 中的"市值起点"），假如在接下来的 2~3 年时间，通过有力的市值增长战略行动进行管理，上市公司业务实现快速增长，同时加强价值传播工作，当牛市来临时，上市公司的市值将会产生叠加的超倍增长。

在牛市的情绪氛围中，公司的业绩处于良性增长状态，股价表现好，如果实施定增，不仅可以有好的发行价格还可以扩大定增规模；如果大股东准备减持，不仅股价下行压力小，而且可以减持在较为理想的价格上。

综上所述，公司的市值增长管理，要着力抓好"一二三四"关键循环。

"一"：以市值增长为经营管理的出发点，厘清市值增长的逻辑（见图 1-2 市值影响因素金字塔模型）；

"二"：实现公司所处的产业与资本两个市场的产融交互循环；

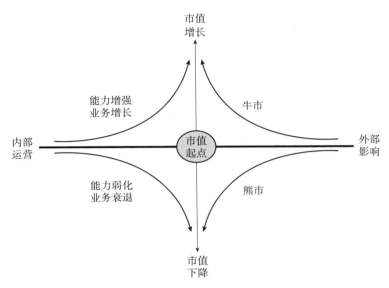

图 1-13　市值增长的"内"与"外"运行机制

"三"：公司形成从价值创造到价值传播再到价值实现的联通产业与资本市场的价值循环；

"四"：公司推进从战略信念力到战略方向力，再到战略推进力，以及战略变革力加持下的以业务增长为核心的市值增长战略行动管理循环。

上述"一二三四"循环的有机组合，就构成了一个完整的市值增长价值链管理系统，具体如图 1-14 所示。

一、市值增长要实现产业与资本两个市场的融合

市值增长需要充分把握产业趋势变化和资本市场牛熊周期，一方面通过产业的健康经营发展推动资本效率的提升，另一方面又借助资本市场工具的有效利用，通过各种融资手段募集发展所需资金，推动实业经营向更高水平、更大规模迈进，这样就有力实现了产业与资本良性互动与融合发展，如图 1-15 所示。

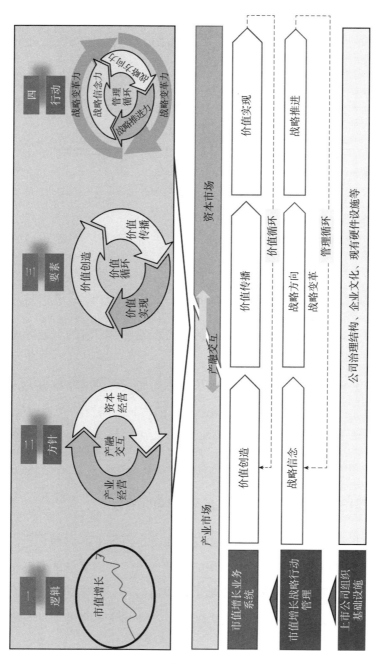

图 1-14　上市公司市值增长价值链管理系统

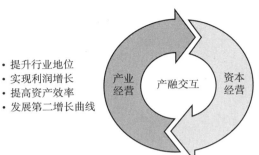

图 1-15　产融交互的关键内容

　　我们继续从公式"市值＝利润 × 市盈率"这个角度来思考上述二者的互动关系。

　　市值最大化，首先是利润最大化，而企业要实现利润的最大化和可持续增长，必须基于对产业发展趋势的有效把握，并做出正确的战略选择和有力的战略执行，只能这样才能真正把握并顺应大势赚取行业发展的利润，否则逆势而行可能使企业陷入增长停滞乃至亏损、倒闭的境地。

　　市值最大化，在努力保持利润可持续增长的同时，还要尽力提升或维护好资本市场的估值水平。估值水平（主要表现为市盈率）的高低又与资本市场的周期、波动直接相关，因此，要充分把握资本市场的周期、波动，运用资本市场工具为创造更大的利润提供强大的资本支持。

　　在牛市周期中或在估值水平高企时，企业可以基于战略决策进行定增或发可转债，以获得更多的现金，支持企业的扩大再生产；在熊市周期中或在企业价值被低估时可以回购股份，用于员工股权激励或者缩减股本提高股票价值含量。

　　例如，杰瑞股份（002353）2022 年完成了约 25 亿元的定增资金募集，由于资本市场低迷，公司股价持续下跌，跌破了定增发行价。管理层认为公司的股价被低估，于是在 2023 年 5 月 16 日发布了总额不低于人民币

15,000 万元（含）且不超过人民币 25,000 万元（含）的股份回购方案，回购股票用于未来的员工股权激励。

简单地说，产融交互即上市公司在产业经营中取得优良业绩，推动市值增长，上市公司又在资本市场择机开展再融资获得足够的资金以支持公司产业经营的发展，实现良性循环。

二、市值增长管理价值循环三段论

市值增长管理要进行价值创造、价值传播、价值实现三大运作阶段的闭环管理，也即市值增长管理的价值循环，我们称之为"市值增长管理价值循环三段论体系"，如图 1-16 所示。

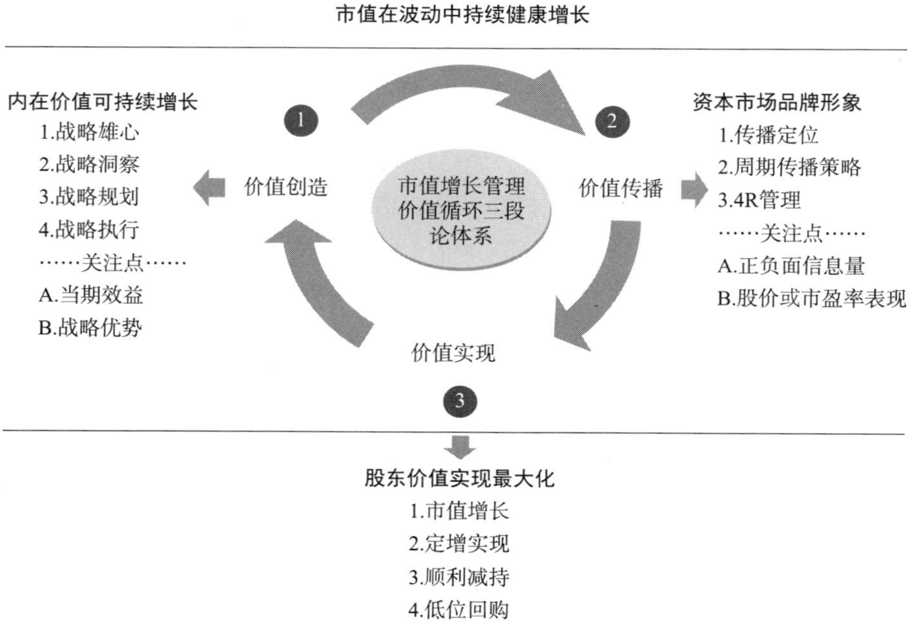

图 1-16　市值增长管理价值循环三段论体系

1．价值创造——追求内在价值可持续增长

公司的内在价值源于持续的价值创造。如何实现可持续的价值创造，则是由企业的经营管理行为决定的。因此，要实现内在价值可持续增长，根本在于企业要建立一整套基于战略的优秀经营管理体系。这一套体系包括了企业树立什么样的战略雄心，如何进行产业发展趋势的战略洞察和判断，确立什么样的战略目标和采取什么样的战略举措，以及如何将战略举措落到实处并产生实效。

价值创造有两个具体的追求，一是当期效益，例如当年的利润、营业收入目标等；二是取得更强的战略优势。

2．价值传播——追求良好的资本市场品牌形象

上市公司数量越来越多，如何在投资者心目中树立独特的资本市场品牌价值形象，对市值表现将产生直接的影响。

价值传播有两个基本追求，一是避免负面信息被扩散和正面信息的有效传播；二是让公司的市盈率拥有优于可比同行的表现。

基于上述两个追求，上市公司要基于公司的战略规划、基本面，明确自身的传播定位与传播策略，做好4R管理，实施有效的价值传播行动。

3．价值实现——追求股东价值最大化

在价值创造和价值传播的共同作用下，上市公司的市值将有良好的表现，具体体现为公司股价在市场波动中更为坚挺。行情好时，股价上涨幅度优于同类股票；行情不好时，股价调整的幅度远小于同类股票。

基于较好的股价表现，公司可适时实施定向增发方案，募集更多的资金支持公司的战略发展项目；或是公司股东适时实施股份减持行动，获得

满意的价值兑现。

在行情不好、公司股价被低估时，可实施股份回购或增持方案，将回购股份用于内部员工股权激励，打造利益共同体；而管理层的股份增持则既可增强市场投资者信心，又可获得中长期的投资回报。

无论定增、减持还是回购，时机的判断与选择很重要，需要上市公司相关部门做出专业的分析与评估，由董事会进行科学合理的决策。

三、市值增长战略管理四力

上市公司如何推进市值增长的价值循环运行？市值增长战略管理四力提供了一个战略导向的闭环管理框架，如图 1-17 所示。

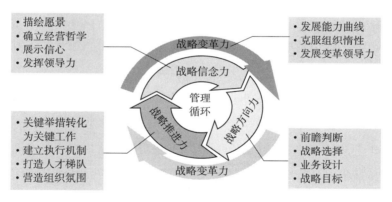

图 1-17　市值增长战略管理四力

市值增长的行动管理实质是"以终为始"的 PDCA 战略管理闭环。

具体来说，市值增长战略管理从上市公司领导层对未来发展的雄心开始，体现为领导层的战略信念力；以公司的战略制定作为出发点，体现为领导层对公司未来发展的前瞻性战略洞察与决策判断，即战略方向力；以战略确定后的动态执行为落脚点，一项项、一步步落实，体现为战略推进力；市值增长管理还需要战略变革力的加持，因为竞争环境的变化太快太大，企业需要因时而变，而组织的惯性和惰性常常阻碍企业对变化的适应，需要领导层展现出战略变革力，引领企业通过不断变革发展业务和组织能力的第二曲线。

第二章

成就好公司
价值创造是根本

　　无论在一级股权投资市场还是在二级股票市场，投资者都在苦苦寻找好公司，因为好公司能够为投资者带来未来的好收益。什么是好公司？好公司是如何形成的？

　　好公司，简单地理解，是既能给股东带来持续收益，又能兼顾各利益相关者利益的公司。好公司之所以能够给投资者带来收益，是因为它能够持续创造价值，所以所谓好公司就是能够不断进行价值创造的公司。

第一节　价值创造，要梳理好果因驱动逻辑

一、价值创造的内涵

企业的发展目标在于创造价值，能够持续创造价值的企业才可以长期生存。

企业价值创造，用财务语言来简单描述就是：投入现金，收回更多的现金；价值体现为未来所赚取的现金按一定的资金成本折算到现在的价值。价值创造一般通过不同的财务指标呈现，最为常见的是经济增加值、净资产收益率、净利润等。

1.经济增加值

全球著名的咨询公司麦肯锡认为，企业通过资本回报高于资本成本的投资创造价值，在高回报率投资项目上投入的资本越多，企业创造的价值就越大。只要资本回报超过资本成本，增长越快，创造的价值就越大。

美国咨询公司思腾思特（Stern Stewart）于1982年开发了名为"经济增加值"（Economic Value Added，EVA）的计算指标，以此来衡量企业是否在真正创造价值。EVA的核心理念是：企业只有在其资本收益超过为获取该收益所投入资本的全部成本时才能为股东带来价值。

EVA的计算公式如下：

$$EVA = NOPAT - NA \times WACC$$

式中，NOPAT表示税后净营业利润，是在不涉及资本结构的情况下企业经营所获得的税后利润，即全部资本的税后投资收益，反映了企业资产

的盈利能力；NA 表示年初投入资本；WACC 表示加权平均资本成本，是按各类资本所占总资本来源的权重加权平均计算的企业资本成本。我们看一下表 2-1。

表 2-1　某著名通信设备公司 2012～2016 年 EVA

（金额单位：亿元）

年份	调整后的税后净营业利润	年初投入资本合计	加权平均资本成本	EVA
2012	303.1	978.31	5.36%	250.66
2013	354.7	1,138.82	6.07%	285.57
2014	434.28	1,258.34	6.31%	354.88
2015	581.7	1,540.68	5.51%	496.81
2016	767.82	1,882.97	5.72%	660.11

通过表 2-1 可以看出，该公司各年的 EVA 处于加速增长状态，5 年时间 EVA 增长了 1.63 倍，价值创造能力极强！EVA 增长的背后，是该公司的投入资本也在逐年增加，这段时间资本投入增长了将近 1 倍；调整后的税后净营业利润在此期间也增长了 1.53 倍，这意味着该公司的资本投入获得了相当好的利润回报。

假如我们以 EVA 作为衡量企业价值创造的核心指标，那么就有必要对影响 EVA 的变量进行深入的理解。决定 EVA 的有 3 个变量：税后净营业利润、年初投入资本、加权平均资本成本。这意味着，如果要提高 EVA，最大化地创造价值，首先要努力做好经营工作，提高税后净营业利润，然后是最大化地降低资本成本。

这里需要特别说明的是变量年初投入资本，该变量对企业价值创造有当期与远期的双方面影响，一方面，投入资本的产出具有滞后性，也就是说，当年的投入资本不一定在当年有产出，这势必增加当年的成本，因此，减少当年的投入资本，会对当期的 EVA 产生正面的影响，即增加 EVA；另一方面，如果不在当期进行适当的资本投入，就可能使企业失去未来的增长机会，从而损害远期的 EVA 的增长。同时，所投资的项目是否得当，是否能够顺利地实现预期甚至超预期产出，又直接影响 EVA。

上述三个变量中，税后净营业利润、年初投入资本是 EVA 的决定性变量。因为加权平均资本成本的降低幅度是有限的，它的降低不仅受限于企业自身的资本结构、融资信用度所导致的融资成本高低，还受限于外部的宏观金融市场利率水平等因素。

EVA 的公式也可以写成：

$$EVA = NA \times (ROIC - WACC)$$

式中，ROIC 为投入资本回报率[⊖]。该公式对应的表达是：企业要创造价值，必须实现投入资本回报率大于加权平均资本成本；要让价值创造最大化，一是最大化投入资本回报率，二是要最小化加权平均资本成本。前面已经指出，在现实的企业运营中，降低加权平均资本成本的空间相对有限，最大化地创造价值更主要的还是如何提高投入资本回报率，即提升投资项目的有效性。

2. 净资产收益率与 EVA

EVA 指标最具特点和最重要的方面是：考虑了企业全部资本成本，真实反映企业经营业绩。因为 EVA 是从股东角度定义的利润指标，相比只考虑债务成本的会计净利润而言，它考虑了权益资本成本，这样就能够更真实地反映企业的经营业绩。可以说，衡量企业到底为股东创造了多少价值，EVA 可谓是最合适的衡量指标。

⊖　投入资本回报率＝息前税后经营利润÷投入资本。

正因为 EVA 的适用性，为了更好地加强国有企业以价值管理为导向的经营绩效考核，国务院国有资产监督管理委员会自 2007 年开始在中央企业引入 EVA 作为企业经营业绩考核重要指标，2014 年 1 月专门颁发了《关于以经济增加值为核心加强中央企业价值管理的指导意见》（国资发综合〔2014〕8 号）。这足以说明经济增加值这个指标在衡量企业经营绩效中的有效性。

在实际运用中，需要进行较为复杂的财务数据重组和计算，例如，采用 WACC 代表综合融资成本，其计算难度较大，牵涉企业微观主体的各类融资行为，特别是在测算行业综合成本时难度更大。这一客观因素决定了 EVA 更适合财务专业人员使用，而较难被一般的经营管理人员掌握。

相对而言，无论 EVA 还是投入资本回报率，都较难让经营管理者看到价值创造背后的驱动性因素。净资产收益率（ROE）则可以综合反映企业为股东创造的回报率以及公司基本面的情况，用以衡量公司运用自有资本的效率，净资产收益率越高，说明投资带来的收益越高。而基于净资产收益率的杜邦分析法还能很清晰地梳理创造效益的整体脉络。所以国内 A 股上市公司在衡量业绩水平时，通常用得更多的是净资产收益率，这有其背后易用性的原因。

假设企业在经营中不过度使用财务杠杆，让企业保持非常安全的负债率，同时，扣除非经营性损益，只以扣非净利润作为因子计算净资产收益率，同时，对股权资本仍计算合理的资本成本，即价值创造率等于用扣非净利润计算的净资产收益率减去股权资本成本，那么就能更好地体现企业价值创造的经营成效。

杜邦分析法能够很清晰地展现资产是如何创造价值的（见图 2-1），因此被广泛使用。

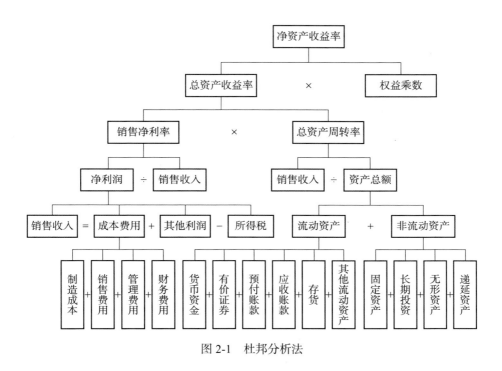

图 2-1　杜邦分析法

3．净利润

　　无论 EVA、投入资本回报率还是净资产收益率，各个指标的计算都脱离不了净利润。净利润是估值的基础，是价值创造的关键点和落脚点。没有利润，EVA、投入资本回报率、净资产收益率都如空中楼阁。

　　利润＝收入－成本。围绕这一公式，形成了一套通行的核算规则。有些上市公司为了某种目的虚增利润，或虚增收入，或虚减成本，从根本上说，这些不法行为都属于"例外"，并不能掩盖净利润是衡量企业价值创造的最核心指标这一事实。

　　此外，非经常性损益虽然在衡量价值创造的成效时要予以剔除，但归根结底，这部分损益也是企业过往的经营成果的体现。

收入的扩大和成本的降低虽然不直接体现为利润，但也是价值创造的关键组成部分。因为成本的降低直接体现为利润的增加，收入的增加直接体现为销售毛利的增加，都对利润的获得产生贡献。

总的来说，公司的价值创造始终要以对产品的市场机会和竞争环境的评估为基础，并据此做出竞争反应，打造自身的核心竞争力。如果不能创造差异化，不能打造护城河，长期来看，投入资本回报率、净资产收益率水平会不可避免地趋于平庸乃至落后。

二、价值创造的深层驱动逻辑

1．价值创造的果因关系

在股票市场上，价值是一个个具体的数字，股价涨了几个点，涨了多少钱，收益多少，等等；在企业财务语言中，价值同样是一个个具体的数字，EVA 多少、利润多少、收入多少、成本多少、净资产收益率多少等，这些数据都是呈现在众人面前的具体结果。假如把这些数字比喻成树上的果实，那么就要问：为什么树上会硕果累累？

企业价值创造的过程，有其内在果因驱动的基本逻辑关系，简述如下：

（1）产业发展阶段和行业需求变化是影响企业价值创造的外部客观因素。

（2）企业的业绩由企业的经营行为决定（通常我们也把企业对上述行业需求变化的应对纳入经营行为中）。

（3）经营行为是否正确、有效由企业能力决定（其中企业家的战略雄心和战略判断能力是关键）。

（4）企业能力由企业的资源禀赋和管理体系决定（企业家的自驱力、

性格、思维特征也是企业资源禀赋的组成部分）。

对价值创造的果因驱动逻辑，我们用图 2-2 表示，公司好的业绩一定是由公司有效的经营行为创造的，这是大家容易看到的冰山在海平面上面的部分；而公司能力的塑造、公司多年累积的资源禀赋和强大的管理体系，就像冰山在海平面下面的部分一般不被人所看到一样，常常被很多企业所忽视，但它们才是成功的底层关键因素。

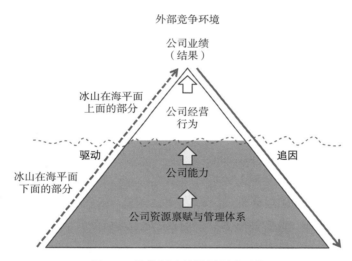

图 2-2　价值创造的果因驱动逻辑

在表 2-2 中，我们以某公司某一年度的业绩增长为例，进行由果及因的多层次追溯分析，寻找其获得成长、成功的关键驱动因素。

表 2-2　情景案例：某公司业绩增长（价值创造）追因

果因要素	要素分析
公司业绩（结果） ↓	公司今年取得了超过 70% 的利润增长，其中很重要的原因是公司的产能能够满足客户需求的爆发式增长

（续）

果因要素	要素分析
公司经营行为 ↓	此前公司进行了前瞻性的决策，投资 2 亿元进行内部产能扩建，新建了 5 条技术领先的生产线 针对客户需求的爆发式增长，公司全链条形成了快捷反应机制，获得了客户的高度赞誉
公司能力 ↓	公司有足够的投资决策分析能力进行投资前景、收益和风险的评判，并且能够筹集投资所需要的 2 亿元资金 产能增加一倍后，公司的管理能力能够支撑业务规模的倍速增长
公司资源禀赋与 管理体系	公司董事长自创立公司以来，一直有"成为行业领先品牌"的强大自我驱动力，对行业变化异常敏感，善于捕捉战略性机会 公司经过 10 年发展，已经建立了效率优于同行的运营管理体系

2. 价值创造是企业管理者的首要责任

对价值创造过程追根溯源可以发现，以董事长为首的企业领导团队起着决定性的作用。例如，华为之所以能成为全球通信行业的最强者，是因为任正非起了决定性作用；美的集团、海尔集团能成为全球家电行业的领先企业，是何享健 / 方洪波（美的集团前后两任董事长）、张瑞敏起了决定性作用。这些优秀的企业都是价值创造的佼佼者。

在中国企业四十多年发展历程中，也有企业家带领自己的企业从无到有，从小到大，一路走向辉煌，却最终把自己的企业带进了"沟"里，甚至使其走向覆灭。

例如，恒大集团在其创始人许家印的带领下，一度成为中国房地产界的翘楚，然而，过度负债下的疯狂扩张最终葬送了恒大集团。根据其公开的财务数据，截至 2022 年底，中国恒大（03333）负债总额达到 2.44 万亿元，剔除合约负债 7,210 亿元后为 17,164 亿元，而其总资产仅 1.84 万亿元，已严重资不抵债。由于其债务过于庞大，依靠自身力量已经无法解决，不得不由地方政府牵头成立专项小组处理。

由于陷入严重的债务危机，企业面临破产重组的窘境，中国恒大的市值也呈断崖式下跌，从 2017 年的超过 3,500 亿港元跌到 2021 年 6 月停牌时的仅 218 亿港元，市值仅为最高时的 6.2%！2023 年 8 月 28 日中国恒大复牌，股价继续大跌，8 月 31 日市值仅 36.31 亿港元。

如图 2-3 所示，中国恒大的市值变化生动地展示了"眼看他起朱楼，眼看他宴宾客，眼看他楼塌了"的过程。更令人遗憾的是，恒大地产因为 2019 年、2020 年连续造假虚增收入 5641 亿元而被处以 41.75 亿元的罚款。

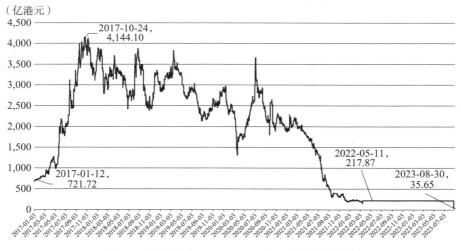

图 2-3　中国恒大 2017～2023 年 8 月的市值变化

很明显，恒大集团过度负债扩张，最终资金链断裂，难以为继，就是一个典型的价值毁灭的案例。

公司的管理者，不仅必须对价值创造有知识上的掌握，而且还应能够在战略与价值创造之间建立有形的联系。这也意味着管理者不仅要关注短期的财务绩效，更要重视长期的公司质量，例如健康的财务结构、健康的组织体系等，使公司能够持续地创造价值。这应是管理者的首要责任！

三、价值创造的两种模式和选择

1．内生式发展与外延式发展

企业要不断实现价值创造的规模发展，从增长的模式来说，无外乎两种：一是内生式发展，二是外延式发展。所谓内生式发展，是指企业的规模增长主要通过自身内部的产能建设来达成；而外延式发展则是指企业的规模增长通过外部的收购、兼并达成。通过这两种模式，企业不断实现价值创造的目的。

不同的企业，所采取的业务发展模式会有所不同。例如在2000～2010年中国家电零售业大发展与大整合时期，家电两大零售巨头国美和苏宁的成长就是典型的例子。苏宁基本上没有通过外部收购来扩大规模，一直都是通过自己独立开店的方式进行稳健的扩张；而国美则通过收购上海永乐、北京大中、山东三联等区域家电零售龙头实现规模的快速扩张。这两个家电零售企业最终都成为国内的家电零售巨头。

同时，企业在发展的不同阶段，所采取的业务发展模式也会不同。一般而言，企业主要通过内生式发展模式实现增长。但是，当企业已经拥有较强的实力，无论在品牌、资金还是人才等方面都有了雄厚积累的时候，选择收购、兼并的外延式发展模式，能够更快地实现规模的扩张和更快、更好地切入新的领域（见图2-4）。

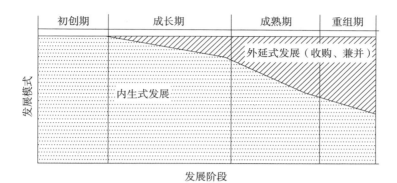

图 2-4 企业在不同发展阶段所采取的发展模式

2．发展模式选择的关键

过去在发达国家市场，大量的企业通过并购获得快速的外延式发展。中国改革开放以来，企业通过并购进行外延式发展也从蹒跚学步开始，在交了大量学费后，越来越驾轻就熟，现在并购已成为很多企业的业务战略选择。

通过并购求发展，企业考虑的决策因素通常有三个，一是并购的标的所在行业处于哪一个生命周期阶段，是否能与企业现有业务形成互补或是能产生新的规模效应；二是并购的标的质地如何，例如盈利性、资产质量、人力资源状态等；三是并购者自身的能力如何，有没有能力整合被并购的标的。

TCL 在 2003～2004 年收购法国汤姆逊彩电业务就是一个典型的跨国并购失败的案例，一是该企业所生产的显像管彩电已经进入行业生命周期的没落阶段，很快就要被液晶彩电替代；二是该企业的资产质量很糟糕，TCL接手后发现有太多的财务"坑"；三是当时 TCL 的跨国企业管理能力还不足。那几年的并购失败使得 TCL 元气大伤，不得不进入"鹰的重生"阶段。

　　而美的集团过去多年的并购就非常成功，早期并购安徽芜湖丽光空调、无锡小天鹅洗衣机等，乃至并购德国库卡机器人，对后来的业务增长都起到了"1+1 ＞ 2"的并购效应。

第二节　价值创造，以产业趋势为战略导向

　　所有企业都不能脱离产业趋势的视角去实现价值创造，否则战略选择与经营可能如盲人摸象失去全局性的把握，甚至变成南辕北辙，把战略方向给定反，最后导致功败垂成。在中外企业的发展史上，逆产业趋势而动导致失败的案例比比皆是。例如十几年前四川长虹（SH，600839）投巨资押注在等离子电视上就是一个看错产业趋势的典型案例。

一、产业趋势决定企业价值创造的战略方向

1．产业演进趋势的驱动力量

　　产业演进反映了经营行为的变化轨迹，一个产业的演进可能有成百上千种诱因，但通常会由几种驱动因素共同引发。美国著名的战略管理大师迈克尔·波特在 1980 年出版的《竞争战略》中提出了驱动产业演进的波特五力模型，如图 2-5 所示，认为有五种力量决定了产业的平均利润水平，他为行业竞争者提供了有力的制定战略的分析工具。

　　波特五力模型实际上是以产业竞争价值链中的不同角色互相之间的"角力"为基本构建思路，而新技术、新模式等对产业演进的驱动通常是来源于产业链上的不同角色的竞争行为。我们举例来说明不同角色对产业演进的影响。

　　例如 2010 年前后，京东作为新进入者以线上商城模式进入 IT 家电产

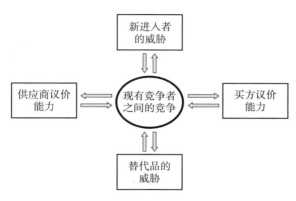

图 2-5　波特五力模型

品的零售行业，对原来以苏宁、国美为主的线下大型传统家电零售连锁企业形成了巨大的竞争压力，此后的 10 年间逐步改变了整个家电零售行业的竞争结构、终端消费模式。在与京东等电商的竞争中，苏宁、国美等线下零售连锁企业逐渐没落，陷入经营困境。

　　再如，在电视机行业，小米在 2013 年 10 月正式推出智能电视，作为新进入者，不到 10 年时间它便抢夺了 TCL、创维、长虹、康佳等传统彩电企业的大量市场，同时其基于互联网的内容生态系统建设比传统的彩电企业展现出更为强大的生命力和更大的发展空间。这也逼迫其他彩电企业跟进互联网化生态系统建设，但实施的效果完全无法与小米基于互联网基因发展起来的商业模式相提并论。根据洛图科技的数据，2023 年小米（含红米）电视全年出货超 770 万台，市场占有率为 21.2%，位居第二，第一名是海信。[⊖]

　　四川长虹在更早的 1996 年发起价格战并尝到甜头后，再次打起价格战，降价幅度达 30%，一举快速扩大规模和市场占有率，在成为行业第一

　　　　⊖　资料来源：http://runtotech.com/MarketInsights/info_itemid_3405.html.

的同时，也拉低了整个行业的利润率。

再如，锂电池作为新能源的典型产业，发展空间巨大，进而也带动了锂电池用铜箔这一细分产业的发展。由于看好未来的市场需求，不仅原有企业不断投资扩大产能，而且很多相关企业也纷纷斥巨资进入这一行业参与竞争，导致行业整体产能面临过剩的风险。更可怕的是，更具性价比的复合 PET 铜箔、PP 铜箔将可能替代传统铜箔产品，这对传统铜箔企业形成了足以致命的巨大威胁，因此像诺德股份、嘉元科技等传统铜箔厂家在二级市场上的股价表现就受到很大的压制。这些传统锂电池用铜箔企业如果不能及时踏上研发复合 PET 铜箔的技术发展之路，在日后的竞争中就很有可能逐渐被挤出该市场。

我们再来看看被"卡脖子"的芯片产业。7 纳米以下高端芯片制造能力还掌握在台积电等极少数企业手中。对手机等移动设备厂家来说，台积电有相当大的议价能力。对华为而言，因 5G 高端芯片被断供，无法生产5G 手机，只能生产 4G 手机，企业发展甚至生存受到极大的威胁。虽然在全球来说，芯片产业已经非常成熟，但被"卡脖子"也逼着国内的芯片产业要自力更生。于是，国内巨大的芯片需求加之国家产业政策的扶持，会驱动着行业竞争者努力追赶，形成自主的产业链体系，参与到高端芯片的国际竞争中。

再看中国微波炉行业最近 30 年的发展。在 20 世纪 90 年代前，微波炉市场基本上被外资品牌所掌控。格兰仕在 1992 年进入微波炉市场后，以低成本优势，通过价格战把惠而浦、松下等外资品牌打得可谓"落花流水"，很快这些价格高昂的外资品牌被挤出了中国市场。彼时，格兰仕微波炉一家独大，占据了 75% 以上的市场份额。2000 年左右，美的集团认为微波炉是一个巨大的市场机会，作为新进入者强势介入微波炉市场，与格兰仕展开了市场拼杀，这也使得原本关系不错的两家顺德企业由同城

"兄弟"变成了同城"仇敌"。美的集团微波炉在经历四年左右的亏损后，终于在 2004 年开始盈利，并且市场份额稳稳占据第二名，逼近格兰仕，微波炉市场也形成了格兰仕、美的集团双寡头局面，其他品牌的市场占有率已经很低了。根据美的集团 2022 年上半年报告，美的集团微波炉线下市场份额已达到 54.74%，稳居第一名。

2. 产业发展演进趋势的基本规律

基于行业生命周期理论，美国著名咨询公司科尔尼通过大量的案例数据研究提出了产业演进 S 曲线。科尔尼研究认为：①所有的产业都将遵循同样的路径（一个被分为四个阶段的 S 曲线）实现整合；②兼并行动和整合趋势是可以预测的；③产业演进 S 曲线可以作为加强并购战略和协调并购整合的工具；④每一个重要的战略层面和运营层面的变动都必须考虑产业整合的影响；⑤产业演进 S 曲线可以用来指导资产组合的优化。

科尔尼产业演进 S 曲线表明，绝大多数产业都会经历一个由分散走向集中的发展过程，这个过程会经历初创、规模化、集聚、平衡与联盟四个发展阶段（见图 2-6），其中市场集中度 CRn 是一个非常重要的衡量指标。

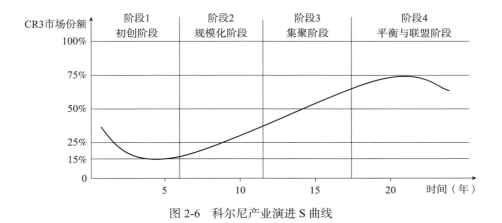

图 2-6 科尔尼产业演进 S 曲线

这里 CRn 是指某一行业市场中前 n 家企业所占市场份额之和，如 CR3 是指行业前三家企业的市场占有率之和。如果 CR3 已经达到 75% 以上，则说明这个市场集中度已经非常高，形成了寡头竞争状态，市场发育非常成熟。

例如在空调行业，根据奥维云网数据，2022 年上半年，中国空调线上市场前三名品牌市场份额，美的集团线上零售额占比达到 34.0%，格力电器占比为 27.5%，海尔占比为 13.9%，CR3 达到了 75.4%；而线下市场前三名品牌市场份额，美的集团占比达到了 34.1%，格力电器占比为 33.8%，海尔占比为 16.3%，CR3 达到了 84.2%，见图 2-7。

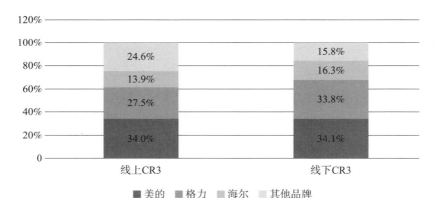

图 2-7　2022 年上半年中国空调前三名品牌的市场占有率

资料来源：奥维云网。

很明显，中国空调行业的产业演进早已进入第四阶段——平衡与联盟阶段。在这个阶段，前三名品牌的市场占有率格局基本上已经确定，即使最近两年美的集团空调市场占有率超过格力电器，但整体的市场格局不会改变。其他家电如冰箱、洗衣机等，其市场格局与空调一样都处在平衡与联盟阶段，除非某一主要品牌出现重大失误，整体的市场格局一般不会发生太大的改变。

科尔尼产业演进 S 曲线中各阶段的表现特征如表 2-3 所示。

表 2-3　科尔尼产业演进 S 曲线各阶段的表现特征

产业阶段	初创阶段	规模化阶段	集聚阶段	平衡与联盟阶段
表现特征	• 市场处于孕育起步期 • 市场完全分散或市场集中度极低 • 不断出现新的进入者，新的企业不断成立	• 企业规模开始越来越重要 • 不断有企业聚焦于细分的产品品类，从而细分出新的市场 • 产业领导者开始出现并领导着产业整合	• 成功的企业扩展它们的核心产业，出售或关闭附属部门，并持续地积极加强竞争 • 行业中出现大量并购，横向整合日益加剧，开始出现强者恒强的局面 • 除非并购，否则新进入者没有机会	• 少数几个企业在产业中处于垄断地位，产业集中度达到90%以上，如汽车和发动机产业 • 大企业会与其他巨头建立联盟，因为在这一阶段增长已十分困难
2022 年产业演进进程举例	• 自动驾驶激光雷达行业	• 新能源汽车行业 • 甜味剂行业	• 黄金生产行业 • 物流行业	• 冰箱、洗衣机、空调、彩电等家电行业

以中国大陆的彩色电视机行业 30 年的发展为例进行产业演进 S 曲线分析，研究结果如图 2-8 所示。

3．顺势而为，产业演进各阶段的价值创造关键任务

任何一个产业在上述演进的四个不同阶段中，其实都会出现相应的竞争状态，即从一个或两三个竞争者发现产业机会开始，初创阶段竞争不激烈，产业利润很高；后来不断有新的竞争者加入，产业进入规模化阶段，利润率不断下降，一些竞争者因为各种各样的原因竞争不力，被逐出市场，整个产业呈现大浪淘沙的局面；此后，少数企业生存下来，产业进入集聚阶段；再后来，有些产业由于激烈的竞争很快进入了平衡与联盟阶段，形成了三四家企业主导市场的寡头竞争状态。如图 2-9 所示。

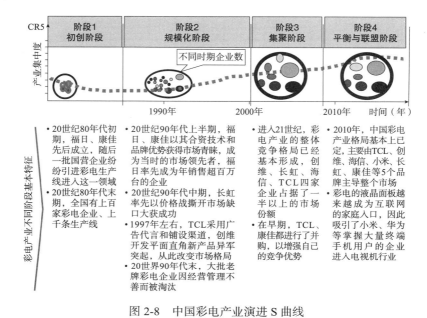

图 2-8　中国彩电产业演进 S 曲线

图 2-9　产业竞争一般规律

资料来源：锐哲研究。

企业在不同的产业演进阶段要有不同的竞争战略，要顺势而为才能有迎头赶上或持续超越、领先的机会。因此，上市公司要想做大做强，需要充分考虑所在产业处于什么样的阶段，并采取相应的竞争战略。

科尔尼认为，企业的长期成功依赖于顺着产业演进 S 曲线上行，其中速度就是生命，最快的也会最成功。快速发展的关键因素是产能自建或并购的速度快，动作迟缓的企业会成为被收购的目标，并最终从曲线上消失。

企业在不同的产业演进阶段有不同的关键任务，需要判断自己现在处在产业演进的哪一个阶段，以做出符合产业演进趋势的战略选择。企业在不同的产业演进阶段的不同的关键任务，如表 2-4 所示。

表 2-4 产业演进各阶段的关键任务

产业阶段	初创阶段	规模化阶段	集聚阶段	平衡与联盟阶段
关键任务	• 识别产业演进阶段 • 确定自身独特的商业模式 • 形成以董事会为基础的管理团队 • 业务上取得新突破	• 辨识产业演进阶段 • 实现远高于产业平均水平的业务收入快速增长，增长途径可以是并购、整合 • 强化已有的企业文化，形成支持未来发展的坚强内核 • 不断优化内部组织，使组织适应并能促进未来的更大增长	• 辨识产业演进阶段 • 采取坚实的攻击性战略，积极参与产业的整合（赢家通吃），或审时度势采取防御性战略（乃至退出该产业） • 更有力地参与产业并购整合 • 基于产业价值链和企业价值链角度调整成本结构，以形成最具竞争力的价值链优势	• 产业的领先企业继续引领产业的竞争，形成对产业的"控制"，保证产业的合理收益 • 重组或分拆业务，发展新的业务增长曲线
举例	一些高科技初创公司	物联网模组中的有方科技（688159）	食品产业中的良品铺子（603719）、桃李面包（603866）	空调产业中的美的集团、格力电器（000651）

二、产业趋势引领下的价值创造行为

1. 产业演进中的市场渗透率和市场占有率

对所有的产业演进都应该从市场、用户端的角度进行认知和把握。企业的价值创造行为也必然要以客户为中心，以满足客户的需求为基本出发点。能否满足客户的需求，一定要以用户群的大小为衡量基准。从产业端的产品来说是市场渗透率的不断提升，从竞争企业的角度来说是企业的产品市场占有率的不断提升。

产业演进的不同阶段，体现为产品在用户端的不同渗透率。渗透率又称市场渗透率（也可称为产品普及率），是指在某一区域中，消费过某类产品的人数占该区域内目标总体人数的百分比，也可以理解为对市场上当前需求和潜在需求的一种比较，公式为：市场渗透率＝商品的现有需求量 ÷ 商品的潜在需求量。例如，根据中国汽车工业协会的统计数据，2022 年 8 月，国内新能源汽车的销售量为 66.6 万辆，乘用车整体销量为 212.5 万辆，那么可以算出该月新能源汽车的市场渗透率为 31.34%。

根据需求生命周期理论，结合产业演进 S 曲线的四个阶段，以市场渗透率的变化来绘制需求发展阶段曲线（见图 2-10），可以帮助企业更好地进行产业演进不同阶段的辨识，并制定适宜的竞争战略。

根据图 2-10 所示，一般而言，产业中的产品市场通常会经历以下的渗透率变化过程。

初创阶段　一种新产品刚面世，通常只有少数的使用者，这些使用者属于愿意尝试新鲜事物，并且愿意为新鲜事物付出相应代价的人，这时候还谈不上市场渗透率，只是在培养客户基础和扩大客户基数。例如小米手机早期的发烧友、新能源汽车特斯拉早期的用户等。

规模化阶段　在尝新者的推荐和公司品牌宣传力度不断提高的情况

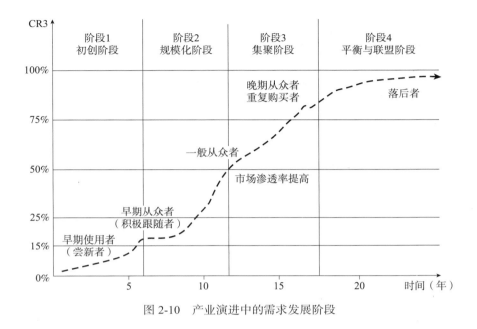

图 2-10　产业演进中的需求发展阶段

下，会有更多的新用户加入，这些称为早期从众者（积极跟随者）。行业的竞争者认识到必须不断提升产能和加大研发力度，于是投入更多的资金提升产能和进行研发。随着产品越来越成熟，用户对新产品的认知度已有极大的提升，随大流的购买者急剧增加，这时产品的市场渗透率已经大为提高，并且在加速提高，产业中的竞争者也得到了大发展。这个阶段品牌众多，谁是领先者已经初见端倪。例如，2020～2022 年的新能源汽车市场渗透率的急剧提高，就表明新能源汽车处于典型的规模化阶段。

集聚阶段　产品已经被市场广泛接受，市场渗透率进一步大幅提高，市场甚至接近饱和。早期的尝新者变成重复购买者，一些不喜欢跟风的人已经"不得不"购买，成为晚期从众者。这个阶段有些竞争者已经被淘汰出局，而强者愈强，领先品牌已经形成。领先品牌的市场占有率已经进一步提高，并且对落后品牌形成更大的挤压效应。

　　例如，运动服装产业目前就处于集聚阶段。在经过前 10 年激烈竞争后，当前市场主要集中到了国际品牌耐克、阿迪达斯和国内品牌安踏、李宁、特步、361°、鸿星尔克、匹克等极少数厂家上。其中，随着国力、民族自信心的增强，国产品牌安踏、李宁等在国内市场也越来越强势，对年轻消费者的吸引力有超过耐克、阿迪达斯的趋势。

　　虽然新能源汽车还处于产业演进的规模化阶段，但其上游的锂电池无论在全球市场还是在国内市场，却已经进入集聚阶段。根据 SNE Research数据，2021 年全球动力锂电池市场前四名企业宁德时代、LG 新能源、松下、比亚迪的市场占有率已经达到 73.9%（见图 2-11）。判断其还未进入平衡与联盟阶段，是因为全球的新能源汽车市场渗透率还远未达到饱和阶段的标准，发展空间巨大，未来还有可能发生市场竞争格局的演进。

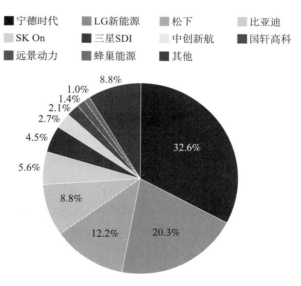

图 2-11　2021 年全球动力锂电池装机量市场份额

资料来源：SNE Research。

　　平衡与联盟阶段　在这个阶段，市场渗透率几乎已经到顶，意味着市场进入饱和竞争状态，即成为存量竞争市场，竞争品牌已经很少，竞争格局基本稳定。

　　国内空调市场处于典型的平衡与联盟阶段，近四年排名前三位的空调品牌合计营业收入波动不大，2018、2019、2021 年的 CR3 营业收入规模基本上在 3,000 亿元上下波动。2020 年由于新冠疫情影响，CR3 营业收入规模有较明显的降低，但被抑制的消费基本上转移到了 2021 年，所以 2021 年的 CR3 营业收入规模超过了 3,000 亿元，明显比前三年高（见图 2-12）。而且可以看到，最近几年，美的集团、格力电器空调的地位难以撼动。

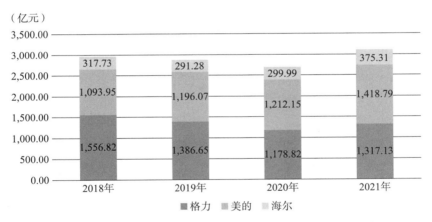

图 2-12　市场占有率前三名空调品牌 2018～2021 年营业收入波动

资料来源：各公司 2018～2021 年年报。

　　如果说市场渗透率更多的是用来衡量产业的整体市场表现情况，那么市场占有率则主要是反映产业中的竞争者在市场上的份额。市场占有率，也叫市场份额，指某企业某一产品的销售量在市场同类产品销售量中所占比重。市场占有率反映企业在市场上的地位。通常市场占有率越高的企业，竞争力越强。

市场占有率和市场渗透率之间有明显的区别，主要有以下两点：

（1）市场占有率是排他性的，所有市场占有率之和必须是100%，而市场渗透率并不存在排他性，因为一个用户可能同时使用不同品牌的同一种产品，所以市场渗透率很大程度上是从整个品类来衡量的。

（2）市场占有率是过往一段时间的统计结果，而市场渗透率是过往所有时间的统计结果。

价值创造，在企业内部体现为合适的利润、经济增加值等绝对数值及其增长率，在市场竞争中则首先外显为市场占有率。在一个处于上升期的产业中，整体市场规模在增长，产业中的各个竞争者也可能随着产业规模的增长而增长，但如果有的竞争者其市场占有率不升反降，那将会是一个危险的衰退信号。有雄心的企业，需要关注和追求市场占有率的提升，因为只有市场占有率才真正反映了企业在行业中的竞争地位。

例如，以很多男性每天需要用到的电动剃须刀为例，在过去很长一段时间，市场上飞利浦电动剃须刀一家独大，占据了绝对主导地位，其市场渗透率高达80%。但最近三年，飞科电动剃须刀的市场占有率逐年提高，目前其市场占有率为40%，日益取代飞利浦的位置。这说明，飞利浦曾经非常辉煌，但这些年在中国市场已经在走下坡路了。从飞利浦与飞科在中国电动剃须刀市场的竞争格局变化，可以得到一个启示：高市场渗透率代表过去市场的认可，市场占有率的不断提高才代表现在的竞争力，因此追求高市场占有率更具实际意义。

2．实现规模领先是价值创造的首要任务

一个企业要保持高速发展，其必备的先决条件是必须做到与产业演进趋势相一致。如果在既定的产业演进轨迹内不能够采取合适的经营行为，那么企业不仅可能不断丧失发展机会，而且会危及生存。这一点，对产业

演进处在初创阶段、规模化阶段的企业来说尤其重要。

进一步地，**要想实现规模领先，企业必须实现比竞争对手更快的发展速度，进而取得市场占有率上的领先地位。**所有的企业都应认识到，规模和市场占有率的领先是价值创造可持续的基础，没有规模就难以实现更好的价值创造。

发展速度决定了未来可能的市场份额。如何判断一个企业应该保持什么样的发展速度？我有这样的观点：如果一个行业的增长速度超过 GDP（国内生产总值）增长速度，那么意味着该行业处于快速发展阶段；而企业如果要获得领先的规模，那么它的增长速度应该超过行业增长速度；如果企业要持续领先，直至成为行业的领导者，其增长速度要在行业增长速度的 2 倍以上。这就是我所说的"倍速发展"原理（见图 2-13）。

图 2-13　企业的"倍速发展"原理

事实上，对企业而言，率先实现规模领先，不仅能在市场竞争中占据有利地位，而且在经营业绩上还可以实现规模效应，取得比竞争对手更好的利润水平。

三、大"赌"大赢与风险控制

1．追求永远的增长是企业的"宿命"

凯恩斯曾说，在经济萧条期，只有依赖企业家的动物精神，才能将经济从萧条带向复苏。什么是企业家的动物精神？是指企业家冒险的冲动力，是指企业家发自其生理、心理本能的使命感，探索和征服未知事物的动机。很多公司即使已经成为行业领先的品牌，甚至已经是行业绝对龙头，但仍然在持续地追求增长，而不希望自己的价值创造之路停滞下来。这既是企业逐利的本性决定的，也是企业家的动物精神决定的。

例如，美的集团已经成为白色家电行业的领导品牌，每年有超过250亿元的净利润，不可谓不好，但其管理团队这些年实际上一直在为如何避免增长停滞而苦苦求索。美的集团除了在内部进行大规模的业务整合外，还陆续收购了合康新能（300048）、万东医疗（600055）、科陆电子（002121）等A股上市公司，希望通过内部整合叠加外部并购打造新的业务增长曲线。

万物皆有生命周期，不可能一直处在增长的状态。没有一家企业可以"基业长青"，但任何企业其实都在追求"基业长青"的路上。追求永远的增长，这应是企业的"宿命"。

2．大"赌"大赢

在产业演进的四个阶段中，规模效应是规模化阶段的竞争优势来源。

钱德勒在其名著《规模与范围：工业资本主义的原动力》中给规模经济下的定义是：当生产或经销单一产品的单一经营单位所增加的规模减少了生产或经销的单位成本时而导致的经济。规模效应主要来自固定成本的摊销。取得了规模经济，固定成本会随着产出数量的增加而摊销到更多产品上，使单位成本快速下降。

一个企业在固定成本高而变动成本低的时候，容易实现规模效应，也就是说，随着业务快速增长，单位业务的成本迅速降低。对处于规模化阶段的成长型企业而言，尽快达到"最小有效规模"（即达到最低单位成本所必要的经营规模）是非常关键的经营进程。

　　企业要实现快速发展，内生式发展和外延式发展，究竟哪一条路径更加合适？大多数人会认为内生式发展更稳健，而有人则认为内生式发展太慢，必须通过并购直接获得现成的产能才可以实现更快的成长。事实上，发展的路径选择并没有绝对正确的答案，一是看产业处于哪一个发展阶段，二是看企业自身的能力是否支持并购整合。

　　无论哪一种发展路径，都一方面涉及企业的领导者是否能够前瞻性地认识产业演进趋势，即战略前瞻问题，另一方面又涉及企业是否敢于在选定的战略方向上大胆投入的问题。

　　曾有人提出过一个观点：企业"大赌才能大赢"。成功的战略由于其前瞻性，初期一定带有"大赌"的味道。这种建立在敏锐的战略意识基础上的"大赌"，既不同于传统"拍脑袋"的盲目冒险，也不同于以"规避风险"的名义四面出击、浅尝辄止，而是在明确的战略指导下，选定面向未来的发展方向，然后全力投入。

　　实现"大赌大赢"的前提是企业领导者具有战略前瞻性，对大势把握得好。例如，1998年底，美的集团尚未从经营困境中走出来，在资金还极为紧张的情况下，果断决定出资4,000多万元收购当时已经负债累累、几乎经营不下去的广东东芝万家乐制冷设备有限公司。这对当时的何享健来说，要有多大的魄力才能做出如此重大的决策。事后的结果证明，何享健"赌"对了，收购拥有东芝技术的压缩机厂不仅帮助美的集团形成了空调产业链一体化的核心竞争优势，每年还为美的集团贡献了不菲的利润，成为美的集团重要的利润来源。实际上，这是何享健对未来空调产业发展趋势的企业家战略直觉判断，他笃定中国老百姓随着收入、生活水平的提高，对空调的需求必将出现极大增长，压缩机作为空调的"心脏"，会与空调需求的增长同步迎来爆发式增长。

华为之所以能成为全球通信业巨头、中国最成功的跨国企业，其成功的核心因素之一就是能够抓住战略机会，并且敢于投入，坚持投入，同时又加强风险控制。华为认为，抓住了战略机会，花多少钱都是胜利；抓不住战略机会，不花钱也是死亡。所以华为的理念是"敢于胜利，才能善于胜利"。所以华为一旦发现一个战略机会，可以将千军万马押上去，进行后发式追赶，在战略机会上通过压强式投资抢占战略制高点。

对高科技企业，如果要保持技术领先，就需要维持高研发投入，但高研发投入是否能顺利转化为商业成果，实现规模化的市场端收入，具有极大的不确定性。如果迟迟不能实现规模销售，长期入不敷出，最后会现金流断裂，形成生存危机。所以大"赌"大赢的前提是方向大致正确，这样才能坚定投入。

3．扩张中的风险控制

风险控制与业务扩张是价值创造的一体两面。企业的风险一般有三类：战略风险、运营风险、财务风险。

战略风险体现在对影响企业发展方向的投资的把握上。如果不能对产业演进趋势有正确的前瞻性认知，一旦判断失误，巨额投资将给企业造成巨大的损失。

例如，四川长虹在2005年对等离子电视的投资就是一个因战略方向判断错误而导致巨额损失的典型案例。2005年前后，电视行业的显示技术出现了明显的岔路口，业内厂家对等离子电视还是液晶电视代表电视的未来争论不休。四川长虹选择等离子电视，并斥巨资建生产线，企图在等离子电视上游产业链上获得控制权。不过因等离子电视存在结构复杂、重量大，易发热等致命缺点，等离子技术并未成为电视行业的主流。2010年前后，日立、松下、三星等家电巨头先后退出等离子电视赛道。2014年11

月，四川长虹以 6,420 万元的价格出售虹欧公司 61.48% 股权。这意味着长虹的等离子电视战略宣告失败。2015 年四川长虹出现高达 19.76 亿元的巨额亏损，其中与等离子电视项目相关的虹欧公司应收款项余款 21.07 亿元，折现影响当期损益高达 2.68 亿元。这说明错误投资等离子电视所造成的损失后遗症明显。

美的集团在 21 世纪初曾介入客车领域，先后收购了三湘客车、云南客车，在投入 3 亿元后发现并非自己能力所及，最终果断止损。这是美的集团在过去 20 多年的对外重大并购经历中失败的极个别案例。这桩偏离了当年美的集团给自身定下的走相关多元化发展战略之路的跨界并购给美的集团造成了巨额损失，教训非常深刻。

运营风险主要是研发、生产、销售、供应链等企业运作各环节可能存在的风险，而财务风险则涉及资金、税务等方面的风险。对这些风险，企业需要在不断扩张发展中加以辨识，设置业务流程上的关键风险控制点和风险责任岗位，确定风险控制责任者，建立相应的制度，形成一套完整的风险控制体系，归结起来就是要不断地完善管理体系，建立有效的运营机制。

无论企业战略方向、重大投资还是具体的经营，通常都具有不确定性。因此，在企业经营发展过程中风险是必然存在的，但因噎废食、过度谨慎，最终会使企业失去发展机会，反而成了最大的风险。

第三节　价值创造，创新是源泉

对企业来说，在自身发展过程中，总有那么几个关键时刻的创新之举给企业的发展带来关键性的影响。

例如，华为在 1993 年开发的 C&C08 2000 门交换机，不仅成功打入当时还被外资垄断的中国电信市场，获得了大量国内订单，而且奠定了华为的技术基础，让华为坚定地走上技术发展之路。

再如，美的集团在1997年所进行的事业部制组织变革创新，为其在1998年的业绩大爆发提供了强大的组织推力，也为后来的大规模发展奠定了坚实的组织基础。事实上，通过不断的变革创新，美的集团跨过了家电产业的众多沟沟坎坎，最终成为白色家电领域的剩（胜）者和"王者"。而格力电器之所以能在20世纪初成为空调行业领导者，一个非常重要的原因是其开创了行业全新的营销模式，格力电器前董事长朱江洪曾经总结格力电器的成功无外乎就是两条"秘诀"，一是技术，二是营销模式改变。朱江洪所总结的格力电器的两条成功"秘诀"，其实就是创新。

唯有持续创新才能不断地创造新价值。"唯一不变的是变"道出了创新在企业发展中的"恒定"规律。

那么，企业到底应该如何思考创新，企业中的创新又是如何为价值创造提供助力的？

一、建立创新管理的框架

是不是只有重大的技术发明才算是创新？不是的，技术发明只是创新的一个类别，这里所说的创新包括各种不同的改变，例如，思维的改变、客户的改变、产品形状的改变、流程的改变等都可以算是创新。

1. 创新的维度

在企业经营管理实践中，对创新管理应该如何进行分类，以更好地帮助我们进行创新管理，让创新为企业创造更大的价值？我们可以按企业内部创新动作与外部市场创新来源、企业"软"创新与"硬"创新两组关系进行组合，形成创新管理的"四维度一中心"分类模型，如图2-14所示。

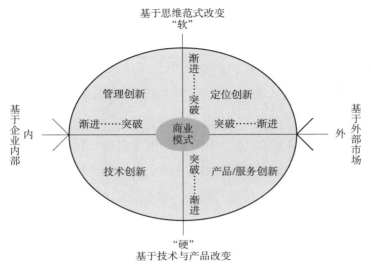

图 2-14 创新管理的"四维度一中心"分类模型

该企业创新分类模型基于以下认识。

企业的创新基于外部市场的需求。一是发现某一市场的空白点,进行产品的重新定位,围绕市场的定位而推进完整的业务模式设计。例如,王老吉凉茶定位于解决中国人容易"上火"这一独特市场,从而开创出全新的凉茶品类市场。二是发现市场目标人群的需求,针对市场目标人群推出相应的产品或是服务。例如,元气森林推出"0糖0脂0卡"的饮料满足年轻人担心肥胖的消费心理,大获成功;美国西南航空公司针对喜欢廉价、便利、快捷出行的人群推出新的航空服务模式大获成功。

企业的创新基于对企业内部问题的发现以及改进。一是针对技术、工艺上的问题进行改进乃至重新研发、设计,从而改进生产工艺流程,提高效率,或者是研发新的产品以更好地满足市场的需要。例如,比亚迪推出高端化的"汉""唐"系列电动车。二是针对组织内部的管理问题进行改进,优化组织结构、流程、激励机制和人员等,激发组织的活力,以更好地适应激烈的市场竞争。例如美的集团在 1997 年的事业部制改革，以及 2012 年何享健将董事长职位交由职业经理人方洪波担任；再如龙湖集团吴亚军在 2022 年 10 月将董事长职位交由年轻的职业经理人陈序平担任等。本质上，来源于内部的创新的触发根源还是外部市场竞争要求。

基于思维范式改变的"软"创新，指的是企业创新在于经营管理思维的改变，并且实质性的改变发生在过程中。"软"创新最终结果的呈现方式很大程度上是"无形"的运行状态以及相应的运行规范方案、文档等。例如，组织架构的调整方案的提出、确定，是企业的管理层对组织思维的改变，调整方案实施后企业的组织架构就变成了另一种运行状态。

基于技术与产品改变的"硬"创新是指创新结果的呈现方式主要为可以看得见、摸得着的有形的东西。例如，开发出一款新产品，发明一项新的技术应用，改进一项技术工艺，开发出一套新的计算机程序等。

企业的管理者需要确立的一个基本观念是，所有的创新都应以取得外部的市场竞争优势为立足点，并以为企业创造价值为基本出发点，坚持不懈地推动企业的创新活动。

上述"四维度一中心"创新分类的内涵界定如下。

技术创新：指企业在技术上的改进、创造性发明所带来的变化，包括根据对市场需求的分析和判断开发新的产品，根据内部运作效率和质量提升改进技术工艺等。

产品/服务创新：指企业根据对市场需求的判断，所提供的产品或服务出现变化，或直接推出新的产品或服务。

管理创新：指组织结构、业务流程、人员组合的变化，即企业根据对自身组织问题的分析和判断提出的相应的解决之道。

定位创新：指产品和服务进入市场的环境的变化，即企业根据对市场环境的分析和判断，将自身的产品或服务与其他产品或服务区隔开来，服务于特定的消费群体或消费群体的特定需求。

商业模式创新：开创全新的业务及其运营模式，是对上述四种创新的综合体现。商业模式创新（优化乃至重构）一般是基于市场需求，由于企业自身的定位改变或是重大产品／服务创新而进行的整个运营系统的再设计。

2. 创新的层次

企业的创新就其影响大小来说有所不同。有些只是产生局部影响，或者说只是产生战术层面的影响；有些则是带来整个企业系统层面的改变或是对企业全局产生影响的改变，也可称为有战略性影响的创新。由此，我们将创新划分为微创新、改进型创新、重大型创新、突破型创新四个基本层次，如图 2-15 所示。

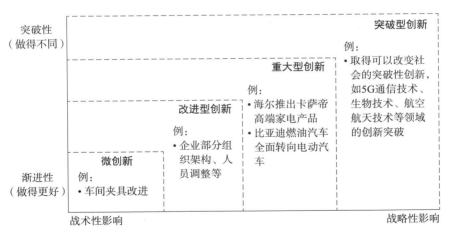

图 2-15　创新的层次

创新层次的划分没有定量的标准，都只是定性的描述。突破型创新通常都是具有战略性影响的创新，但它发生的频率极低，一般会经历一个由"量变"到"质变"的渐进过程。划分创新层次的目的是帮助企业对自身的创新有更清晰的认知，从而指导企业的创新活动。

我们根据创新矩阵列举一些案例，如表 2-5 所示。

表 2-5　创新矩阵举例

	技术创新	产品创新	管理创新	定位创新	商业模式创新
创新层次	对工艺技术做了什么改进，开发什么产品	公司为社会提供什么	公司如何生产和交付产品和服务	产品和服务进入的目标市场，以及公司所讲述的故事	设计新的商业模式
微创新	微小的改进无处不在，持续改进为"王道"				
改进型创新	对产品进行功能或外观的改进，例如： • 互联网产品的迭代升级 • 新技术、新工艺的采用	向市场提供改进的产品，例如： • 手机厂商不断推出功能迭代的不同款式智能手机 • 元气森林推出"0糖0脂0卡"饮料大受年轻人喜欢	在内部优化组织结构、业务流程，改变人员结构，激发活力，提高运作效率，例如： • 华为的集成产品开发流程（IPD）、订单管理流程（LTC）、集成财经服务（IFS） • 新人接班，如美的集团、龙湖集团董事长职位交由职业经理人担任	提供市场定位与众不同的产品或服务，例如： • 王老吉重新定位凉茶功能"怕上火就喝王老吉"，开创凉茶品类 • 海尔推出卡萨帝高端家电产品，大获成功	

（续）

	技术创新	产品创新	管理创新	定位创新	商业模式创新
重大型创新	开发市场上还未有的技术应用，例如： • 奥比中光开发了3D视觉系统 • 神州细胞研发了重组人凝血因子Ⅷ用于血友病A患者	向市场提供完全不同的产品，例如： • 智能手机替代功能手机 • 特斯拉、比亚迪等的电动汽车替代传统燃油汽车 • 小鹏开发飞行汽车以在将来替代地面汽车	对组织结构、业务流程进行重大的改变，形成新的管理模式，例如： • 美的集团事业部制组织变革 • 格力电器营销模式变革 • 牧原股份的全产业链生猪养殖体系构建	面向未被满足的市场，提供创新的产品或服务，例如： • 满足出行"最后一公里"的共享单车 • 美国西南航空的廉价机票	通过对业务的调整、重组，实现业务结构及其商业模式的调整，例如： • IBM由电脑生产商转型为咨询服务公司 • 微软向云服务转型
突破型创新	通信5G、6G技术	谷歌安卓手机系统	福特汽车公司的汽车流水线	马斯克的Space X的太空技术	通过发现新的业务机会构建全新的商业模式，例如： • 亚马逊、淘宝、京东等的互联网线上营销平台

二、打造创新管理机制

　　企业要真正做好创新管理，让创新创造价值，必须在企业内部推动形成有效的创新管理机制。有效的创新管理机制的形成并不是一蹴而就的，而是随着企业的逐步发展逐渐形成的。但无论企业处在哪一个发展阶段，管理者要有意识地去推动内部创新管理机制的形成，让创新从"拍脑袋"走向规范化、体系化。

例如，美的集团自1996年就在内部设立科技创新办公室，从此每年都举办人才科技月活动，到2023年已经举办了28届。美的集团每年的人才科技月都评选不同等级的创新项目以及创新团队和创新员工，并且获奖项目和团队都会获得不同档次的物质和精神奖励。在人才科技月获得奖项成了美的集团科技人员的工作梦想，因此人才科技月也极大地激发了员工的创新热情和创造力。

企业有效的创新管理机制包括哪些内容？又应该如何推动？我们所说的机制，实际上是一种创新活动的组织运作模式，从这个角度而言，建立创新管理机制至少需要从以下五个方面着手：

一是需要有明确的组织及职责，通过组织及职责来统筹创新管理工作；二是需要有明确的创新管理工作流程，规范创新工作的开展；三是需要有效的激励政策，有效的激励政策能够激发员工更加主动地去思考创新，基于工作问题发现改进点或是创新机会点；四是需要有创新管理活动的绩效评价，对创新的激励要与绩效评价结果明确挂钩；五是需要由企业的领导层直接推动形成内部鼓励创新的氛围，这是企业能否真正形成创新文化的底层基础。

【案例】

张创新开发爆款新产品

我们以场景化的方式呈现一个创新活动是如何在公司的创新管理机制下运行的。

张创新是一名营销部营销专员，他的工作需要他经常去走访市场，他发现市场上包括公司产品在内的产品外形都太死板,与当下年轻人喜欢的活泼、轻松的格调反差太大,于是他想到如果公司推出一款外观看起来比较清新且造型独特的产品,那么它应该会有成为爆款的机会。想到这里,他非常兴奋,很快写了一份开发新产品的方案,并且把自己的想法跟领导进行了初步的沟通,得到了领导的认可。

张创新在公司的OA(办公自动化)系统中将方案提交给了营销部领导。在OA系统中,营销部领导审核后同意,并提交给下一审核部门研发部。研发部在经过内部会议讨论后,基本认可,并且做了相应的研发工作和费用的分解,提交给分管领导审批。分管领导召集营销和研发、技术相关人员开会,就此事进行专门的讨论,会议达成了共识,分管领导在OA系统中完成了书面的审批环节。因为它属于公司的重大创新项目,还需要总经理最后审批,于是分管领导在OA系统中把它提交给总经理。总经理再次找部门负责人召开会议,确认关键事项,认可此项重大开发,但要求形成完整的项目方案。

本着"谁提出谁负责执行"的方针,也为了锻炼张创新,公司确定由张创新来担任项目经理,研发部派出一名资深主管工程师担任项目技术经理。张创新根据公司要求,在项目技术经理的协助下制作了完整的产品开发的项目方案。因为有前期的论证工作,张创新提交了项目方案后,很快在OA系统中走完了审批程序,该新产品开发工作正式开始。

经过两个月加班加点的开发工作,新产品定型,生产技术工艺等也制定完毕,公司安排试生产一批进入某一区域市场试销。相应的市场推广活动随之展开。新产品的试销结果很理想,公司决定将其大规模推向市场。一年后,新产品大获成功,成为爆款产品。这个项目当年给公司带来5,000万元的销售收入,销售毛利高达40%,并且有望持续热销。

为此,公司决定奖励张创新50万元,并且提拔他到公司的市场企划经理岗位，成为公司的中层管理者。项目的其他相关人员也得到了不同的奖励。

三、打破创新的桎梏

很多上市公司上市多年，市值不但没有增长反而一路下降，甚至有不少上市公司处于退市边缘，需要依靠非经营性的业绩维持上市公司资格。根本原因还是这些上市公司不能持续地创新自己的经营和管理，领导团队无法带领公司通过持续创新升级自身的业务能力，拓展自身的业务边界和业务层级，使公司在激烈的市场竞争中不进反退，业务不断萎缩，业绩持续下降乃至亏损，甚至成为一家垃圾公司，被资本市场抛弃。

影响企业创新的内在因素，我认为主要有以下几个方面。

1．创新意识与动力不足

我们常说，意识指导行为，行为导致结果，企业的创新行为本质上是由管理者决定的。管理者创新意识和动力不足是制约企业创新活动的前提性因素。

首先，由于管理者创新意识不强，对创新的重要性和意义认识不足，缺乏创新的紧迫感，同时，管理者不善于发现、总结经营管理中存在的问题和优秀做法，从而无法以更优的创新方法推进工作。

其次，企业管理者由于进取心不足，不能给自己制定更高的目标，导致整个企业动力严重不足。

更高的目标能够激发管理者去创造、去探索。为了实现既定的目标，管理者要学会审时度势，规划未来，不断强化创新意识，充分调动自身的潜能和创新的欲望，高效地开展创新活动。如果目标不明确，企业的激励机制也不到位，会导致管理者安于现状，墨守成规，缺乏进取心和开拓创新精神。

华为、美的集团、海尔集团、格力电器、比亚迪等国内优秀企业，都有具备极强创新意识和创新动力的管理者，正是因为管理者的创新思维，这些企业才能一路披荆斩棘，成为行业的领先者。

2. 路径依赖

无论个人还是企业，一旦其某些做法获得了成功，就会不断地对这些曾经成功的做法进行自我强化，从而形成一种惯性，即所谓的路径依赖。

"成也萧何，败也萧何"，"盈亏同源"。某种方法让企业获得成功，但若环境已经发生巨大的变化，企业的管理者还在因循守旧，顽固坚持旧有的东西不思改变，最终会因跟不上时代的潮流而让企业走向没落。

创业板上市公司赛意信息（300687）是国内 ERP、智能制造信息化领域的知名企业，其前身是美的集团旗下全资的美的信息技术有限公司。美的集团作为国内第一家引进 Oracle（甲骨文）ERP 系统的企业，在系统实施过程中培养了一大批专家，并积累了丰富的经验。在此背景下，美的集团意欲通过成立专门的信息技术公司，除服务于内部需求外，还能对外拓展业务。但为此成立的赛意信息在美的集团管控下，始终处于"半死不活"的状态，无法实现业务的突破和规模化发展。庆幸的是，在何享健的正确决策下，美的集团决定让赛意信息实施管理层收购（MBO），脱离美的集团体系，成为管理团队控制的企业，由管理团队完全独立自主经营，美的集团变为第二大股东。通过 MBO 方式，赛意信息摆脱了对美的集团家电管理思维的"路径依赖"，由作战在业务一线的经营管理团队根据自身的行业特点开展经营，由此获得了新生，并于 2017 年 8 月成功登陆创业板。

3. 困于既得利益

创新意味着变革，意味着要打破现状，意味着现有的利益格局要发生调整，利益受损方将极力阻碍变革的实施，形成巨大的创新阻力。

例如，在新能源汽车领域，中国以比亚迪、广汽集团、蔚来、理想、小鹏等为代表的新能源汽车品牌已经越来越成为电池动力汽车的主要竞争者，而实力强大的日本汽车企业在全球电池动力汽车市场似乎悄无声息，在中国大陆市场甚至看不到日系电池动力汽车。这是为什么？有专家表示，以丰田汽车为代表的日系车企很早就已经推出了混合动力汽车，而且在氢能汽车方面的研发很早就独步全球，并且能够成熟应用，为什么没有得到推广？原因是如果大力推广新能源汽车，那么整个日本传统燃油汽车产业链上的企业的利益将受到严重影响，于是这些企业纷纷抵制新能源汽车的开发和推广，日本新能源汽车也因此止步于混合动力。

当企业需要创新而调整经营结构、组织结构、人员结构时，企业管理者不能因为某些人的利益会受损而畏缩不前，否则企业就将困于现有的窠臼而不能自拔，进而影响企业的发展。

4. 学习无力症

缺乏创新并且无力创新的企业，通常都患上了"学习无力症"。所谓"学习无力症"是指整个组织缺乏主动学习的意识和动力，不太愿意主动接受外部新鲜的思维、知识和方法，不愿意看到别人特别是竞争对手的变化，将自身封闭于一个狭小的自我世界中；还有一种情形是组织不知道如何结合自身需要进行学习，整个组织无法建立以战略目标为导向的学习氛围，无法有效提升以学习力和技术力为核心的组织软实力，组织的创新活力严重缺乏。

1990 年，彼得·圣吉出版了《第五项修炼——学习型组织的艺术与实务》一书，该书提供了一套传统企业转变成学习型组织的方法，使企业通过学习提升整体运作的"群体智力"和持续的创新能力，成为不断创造未来的组织。该书提出建立学习型组织的五项修炼要素（见表 2-6）。

表 2-6　学习型组织的五项修炼要素

五项修炼	解释
1. 建立愿景（Building Shared Vision）	愿景可以凝聚公司上下的意志力，通过组织共识，大家努力的方向一致，个人也乐于奉献，为组织目标奋斗
2. 团队学习（Team Learning）	团队智慧应大于个人智慧的平均值，以做出正确的组织决策，通过集体思考和分析，找出个人弱点，强化团队向心力
3. 改变心智模式（Improve Mental Models）	组织的障碍，多来自个人的旧思维，例如固执己见、本位主义，唯有通过团队学习以及标杆学习，才能改变心智模式，有所创新
4. 自我超越（Personal Mastery）	不断提升自己的能力，突破过去的知识和能力界限，实现自我超越
5. 系统思考（System Thinking）	应通过资讯搜集掌握事件的全貌，以避免见树不见林，培养纵观全局的思考能力，看清楚问题的本质，有助于清楚了解因果关系

要建立学习型组织，首先应从企业领导者开始，由领导者身体力行，开展上述五项修炼，最终增强企业的整体能力，提高整体素质。在团体学习、全员学习中实现系统思考、非线性的创新思考，最终实现观念、制度、方法及管理等多方面的更新，为企业的价值创造提供充足的动力。

第四节　价值创造，战略效能与运营效率是基础

一、效能和效率，做正确的事和正确地做事

1．效能和效率

从管理角度而言，效能是指在有目的、有组织的活动中所表现出来的效率和效果，它反映了组织活动中目标选择的正确性及其实现的程度；效率指在单位时间里完成的工作量，或者说某一工作所获的成果与完成这一工作所花的时间和人力或成本的比值。一般而言，我们可以理解为效能是衡量工作成果的尺度，效率、效果、效益等是衡量效能的依据。

管理学大师彼得·德鲁克指出，效率是"以正确的方式做事"，而效能则是"做正确的事"。世界著名经济学家、诺贝尔经济学奖获得者赫伯特·西蒙就效率与效能的区别指出，效率的提高主要靠工作方法、管理技术和一些合理的规范，再加上领导艺术；但是要提高效能必须有政策水平、战略眼光、卓绝的见识和运筹能力。

从德鲁克、西蒙等人所言出发，我们做如下概念梳理：

（1）公司的战略制定是"做正确的事"，而战略执行则是"以正确的方式做事"；

（2）效能是从战略角度考虑的，而效率则更多是从战术层面考虑，二者是"大处着眼、小处着手"的关系；

（3）效能可以理解为战略管理的结果，而效率则是战略导向下的运营管理的结果；

（4）效能是效率的最终追求目标，而效率是效能的基础，是效能高低

的直接承载体；

（5）效率通常可以用具体的指标来衡量，而效能则更多是概念化的定性描述或特别综合性的指标，例如市值、利润等。

对效能与效率的关系，我们还可以用这样的公式表示：效能＝目标 × 效率，它是说一个人或组织不能片面地追求效率，效率高不代表目标就可以实现，有了目标再乘以效率才是达到目标的方法。我们延伸德鲁克的观点：所谓"做正确的事"强调的是效能，其结果是确保工作在坚实地朝着组织的目标迈进；而"正确地做事"强调的是效率，其结果是让组织更快地朝目标迈进。

所以，"正确地做事"必须建立在"做正确的事"的基础上，如果不能以"做正确的事"为方向，"正确地做事"将变得毫无意义，最终与目标南辕北辙。只有先"做正确的事"，然后才能做到"正确地做事"。只要做的是正确的事，即使执行中存在某些偏差，也不会带来致命的后果；但如果做的是错误的事，即使执行得再完美无缺，也必然带来损失。但即使方向正确，目标确定，如果没有有效的执行，不能提高效率，最终也体现不出好的效能。

对公司而言，如何制定正确的价值管理战略是首要的，在战略制定之后，则是要坚定地执行战略，在实际执行中不断提高运营效率，以达到最优的效能。而提高运营效率的途径在于资源的有序分配。通过设立标准流程、操作规程、分工协作等规范化体系，可实现管理系统的良性运作。

2. 运营效率的内涵

运营效率是指在一定的经济条件下，企业在生产经营过程中配置资源，取得的投入产出或成本收益比的状态。很大程度上，**运营效率与价**

值创造的内在逻辑是一致的，运营效率提升的过程其实就是价值创造的过程。

从该定义出发，运营效率通常以如下三个基本形态体现：

- 企业运营中资金投入的产出或损耗的多少或高低；
- 业务活动完成时间的快慢；
- 产出质量的好坏。

企业的运营效率一般还可以体现为整体、局部（业务线、部门）不同层面的指标。例如，销售利润率、资产利润率、应收账款周转率等属于整体层面运营效率的指标；而诸如销售部门人均销售额、产品开发完成率、人员招聘完成率等则属于局部层面运营效率的指标。

同时，运营效率还是一个比较的概念，只有通过比较才有改善的实际意义。运营效率比较（见表2-7）一般包括三个方面：与自身的过去比，与同期竞争对手比，与预定的目标比。这三个比较分别有不同的意义。

表 2-7　运营效率比较三个不同类别的意义

运营效率比较	意义
（1）与自身的过去比	往后看看自己。考察企业自身与过去相比，是提高了还是降低了。特别是，如果降低了需要采取什么措施改进
（2）与同期竞争对手比	向左右看看同行。本公司的运营效率是比竞争对手高还是低，公司处于哪一个水平，是否有竞争力
（3）与预定的目标比	面向未来提要求。基于过去的效率情况，提出更高的目标作为未来努力的方向。企业需要不断追求更高的目标，这是进步的动力，也是生存的法则

3. 衡量运营效率的指标体系

企业的运营效率是通过一系列的业绩指标来衡量的。通常，我们将业绩指标分为财务指标和非财务指标。财务指标是公司运营的最终结果，而非财务指标更多的是过程性指标。我们认为以平衡计分卡（BSC）为工具建立运营效率的评价指标体系是一个不错的选择。

平衡计分卡由美国哈佛大学商学院教授卡普兰和诺顿创立，被誉为世界近百年来最伟大的管理工具之一。平衡计分卡以战略为导向，把财务和非财务、结果与过程、长期和短期、内部与外部四个不同的企业运作关系完美地整合在一起，形成了财务、客户、内部运营流程、学习与成长四个维度的指标来衡量企业的绩效。这四个维度构成了企业取得良好业绩的逻辑关系，如图 2-16 所示。

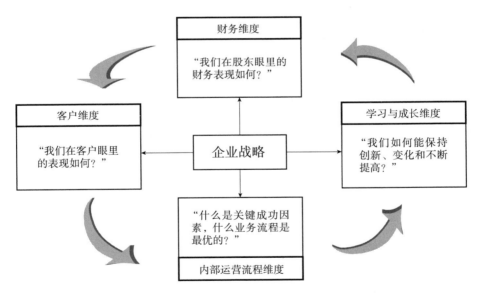

图 2-16　平衡计分卡四个维度的逻辑关系

基于图 2-16 的四个维度，我们可将平衡计分卡关于结果的果因关系进一步用图 2-17 呈现。

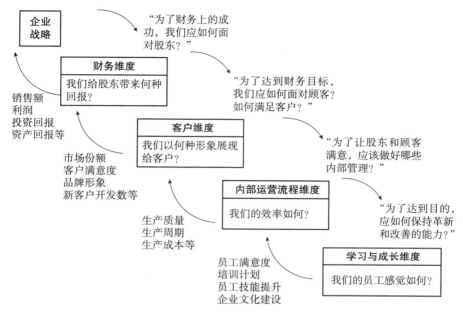

图 2-17　平衡计分卡四个维度的果因关系

　　基于平衡计分卡，我们可以把运营效率分为四个类别（见表 2-8），分别是：财务效率、客户效率、运作效率、人员效率。

表 2-8　基于平衡计分卡的企业运营效率分类

运营效率类别	释义
财务效率	主要基于企业资产、资金运营角度揭示和评价企业的运营效率，这是企业运营的最终成果体现
客户效率	主要基于为了获得更好的市场成果，揭示和评价企业客户获取效率，以及客户服务效率。目的是获得更好的市场产出效率
运作效率	主要基于企业内部运作的角度，揭示和评价各项业务活动的进行效率，主要是涉及产出质量好坏、成本高低、时间快慢的水平要求
人员效率	主要基于企业员工贡献的角度，揭示和评价员工的产出效率

我们以制造企业为例，从上述四个维度梳理出衡量企业运营效率的一些核心指标作为参考（见表2-9）。

表2-9　企业运营效率四个维度指标表（仅为示例）

序号	维度	二级分类	效率指标
1	财务效率	盈利能力（衡量财务收益状况）	销售净利率
2			销售毛利率
3			净资产收益率
4			资产净利润率
5			成本费用净利率
6		营运能力（衡量资产运营状况）	流动资产周转率
7			应收账款周转率
8			存货周转率
9			固定资产周转率
10			总资产周转率
11		偿债能力（衡量债务风险状况）	速动比率
12			流动比率
13			资产负债率
14			净资产负债率
15		发展能力（衡量增长状况）	销售增长率
16			利润增长率
17			净利润增长率
18			资产增长率
19			净资产增长率
20	客户效率	客户维度核心成果指标	客户满意率
21			产品市场占有率
22			新产品获利率
23			新客户获利率

（续）

序号	维度	二级分类	效率指标
24	运作效率	研发	新产品开发数量
25			新产品比例
26		采购管理	采购及时率
27			合同履约率
28		物资管理	原材料合格率
29			原材料周转率（次／年）
30		设备管理	设备资产周转率
31			设备利用率（产能运用比率）
32		生产管理	人均生产值（量）生产指数（I）
33			总体产能质量合格率
34		销售环节	销售计划完成率
35	人员效率	员工贡献度	劳动生产率
36			人均销售收入

4．追求最终的效能

对上市公司而言，我们认为市值、扣非净利润、市盈率可以归为效能类的财务综合性指标。从最终的结果角度来说，所有企业的效率指标都为该类指标服务。

例如，就白色家电两大龙头企业美的集团、格力电器而言，格力电器的运营效率可能与美的集团不相上下，甚至很多方面还优于美的集团，但就整体效能而言，美的集团是优于格力电器的，因为美的集团无论市值规模还是利润规模都比格力电器要大很多。也就是说，格力电器在战略效能上不如美的集团好。我们在第六章关于美的集团的案例中将专门进行格力电器与美的集团的效能与效率比较分析。

二、要提升效能与效率，没有体系支撑不行

1. 理解运营体系

所谓运营是指对企业经营过程的计划、组织、实施和控制，是与产品生产和服务提供密切相关的各项管理工作的总称。企业运营管理贯穿企业价值链，包括研发技术、生产运营、市场营销和财务会计、人力资源、信息管理等。企业的经营活动是这几大职能有机联系的一个循环往复的过程，企业为了达到自身的经营目的，必须对上述几大职能进行统筹管理，这种管理就是运营管理。

在战略清晰的情况下，企业需要做的事是提高运营效率，以保证最终的战略效能。而提高运营效率的基础是建立清晰的运营模式，在该运营模式下不断创新和优化各项经营管理活动。

由此，我们理解的运营模式，通俗来说就是如何利用资源来实现高效经营、节约成本、降低风险的方式。效率提升、成本降低、风险控制，这三者是企业运营模式需要着力解决的核心问题。

2. 运营系统框架

我们要用系统的思维来进行企业运营模式的澄清与实际构建工作。具体要怎么做？锐哲顾问认为，需要充分把握三个不同层面的要素（详见图 2-18）。

首先，需要从外部竞争环境角度来关注三个关键要素，即竞争者、下游合作伙伴（主要为经销商或最终用户）、上游合作伙伴（主要为供应商）；

其次，在充分关注外部竞争环境的基础上，关注企业的经营战略、核心能力、人才培育、业绩激励及企业文化五个具有长远影响的发展要素；

最后，在充分关注上述两类要素的前提下，从经营机制系统和管理机制系统两个方面构建企业的业务管理规范。

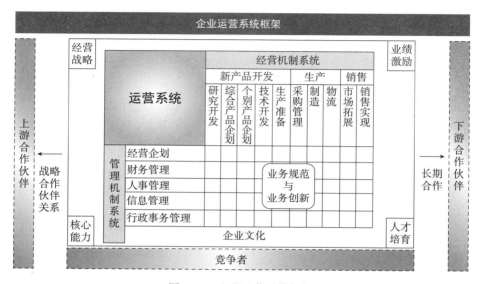

图 2-18   企业运营系统框架

三层要素相互作用，缺一不可。要将它们有机地结合在一起，并促使这些要素进入一种良性循环。这些要素之间的差异以及它们之间相互关系的差异构成了不同企业运营模式的独特性。

运用这个模型，我们就能够很好地理解企业的运营模式，并且指导我们的运营模式完善与创新，打造出差异化的运营模式。

3. 借助 IT 手段实现运营体系的有效构建与运作

信息技术的高度发达，为企业更加高效地运转提供了非常好的工具和极大的便利。凡是懂得运用 IT 手段帮助提高运营效率的企业通常都会优于竞争对手，形成更强的竞争力。

例如招商银行（600036），在20世纪90年代中期率先推出基于互联网技术的"一网通"业务而大获成功，为之后不到10年时间里成长为中国最大、最优秀的零售银行奠定了坚实基础。

再如新希望（000876），持续走在饲料技术体系数字化建设的道路上，其自主研发的鸿瞳·NHF配方系统在国内所有子公司全面上线运行，覆盖饲料产业148个工厂、4个料种、137位营养师。新希望也借此成为国内唯一一家拥有自主配方系统并实现工厂全覆盖的饲料企业。

再如美的集团，作为国内第一家实施Oracle ERP（最初称为"MRPⅡ"）系统的上市公司，从1996年开始投资不断建设内部信息管理系统，为其之后20多年的快速发展提供了强有力的支撑。早在十几年前，美的集团的财务预算就已做到非常精细乃至精确。笔者一位曾在美的集团下属事业部担任过财务部长的前同事有一次就很自豪地说，美的集团已经能把年度财务预算与年度财务决算的误差控制在5%以下。

三、紧抓战略效能三要素：战略、组织能力和企业文化

纵观A股上市公司中各行业的龙头企业，它们之所以能够成长为龙头，是因为它们的成长历程中都有共同的特征，即战略清晰、持续塑造和积累组织能力、拥有适应性的企业文化。这三个特征实际上也是企业取得优异战略效能的三个基本要素。

这三个要素之间是有机联系、互相影响的。清晰的战略为组织能力的塑造和积累提供方向指引，过硬的组织能力会支持战略的实施和推动战略目标的实现；战略也会引领企业文化朝适应市场竞争的方向不断自我优化，同时，适应性的企业文化能够有力支撑战略措施的有效实施，进而推动战略目标的达成；企业文化本身是企业软实力的一部分，企业组织能力塑造和积累的过程也是企业文化优化的过程，优秀的企业文化会为组织能

力的塑造和积累提供良好的氛围（见图 2-19）。

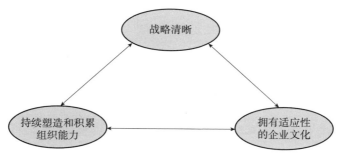

图 2-19   战略效能三要素

1．战略清晰是战略效能实现的方向保证

战略清晰要求企业明确整体的战略思路、市场发展定位，即未来构建什么样的核心竞争力，以及具体要达到什么样的经营目标等，并且为了实现这样的目标，找出企业的资源和能力的短板，采取针对性的战略措施。

例如，美的集团在 2013 年实施整体上市之际，制定了非常清晰的中期战略规划，明确提出如下战略——

战略愿景：成为中国家电行业领导者，世界白电行业前三强。

战略目标：顾客导向的敏捷型企业，2015 年利润率超过 9%。

战略主轴：产品领先、效率驱动、全球经营。

转型路径：聚集产业，做好产品，经营简单化，提升效率，做强两个市场。

机制创新：战略牵引，财务管控，组织、人才、价值观，632 流程变革。

2013 年以来，美的集团在战略牵引下，围绕"产品领先、效率驱动、全球经营"三个战略主轴扎实推进既定的战略项目，取得了丰硕成果。例如，"成为中国家电行业领导者"的战略目标已经实现，效率驱动的经营模式借助 632 流程变革项目在 2015 年真正建立起来。

全球化经营方面，美的集团来自海外的营业收入占比已达到 40% 以上，业务与客户遍及全球。据美的集团 2022 年半年报介绍，美的集团在全球拥有约 200 家子公司、35 个研发中心和 35 个主要生产基地，员工超过 16 万人，业务覆盖 200 多个国家和地区。其中，在海外设有 20 个研发中心和 18 个主要生产基地，遍布 10 多个国家，海外员工约 3 万人，结算货币达 22 种。

2022 年，美的集团又制定了"数字美的 2025"战略。该战略的总体目标是：业务数字化，建设 DTC（Direct-to-Consumer，直接面对消费者）数字平台，业务在线化要达到 100%；数据业务化，数字驱动运营达到 70%，智能化决策要达到 40%，核心指标体系是 2022 年的 10 倍；数字技术保持行业领先优势，将数字决策技术与业务完全融合，物联网中台达到 10 亿级连接能力；AIoT 化，智能家居做到全球行业首选；发展数字创新业务，孵化一两家上市公司。

在该战略规划中，美的集团提出，打造美的数字大脑，为亿级家庭用户、百万级企业用户提供实时高效的数字化体验。为此，美的集团进一步提出，在面向亿万家庭用户和百万企业客户的可持续价值体系内，在智慧家居、智慧楼宇、智慧能源、智慧出行、智慧医疗、智慧物流、智能制造等领域，将提供更多系统的数字化解决方案，将现实世界重构成数字世界，为未来美好生活提供更多可能性。新时期的战略正有力引领美的集团的智能化、数字化发展。

2. 组织能力是战略效能达成的基本保障

落实战略举措的过程其实也是企业塑造和积累组织能力的过程。也就是说，企业通过组织能力的提升来支持战略目标的实现。

组织能力的提升在外部市场常常表现为创新的产品、优质的客户服务、不断开拓的市场以及企业品牌形象的提升等。

在外部市场的表现需要内部能力来支撑。企业组织能力的内部表现为专业化的精细管理，例如良好的市场开发管理、客户管理、成本管理、人才管理等。归结起来就是围绕着企业的核心竞争力目标来打造企业的系统管理能力，即在前述运营体系上所构建的系统能力。

例如美的集团，以战略为导向，通过持续多年的"一个美的、一个体系、一个标准"的数字化转型，已经成功实现了以软件、数据驱动的全价值链运营，完整地覆盖了企划研发、订单预订、智能排程、柔性制造、协同供应、品质跟踪、物流能力、客服安装等全价值链的各个环节，实现了端到端的协同拉通，由此形成了强大的系统运营能力。

3. 适应性的企业文化是战略效能实现的组织基因

企业文化是软实力。塑造一种能够适应外部竞争的良性企业文化是支撑企业达成卓越战略效能的基础，这种企业文化归根结底应该是能够支持创新、绩效导向、以客为尊的企业文化。

例如比亚迪以"用技术创新，满足人们对美好生活的向往"为品牌使命，在新能源汽车技术上持续投入，不断创新，成为拥有全球领先的电池、电机、电控及整车核心技术，在新能源汽车动力性能、安全保护等方面表现优异，具有全球领先优势的新能源汽车企业。

第三章

打出好价格
整合价值传播是关键

正如我们在第一章的"市值影响因素金字塔模型"中所提出的，上市公司的市值增长与利润和市盈率直接相关，利润的成长性是根本因素，而市盈率则直接影响市值的增减。

市盈率的高低除了受上市公司的成长性影响外，还跟上市公司是否做好价值传播，是否将上市公司的价值信息有效地传递给资本市场投资者，让上市公司的价值被更多的投资者了解并认同有关。

不可否认，按证券监管要求做好信息披露工作是上市公司最基本的工作。上市公司要更有力地推动公司市值增长，需要把资本市场投资者视为顾客，从资本市场营销的角度系统性地思考、实施整合价值传播工作。

本章就上市公司如何在资本市场进行有效的整合价值传播，创新性地将整合营销传播原理、传播心理学等运用于资本市场价值传播，提出整合价值传播的系统性方法，帮助读者建立一个完整的工作框架，让价值传播"既见树木又见森林"。

第一节　要整合价值传播，而不仅是信息披露

截至 2022 年底，A 股上市公司已经超过 5,000 家。随着注册制的逐步全面推行，未来上市公司会越来越多。随着监管的日趋完善，未来退市企业也会越来越多，但共同活跃在资本市场的几千家上市公司始终是一个非常庞大的群体。由此，每家上市公司特别是成长型的小市值上市公司都面临一个问题：在这么多上市公司中，如何让投资者关注自己，并且愿意购买自家股票，甚至愿意高价购买自家股票？同时，不同的投资者、不同的资金有不同的投资风格偏好，上市公司如何更好地找到喜欢自己的投资者？这些都涉及上市公司如何对自己的价值进行有效、有力的传播的问题。

一、从信息披露到整合价值传播

资本市场上，一家公司通过 IPO 实现上市，获得了宝贵的未来发展资金，这只是第一步。更为关键的是，在成为公众公司后，一方面要通过更有效的运营使公司实现持续的业绩增长，另一方面要让自身的价值被更多的投资者所了解和认识，使公司股票"供不应求"，从而获得更优的价格，为后续的再融资打下更雄厚的价格基础。而这，就需要上市公司实施有力的整合价值传播。

1．价值传播与信息披露的关系

《证券法》第五章明确规定了上市公司要进行必要的信息披露，证监会也相应出台了《上市公司信息披露管理办法》作为《证券法》在信息披

露规范方面的完善制度。当我们说价值传播时，必然离不开谈信息披露这个话题。我们应该如何认识价值传播与信息披露之间的关系？主要有以下四点：

第一，从范畴来说，《证券法》所规定的信息披露属于价值传播的一部分，价值传播的范畴大于信息披露。

第二，从内涵来说，信息披露的内容包含着上市公司所要进行的主动价值传播的内容。上市公司通过定期报告、临时报告向投资者披露重大的经营变化信息，就是向投资者传播公司的潜在价值信息。

第三，从出发点来说，规定的信息披露属于法律法规范畴，是上市公司的法定义务，具有法律上的强制性，如果违反了须承担法律责任；而价值传播则属于上市公司的主动宣传行为，其主动扩大品牌影响力、提升市场价值的目的性特别强。

第四，从工作定位来说，价值传播比信息披露更高。随着国家法律法规的不断完善，以及人们的法律意识不断增强，披露公司的真实信息越来越成为上市公司的基本行为。而在上市公司数量越来越庞大的资本市场竞争丛林中，一家上市公司要想形成独特的价值品牌，其工作思维需要从单纯的信息披露转换到价值披露上来，更积极地与投资者保持充分沟通，将具备价值的经营信息及时、准确、有效地传递给权威财经媒体、投资者及利益相关方。

2. 整合价值传播的内涵

所谓整合价值传播，是指上市公司基于战略发展方向，运用整合营销传播原理，综合利用各种渠道、方法、工具和手段，合法、合规、积极、主动地进行公司价值宣传，构建融洽的投资者关系，塑造上市公司资本市场品牌形象的过程。

基于上述定义，我们认为整合价值传播的内涵主要包含以下几点：

第一，整合价值传播本质上是上市公司的价值宣传，即把上市公司的价值通过各种方式有效宣传出去，让投资者对上市公司的内在价值有更好的了解乃至认同，进而转化为上市公司的投资者。

第二，整合价值传播的工作应是积极、主动的，而不是消极、被动地应付。所谓积极、主动是指上市公司的整合价值传播工作应有中长期的规划，并制订短期的年度工作计划，这样才能让整合价值传播工作达到"预则立"的效果。同时，整合价值传播的规划、计划应在日常工作中得到有力的执行。"预则立"的反面是"不预则废"。对整合价值传播既没有长远规划又缺乏短期年度计划的，就意味着公司对资本市场缺乏全面深入的分析研究，进而无法对资本市场做相应的预判，只能像无头苍蝇一样乱撞，特别是在遇到危急事件时只能穷于被动地应付而且效果不佳。

第三，整合价值传播的行为应合法、合规，不能突破法律法规的底线，例如不得进行虚假信息披露，以及不得进行虚假宣传等。

第四，可以运用很多方法、工具，选择不同的渠道开展整合价值传播的工作。例如，渠道可以分为线下、线上，线下渠道可以是现场的路演和反向路演，也可以直接在相关媒体上刊登公司的投资价值宣传稿等；线上渠道除了交易所规定的披露网站外，微信公众号以及微博、头条号、抖音号等主流互联网门户平台都可以是公司整合价值传播的渠道。

整合价值传播是上市公司在资本市场上的整合营销传播，需要根据营销学的理论体系进行价值传播的定位与策略确定，并且根据定位与传播策略开展活动。

3. 整合价值传播也是生产力

整合价值传播的目的是显而易见的，整合价值传播代表着上市公司在资本市场上的声音，是上市公司建立与投资者的联系的工具。整合价值传播的基本目的是树立上市公司的良好价值表现，实现价值提升，在资本市场则直接表现为估值水平（市盈率）和股价。

从这个基本目的出发，我们还可以进一步明确整合价值传播的过程性目的，即整合价值传播帮助上市公司在资本市场上建立清晰的品牌标签体系，让潜在投资者能够更快、更精准地识别、了解上市公司，认同上市公司，最终投资上市公司。

做好整合价值传播工作对上市公司的好处是不言而喻的，主要体现以下方面：

首先，从投资者角度看，随着上市公司越来越多，在 5,000 家以上数量的上市公司中寻找潜在的投资标的难度比过去大很多。而且，在信息爆炸的时代，大众获取信息的方式越来越多，在人人都是内容生产和传播者的"众媒"时代，内容生产者多、平台多、形态多，投资者容易被纷繁复杂的信息所淹没，无法对上市公司进行有效的辨识。因此，上市公司如果没有差异化的整合价值传播，即使是一家质地优良的公司，也很不容易被投资者真正了解。如果在资本市场上，上市公司能够开展独树一帜的整合价值传播，让投资者看到一个形象鲜明的上市公司，上市公司就会得到更多投资者的关注，潜在的投资者群体会越来越大。

上市公司需要建立自己的品牌标签体系，通过精准、有效的整合价值传播把自己摆在最有利于投资者找到的位置，并搭建在投资者心中的认知体系。

其次，通过有力的整合价值传播，构建积极、和谐、融洽的"股东沟通文化"，与投资者建立良好的沟通关系，让投资者对上市公司的价值产生认可。打个比方，某上市公司的现有市值为 50 亿元，利润为 2.5 亿元，对应的市盈率为 20 倍，通过整合价值传播，越来越多的投资者认可它的价值，市盈率水平提高到 25 倍，那么该上市公司的市值将上升到 62.5 亿元，上涨了整整 25%，对该上市公司及其股东而言回报巨大。

通过提高投资者忠诚度，整合价值传播有助于提高公司的资本市场品牌价值，对保持和提升公司市值水平有重大的影响。

二、建立整合价值传播的运行框架

1. 整合价值传播过程

上市公司的整合价值传播本质上也是一种信息传播，因此也要遵循传播的基本逻辑。上市公司作为信息发送者，要考虑哪些人是自己的受众，针对这些受众要编制什么样的信息，通过什么媒介传递给受众（潜在投资者）。而受众作为信息接收者，在收到信息后，会根据自己的认知进行相应的解读，进而对信息做出反应乃至给予上市公司反馈，这就形成了整合价值传播的过程模型，如图 3-1 所示。

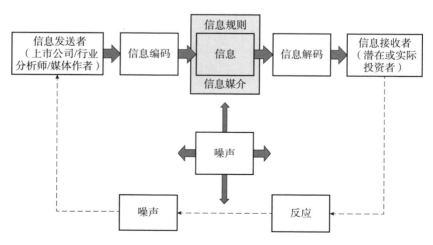

图 3-1　整合价值传播的过程模型

在上述传播中存在三种角色：

信息发送者——上市公司作为既定的信息发送者，决定发送什么样的信息。

行业分析师作为行业研究专家，在很大程度上是各类投资者的投资顾问，通过对上市公司投资价值的深入分析、研究，为自己的客户提供个股研究报告，他本质上也属于信息发送者角色，而且是上市公司要特别重视的信息发送者。

媒体作者也可能成为上市公司信息的发送者，很多时候，媒体作者是噪声的角色，即公司负面信息的发送者。

行业分析师、具有影响力的媒体作者通常是上市公司要特别重视的信息发送者。

信息接收者——资本市场中潜在或实际的投资者，这些投资者在收到信息发送者所传播的信息后，会进行自己的解读，并做出相应的反应，也可能提出自己的反馈，例如通过拨打董秘电话或使用互动易等途径询问进一步的信息，直至做出投资决定。

信息媒介——信息媒介在传播中也是关键的角色，只不过信息媒介这个角色并不一定对信息进行加工，只要不违反信息媒介的规则即可。

2．整合价值传播规则

整合价值传播需要遵守一定的规则。上市公司需要遵守的最重要的传播规则是《证券法》《上市公司信息披露管理办法》对信息披露的规定。

《证券法》第五章第七十八条规定：信息披露义务人披露的信息，应当真实、准确、完整，简明清晰，通俗易懂，不得有虚假记载、误导性陈述或者重大遗漏。这一条对上市公司的信息披露规定有三个层次要求：第一个是信息披露要"真实、准确、完整"，这一部分要求的是信息披露的质量；第二个是"简明清晰、通俗易懂"，这是对信息传播的文字表达规定，简单地说是上市公司的信息披露要让投资者看得懂，不能晦涩；第三个是"不得有虚假记载、误导性陈述或者重大遗漏"，这是对信息披露的底线规定，绝对不能有欺骗性、误导性。

　　根据证监会的要求，上市公司还要基于相关法规和上市公司自身实际制定内部的信息披露管理制度，作为自我约束。

3. 整合价值传播渠道

　　任何信息的传播都需要通过适当的渠道，例如报纸杂志、电台广播、电视、网站等。过去，信息传播主要依靠传统的纸媒，例如公司的相关公告主要是在《中国证券报》《上海证券报》《证券时报》三大报纸披露，后来又增加了《证券日报》。现在，除了传统的纸媒，还有深交所的巨潮资讯网、证券时报的证券时报网、上海证券报旗下的中国证券网等互联网平台作为法定信息披露媒介。其他财经类门户网站、App等也会登载上市公司所披露的信息。

　　互联网的发展为上市公司的整合价值传播提供了丰富的渠道，如何合理地使用法定的、非法定的各种不同的信息传播渠道，成为当下上市公司在进行整合价值传播时所要思量的一件事。

4. 设计传播

　　要使传播获得想要的效果，通常要解决三个问题：说什么（信息传播策略）、如何说（创意策略）和谁来说（信息源）。对应地，上市公司需要针对这三个问题进行仔细的规划，形成整体的传播策略。

　　说什么的问题，如果以较长的一年周期来看，涉及上市公司在这一年时间里执行什么样的信息传播策略。

所谓信息传播策略，是指在确定的在一段时间的信息传播过程中较为稳定的传播指导方针、思路和内容主线。在制定信息传播策略时，上市公司要确定自己的传播诉求、主题或构想，以体现出与其他同类公司的差异点，并满足资本市场投资者需求。从某一个时点来说，"说什么"的问题涉及上市公司希望传递什么内容以达到对应的传播目的。

传播的有效性取决于信息的表达方式和它的内容。明确了说什么的问题后，又涉及如何说的问题。因为同一个内容，可以有不同的表达方式，这需要相应的表达创意。

最后，在进行传播时，由谁来说，也会对传播的效果产生影响。例如同一个内容，由证券事务代表说出来与由董秘说出来的效果就会有不同。关于公司的重大经营战略，董秘说和董事长说的效果也必然不在同一个层次上。因此，在整合价值传播中的信息源上，上市公司要逐步形成不同层次的统一化的传播出口，形成董事长、总经理、董秘、证券事务代表由高到低的信息发送源。

三、整合价值传播的思考逻辑——势、道、法、术

上市公司开展整合价值传播工作的逻辑是什么？是不是只按证监会、证券交易所的规定要求进行信息披露就完事了？答案必然是否定的。我们认为上市公司的整合价值传播工作首先要把大的逻辑思路理顺，只有这样工作才能"既见树木又见森林"，跳出"为做而做"的局限。

做好价值传播工作，可以用我国传统文化中的"势、道、法、术"四个字来构建整个工作逻辑。

"势"，就是指趋势、大的方向；"道"，是指理念或者指导方针；"法"，是指法律、规章、制度，或者法理；"术"，是指具体的策略或者方法。具体思考逻辑如下。

1．把握趋势，顺势而为

趋势通常有宏观经济发展趋势、中观产业发展趋势、资本市场发展趋势乃至上市公司自身的规模发展趋势。这些趋势的变化对整合价值传播工作具有方向性的指导意义。例如，所在的产业发展周期还处于成长期的上市公司，只要没有方向性或大的战略性的错误，一般也会同步于产业周期向上增长；上市公司很清楚自身未来的发展趋势，那么在整合价值传播中就需要通过合规的方式有效传递给资本市场投资者，让投资者能够更加全面地了解上市公司的经营处于良好的发展趋势中；如果上市公司经营状况不佳，则需要尽力发掘上市公司的亮点，将亮点或是趋好的信息进行输出。

中国的资本市场，从供给侧来说，这 30 年出现了巨大变化，最突出的是上市公司数量快速增加。回顾历史，据统计，2010 年 A 股上市公司达到2000 家，从 2000 家到 3000 家用了 6 年，从 3000 家到 4000 家则缩短到 4年，而从 4000 家到 2022 年的 5000 家仅用了 2 年多。企业上市的速度越来越快，上市公司越来越多，深交所、上交所、北交所，主板、中小板、创业板、科创板等，多层次的资本市场逐步形成。从需求侧来说，资本市场的买方——投资者，无论机构还是散户，总体上都是在平稳地增长。

供给侧和需求侧增速的变化导致一个明显的问题，就是资本市场由以往上市公司主导的卖方市场，渐渐变为投资者主导的买方市场。

以往，上市公司对整合价值传播乃至投资者关系都不够重视，认为这些是可做可不做的事情，但慢慢地，它们变成必须做，而且要做好的事情。因为上市公司面临着大形势、大背景的深刻变化，如果不及早认识到这种深刻的变化，整合价值传播的工作就很难做好。更重要的是，上市公司价值可能就会被低估，上市公司也会处于越来越被边缘化的地位。

很多上市公司因为市值偏低，有点被冷落，券商对市值在 50 亿元以下的上市公司甚至都不愿意去调研，因为 50 亿元以下市值的上市公司通常不会被纳入自家的股票池。任何上市公司都是由小变大的，针对这种情形，上市公司更要认清大趋势，一方面扎扎实实做好业务，另一方面认认真真做好整合价值传播工作，公司的市值最终会得到一个合理的体现。

2．坚持正道，价值为本

中国开启证券交易以来，一些上市公司大股东与所谓"黑嘴"合作，"黑嘴"利用自身的影响力为庄家股票站台，引诱股民在高位接盘。在国家的监管和惩罚越来越严厉，大数据监测也越来越严密的情况下，这些不法行为已经越来越没有市场。这实际上告诉上市公司，在整合价值传播上，一定要持正念、走正道。上市公司做好整合价值传播，搞好投资者关系，应该成为上市公司的理性自觉。有了自觉的内在动力，就会自然而然去寻求创新，努力做得更好。

价值传播的大道是，以长期的思维思考如何积极、主动地体现公司应有的价值。持久地做好整合价值传播工作的好处越来越明显，无论对创始人的股权价值、员工的股权激励价值，还是对上市公司再融资，都会有极大的正向推动作用。特别是在《证券法》加压带电的大背景下，整合价值传播的基本原则应是坚持正念，立足于建立一种新型的既"清"又"亲"的投资者关系，既要合法合规，又要亲密融洽，努力让上市公司在资本市场树立起可信的、阳光的形象，让更多投资者能够知道、看到、信任上市公司。这样的话，慢慢就会吸引一大批投资者。

3．熟悉法规，自我约束

国家修订《刑法》《证券法》，对相关的违法行为一经查实即予以严惩，这对一些试图通过不法行为牟取不当得利的上市公司相关人员形成了巨大的威慑。

我认为，在坚守法律底线的前提下，上市公司以董秘为首的证券部专业团队需要对各项法规进行深入的研读并熟练掌握和严格遵守。

我们可以将整合价值传播方面的规则分为三个不同的层面，也称为规则"剥洋葱"模型（见图3-2），最里层的是《证券法》《刑法》的规定，这是绝对不能触碰的底线；第二层是证监会的规定，它具有极强的约束性，但其强度不如法律；第三层是上市公司根据相关的法规和公司自身的情况而制定的内部制度，是约束内部行为的规范。

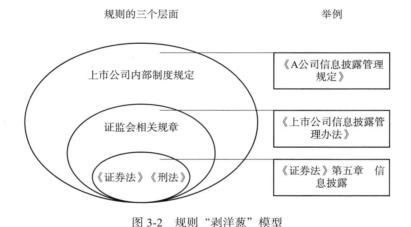

图 3-2　规则"剥洋葱"模型

4. 掌握方法，积极而为

随着中国资本市场快速发展，国家监管层面关于资本市场的制度规范也越来越全面、深入、细致，大量制度的出台几乎让上市公司大有"眼花缭乱"之感，不少董秘、证券事务代表常常感叹要学的东西太多了，否则一不小心可能就违反了某条规定或未按某规定执行而受到证券交易所的警示乃至处罚。这种感受恰恰说明国家对上市公司行为规范（尤其是信息披露规范等）的建设取得了飞速的进步。从投资者角度来说，这种进步无疑是一件大好事，这让投资者能够通过正常的公开途径更加真实、准确、全面、深入、及时地了解到上市公司的经营信息，以减少对上市公司经营状况的错误判断。

事实上，上市公司的整合价值传播需要一整套的方法论，而不仅仅是掌握证券监管部门的相关法规就行了。这就要求上市公司证券部门除了积极学习证券监管部门的法规外，还要广泛涉猎市场营销学、传播学、价值评估、价值管理等知识，围绕企业的价值创造和价值提升构建起一套完整的整合价值传播知识体系，成熟地运用方法论，战略性开展公司的整合价值传播和价值提升工作。

四、价值传播中的四大误区

在上市公司的价值传播中，归纳起来，主要存在以下四个误区。

1．思维误区：不重视

很多上市公司的管理层认为，公司上市了，就大功告成了，后面股价怎么涨跌就不用管了。还有些管理层认为，只要把公司业绩做好了，股价自然就会上去。这两种思维都是错误的。公司上市只是第一步，无论对上市公司本身还是对股东而言，后续的市值增长、在资本市场上获得更好的股价表现才是真正的工作目标所在。同时，公司的业绩表现确实是支撑市值、股价表现的根本因素，但从市值＝利润×市盈率的角度来说，实现市值的增长，光有利润还不够，还要有更好的股价表现，假如利润不变，通过科学合理的价值传播把市盈率水平提高10%，那么也意味着市值提高了10%。

所以，上市公司的董事会理应把市值管理、整合价值传播作为另一种经营业务来对待，经营好这种业务，给股东和上市公司带来的利益是显著的。

2. 行动误区：被动、不敏感、滞后

很多上市公司，特别是一些中小市值的上市公司，由于对整合价值传播的重要性认识存在明显不足，认为资本市场的整合价值传播可有可无，往往就缺乏更为长远的考虑，从来没有对整合价值传播做出过中期规划，甚至连短期的年度计划也缺乏，日常工作中也只是满足基本的信息披露要求而已。这就是典型的被动式工作。因为缺乏主动性，所以这些上市公司对重大事件特别是危机事件的发生也显得极其不敏感，对应的处理也相当滞后。

例如，以"真爱求婚钻戒"高端定制而闻名的某上市公司，在 2022 年 9 月开始，被自媒体乃至个别纸媒以"××股份被指收智商税：净利双降　商场股市双倍'割韭菜'"为题刊出相当负面的报道，在接下来的一个多月时间，该负面报道被大量转载，一时成为网络热搜话题，对该上市公司的形象产生了相当负面的影响。在该负面报道出现后，该上市公司的反应显得有点迟钝，人们几乎没有看到它积极主动应对，它仅仅在互动易中进行了极简单的回应。后来该上市公司也承认该负面报道对消费者的消费选择产生了不良影响。该上市公司对负面新闻报道的反应就是典型的既不敏感，又被动、滞后的表现。

从传播学角度来说，在网络时代，当一个负面报道开始出现的时候，除非有特别的力量可以进行大量的删帖或者消除关键源头，否则仅凭当事方一己之力完全无法制止传播，这时上市公司所需要做的动作有两个方向：一是及时地澄清或做出情况说明，更进一步的是进行正面的积极报道以覆盖或冲抵负面报道，进行信息"中和"；二是拒绝回应具体的负面报道，任由负面报道自行消退，因为任何的正面或负面信息都会经历一个

起、热、冷、退的过程，最终都会归于"无形"。不管怎样，当出现负面信息时，或直击，或迂回，总之都需要上市公司主动实施，绝不能消极被动，坐视不管。

3．理念误区：虚假传播，整合价值传播行为的底线是合法、合规

上市公司在整合价值传播中的第三个误区，是公司勿为的虚假传播。虚假传播可以分为两类，一类是违反《证券法》《上市公司信息披露管理办法》的虚假信息披露，另一类是在非法定信息披露媒体发布不实信息，以诱导投资者。前者通常涉及财务造假问题，编造虚假的财务数据，以达到获取不当得利的目的。后者则往往夸大事实，或以偏概全，或无中生有，使投资者产生误信，错误认为上市公司有重大利好可以投资而实施投资行为，进而产生投资损失。例如，有些上市公司习惯于"蹭题材热点"，明明没有某项被炒得很火的项目，却故意通过投资者互动平台说"公司有此技术储备"或是"公司正在研究"等似有实无的模糊性描述语言，让投资者产生联想。

例如苏大维格（300331）因"公司未能准确、完整地披露公司销售的光刻设备的种类和具体应用领域，且在回复中将'光刻机'和'芯片光刻机'并用，具有误导性"的行为形成信息披露违法事实而被证监会处罚，公司及相关责任人员均被处以罚款。[⊖]

上市公司出现虚假传播行为，其背后的根源通常都是理念有问题，因为有什么理念就会有什么行为，理念指导行为。

4．能力误区：工作缺乏系统性

上市公司整合价值传播的第四个误区是工作缺乏系统性，其主要表现

⊖　详见苏大维格 2023 年 10 月 13 日"关于收到江苏证监局《行政处罚事先告知书》的公告"。

为上市公司缺乏一致的基于中期目标的整合价值传播工作规划，也缺乏整合性的整合价值传播手段和方法。其主要原因是一方面上市公司的着力点主要还是在产业经营上，即考虑如何把业务经营好，并没有把资本市场的运营真正放在心上；另一方面大部分的中小市值上市公司证券团队缺乏系统的整合价值传播规划与策略制定能力，也缺乏足够的资源来支持展开全方位的整合价值传播工作。

第二节　既见树木又见森林，建立整合价值传播工作框架

资本市场和产品市场一样，都有相同的市场要素，如庞大的消费群体、供求关系、宏观经济影响等。事实上，资本市场也是产品市场的投射。从这个角度而言，把上市公司的股票当作一种特殊的产品，要提高自家股票的价格，也需要运用整合营销传播手段来给自己"赚吆喝"。就当下来说，大部分上市公司的证券部门尚未有明确的意识和基本的能力实施整合价值传播，在此我们先帮助读者建立系统的整合价值传播工作框架，然后在此基础上进行具体工作的延伸。

一、价值传播定位

1．定位理论与价值传播定位

定位理论认为用户心智是简单、有限的，用户在每一个品类中只能记住几个品牌。比如提到高端手机，想到的是华为、苹果、三星；提到乳制品，想到的是伊利、蒙牛、光明等。所以在用户心智有限的前提下，品牌要实现的最终目的，就是成为品类代表。

基于定位理论，上市公司特别是中小市值公司如何在 5,000 多只股票

中确立自身的传播定位，是一个需要深入思考的话题。事实上，在资本市场，由于每个上市公司都直接表现为股价和对应市值的大小，因此，每个上市公司都"天然"地有了各自的"定位"，例如按市值大小排列，贵州茅台（600519）很长时间都是中国 A 股的第一名；[⊖] 如果按净利润大小排列，那么被称为"宇宙行"的工商银行（601398）是 A 股市场的第一名；宁德时代在 A 股市值排在前 10 名以内，但它是新能源板块当之无愧的第一名。毫无疑问，这些规模庞大的上市公司都拥有独特的资本市场地位，然而 A 股还有超过 3,000 家市值在 100 亿元以下的上市公司，150 亿元市值的上市公司也仅 1,000 家左右。[⊖] 如果上市公司缺乏清晰的定位，就很难被投资者辨识，进而缺乏融资，也就容易被边缘化。

上市公司在资本市场的独特定位通常离不开其在产品市场的品牌定位，也就是说，上市公司在资本市场的定位很大程度上是产品市场定位的延伸。从这个角度出发，基于定位理论下的价值传播，首先是要把公司在产品市场上的战略定位予以明确，清晰地与竞争对手区隔开来，然后在资本市场进行鲜明的差异化定位价值传播。

例如，大家都知道伊利股份（600887）、蒙牛乳业（02319）、光明乳业（600597）是乳制品行业前三名，这三个品牌属于全国性品牌，并且牢牢地占据了用户心智。2019 年上市的新乳业（002946），作为乳制品领域的后起之秀，应该在投资者心智中建立什么样的定位？新乳业的业务定位是坚持"鲜立方"战略，做好"鲜产品"，以低温奶为主，通过低温奶的发展来引领公司整个大盘的增长，从而围绕用户需求在同质化的市场中树立与众不同的形象。基于此战略定位，新乳业通过重点打造低温鲜奶和低温酸奶的鲜品类"双强"，在竞争激烈的乳制品市场中形成了自己独特的

⊖　2024 年 6 月，工商银行超越贵州茅台，成为 A 股市值最高公司。
⊜　由于市值每天都在波动，具体数量也存在变化。

"鲜"品牌用户认知。从资本市场的表现上看，新乳业的品牌定位也获得了投资者的初步认可。

在全新的业务战略定位下，新乳业 2019～2021 年的营业收入增长率均高于伊利股份和光明乳业。这三家乳企 2017～2022 年的营业收入增长情况如图 3-3 所示。

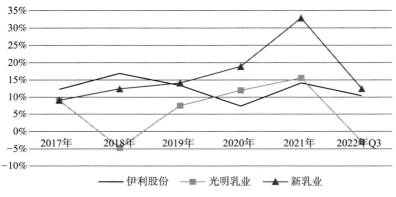

图 3-3　A 股三家主要乳企的营业收入增长情况

在股票市场，新乳业获得了相对更高的溢价。我们从其市盈率、市销率两个估值指标进行比较。通过图 3-4 可以看到，新乳业上市后的三年时间，市盈率一直比已经处于高度成熟期的光明乳业和伊利股份高，这说明市场看好"鲜立方"战略给新乳业带来的成长性，愿意给其更高的估值。

从市销率的角度来进行比较（见图 3-5），伊利股份作为国内乳制品行业的绝对龙头企业，其市销率维持较高的水平，而光明乳业虽然是规模排名第三，但因为其利润水平不高，成长性较差，所以投资者给其营业收入的估值也不高。而新乳业的市销率虽然有较大的波动，但仍比光明乳业高出不少，基本保持在 1 以上。

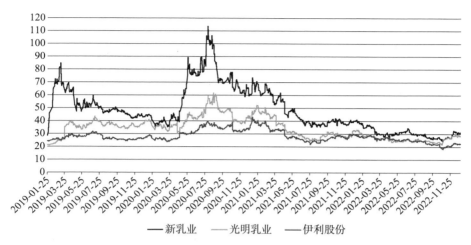

图 3-4　新乳业、光明乳业、伊利股份的市盈率比较

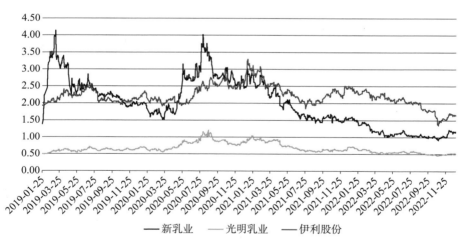

图 3-5　新乳业、光明乳业、伊利股份市销率比较

在乳制品行业中还有另一家上市公司均瑶健康（605388），该公司主打产品为乳酸菌饮品，2021 年该品类的营业收入仅为 7.54 亿元，在所有乳品企业中规模较为靠后。但均瑶健康明确提出成为全球益生菌领跑者的

愿景，不仅与国内食品研究领域极具影响力的江南大学合作，独家享有江南大学研发的独特功能性菌株使用权，还参与了重整益生菌领域的老牌企业润盈生物，以此在益生菌这一细分市场确立自己差异化的竞争地位，从而形成自己的品牌定位。2022 年，均瑶健康在与投资者沟通中不断强化公司"益生菌领军者"品牌定位，获得了初步成功，其市盈率在 2021 年 8 月到最低值 32.4 后，逐步走高，到 2022 年 8 月最高甚至超过了 100，这说明市场愿意给均瑶健康的益生菌品牌定位高估值。尽管 2023 年至 2024 年二级市场走势低迷，但并不影响均瑶健康"益生菌领军企业"的市场定位，随着经济的复苏，不排除会有新的表现。图 3-6 为均瑶健康 2020 年 8 月 18 日上市到 2022 年年底的市盈率情况。

图 3-6　均瑶健康上市以来到 2022 年年底的市盈率

2．市场题材与价值传播定位

紧跟热点题材、概念是股市的一大特点。某个时期，某个题材兴起，很多与该题材相关的股票常常被游资热炒一番，例如 2015 年的自贸区概念、2017 年的雄安新区概念、2022 年的"东数西算"概念等，为股市增添了极大的活力。

很多股票因为涉及各种不同的概念而被资金追捧，股价大幅上涨，市值也随之大增，这对股东而言当然是好事，因为股价就是市场所认可的价格。上市公司做好价值传播，最终都必然体现在股价上，因此上市公司在价值传播过程中，要尽可能以合理的方式充分披露、展示上市公司在各方面业务上的进展，争取被通达信、同花顺、东方财富等证券信息平台纳入相应的概念板块，提高上市公司的曝光度，被更多的投资者所看到乃至了解。

例如，笔者的客户申菱环境（301018）是一家生产特种空调的知名企业，上市以来，股性特别活跃，不断有市场资金投入该股票，其背后的原因是该企业蕴含了切合不同时期热点的题材，例如华为概念、空气能热泵概念、数据中心概念、节能环保概念、核电概念、军工概念、储能概念等。

笔者的另一个客户，通信服务行业的龙头企业润建股份（002929），2018 年上市时，主营业务为三大通信运营商中国移动、中国电信、中国联通的通信工程建设、维护，该业务属于非常传统的通信工程类业务，被股票投资者认为"没有想象空间"。这几年随着业务布局的不断扩展，润建股份逐步向光伏、数据中心等业务领域延伸，步入成长的快车道，截至2022 年底在通达信软件中已经被列入的题材板块多达 12 个（见表 3-1），大大增加了在市场中的曝光度。

表 3-1 润建股份在通达信股票交易软件所属的题材板块

概念名称	概念解析
5G	润建股份在 5G 方面主要提供通信网络建设服务、通信网络维护和通信网络优化服务
云计算	2020 年 4 月 19 日，润建股份在互动平台称：可转债募投项目五象云谷云计算中心预计 2022 年开始投产运营

（续）

概念名称	概念解析
雄安新区	2018年3月10日，润建股份在投资者互动平台表示，润建股份在雄安新区范围内已经开展相关业务，未来也将积极承接雄安新区内其他相关通信信息技术服务项目
无人机	2020年8月18日在投资者互动平台回复：旗下控股公司赛皓达拥有工业级多旋翼、固定翼飞机研发、集成开发、飞行服务、数据生产及配套软件系统开发能力，提供无人机软硬件平台研制、巡视服务、数据生产及智能系统开发等全链条解决方案
数据中心	润建股份于2019年7月11日召开的第三届董事会第二十一次会议审议通过了《关于合资成立子公司的议案》，董事会同意润建股份以自有资金出资人民币1.4亿元、南宁象腾投资有限公司出资0.6亿元合资设立五象云谷有限公司，其中润建股份持有70%股权、南宁象腾投资有限公司持有30%股权，合作拓展数据中心业务
区块链	2019年11月7日，润建股份在投资者互动平台表示，与广西大学联合申请的"基于区块链的无线频谱接入方法及系统"专利还在申请中，此项专利目的是提高频谱接入的安全性
华为概念	董秘在2019年5月在投资者互动平台称，润建股份与华为建立了长期的合作关系
光伏概念	光伏业务是润建股份能源网络管维业务的重要部分，润建股份可提供光伏电站的投资、建设、运营、维护等全生命周期服务。目前润建股份光伏业务涉及类型较多，包括工商业屋顶光伏电站、大型地面光伏电站、农光/渔光互补光伏电站、家用光伏储能电站等
工业互联网	2020年3月18日润建股份在投资者互动平台称，润建股份控股子公司山东旋几工业自动化有限公司是一家专注于智能制造和工业自动化的高新技术企业，提供工业互联网的相关产品和服务
电力物联网	润建股份官网披露润建股份围绕电力系统主网运营，充分应用物联网技术、通信技术、人工智能等现代信息技术，实现电力系统各环节巡查、监控、测量、数据处理等的状态全面感知、信息高效处理、应用便捷灵活的泛在物联网服务能力
大数据	2018年年报披露，润建股份大数据产品初具优势，获取广东移动、设计院、中移全通、天津联通及南航的7个项目，为客户提供大数据专业服务及创新性的解决方案，驱动数据价值从传统业务支持向推进商业决策的业务模式转型

（续）

概念名称	概念解析
边缘计算	2019 年 3 月，润建股份在投资者互动平台称，润建股份在边缘计算和网络切片两个领域已开展研究，并在该领域与合作伙伴进行了交流合作，目前项目和产品在推进中

资料来源：长江证券股票交易软件（通达信版）"最新提示"栏。

上市公司股票被列入不同的题材板块，实际上等于公司拥有了不同的标签，而这些标签本质上也是公司股票在市场上的定位，因此，标签越多越好。

3．市场风格与价值传播定位

A 股市场有明显的风格类型，这些风格类型代表的是一类股票具有某种共同的属性。通常的做法是，取市值、成长性、估值等重要指标，对股票进行划分，划分成大盘 / 小盘、成长 / 价值等风格。大盘 / 小盘即市值风格，是用上市公司的市值大小进行区分的，衡量的是上市公司的规模；成长 / 价值是用上市公司的成长性和估值水平进行区分的，成长性高的公司是成长股，估值低的公司是价值股。一般来说，市场会给予成长股相对较高的估值，给予成长性较低的公司相对较低的估值，因此，成长 / 价值就成为一组相互对立的风格。

A 股市场中，中证 1000 代表中小市值上市公司，沪深 300 代表大市值上市公司。根据招商银行研究院的研究，自 2005 年以来，大小市值风格轮动共经历了 6 轮。

2005 年以来的市值风格轮动

第 1 轮，2009 年之前，大小市值分化不明显，风格切换的节奏较快，没有形成一轮持续且幅度较大的风格趋势。

第 2 轮，2009～2010 年，表现为小市值风格强势，背后的原因主要是金融危机之后，国家实施了"四万亿"一揽子计划，流动性大幅宽松，且经济增长和企业盈利大幅回升，流动性和基本面共同推动小市值走强。

第 3 轮，2011～2012 年，在经济过热、通胀率较高的背景下，流动性收紧，经济增速放缓，市场表现为大市值跑赢。

第 4 轮，2013～2015 年，以"互联网＋"为代表的新兴产业爆发，2014 年开始降准降息，流动性再度宽松，同时资本市场政策放松，并购重组浪潮兴起，新兴产业、流动性宽松、并购重组三者共同催生了 A 股历史上最大的小市值泡沫。

第 5 轮，2016～2021 年初，去杠杆叠加经济增速再度放缓，并购重组后遗症显现，大市值再次跑赢。

第 6 轮，2021 年初～2022 年，新冠疫情后期经济恢复，以新能源为代表的新兴产业崛起，基本面变化推动小市值走强。

资料来源：招商银行研究院。

在市值风格轮动中，在不同时期也有不同的行业涨跌轮动，这与行业的景气度相关。例如新能源赛道在 2019～2022 年呈现明显的牛市特征，在 2023 年则进入熊市。最为典型的光伏板块自 2022 年 7 月前后见顶后就开始处于持续的下跌状态，一直到 2024 年上半年也未见底。而高股息的银行股则自 2023 年以来股价持续上涨，例如工商银行从 2022 年 11 月 1 日的最低价 3.71 元（前复权）上涨到了 2024 年 7 月 5 日的最高价 6 元，上涨超过 60%。

A 股市场大部分上市公司为中小市值的成长型企业，总体上属于高成长性、高估值风格，但如果上市公司自己不具备高成长性，也就很难获得高估值，因此追求实实在在的快速增长是中小市值上市公司的必然战略选择。

基于此，中小市值上市公司在价值传播过程中，展现企业不同于同行的未来成长性是核心要求。**基本的做法是从显性到隐性三个不同层面着手，一是充分展示已经实现了的成长性，二是积极挖掘潜在的成长因素，三是谋划未来的业务增长战略。**

二、价值传播策略

在确定了股票的价值传播定位后，就需要制定相应的价值传播策略，作为开展具体传播工作的总体方针和方向。基于传播定位，根据传播学的过程模型，我们将价值传播策略进一步细分为主体策略、受众策略、内容策略及渠道策略四部分。

1．主体策略

上市公司作为公司价值传播主体，是只满足于根据相关规定进行必要的信息披露，还是采取积极有为的价值传播行动，建立融洽的投资者关系？这涉及上市公司的主体策略选择问题。

我们按照态度、专业能力将上市公司在价值传播上的主体策略分为四种类型（见图 3 -7）：主动＋专业能力强、主动＋专业能力弱、被动＋专业能力强、被动＋专业能力弱。这四种类型中，对自身价值传播工作采取积极主动策略，又具备很强的价值传播专业能力，是所有上市公司努力的方向；最不可取的是价值传播的专业能力弱，在态度上又被动；专业能力强但态度被动的，需要改变思维，把价值传播视为生产力，这部分工作做好了，所产生的价值丝毫不亚于对业务的经营；对价值传播工作比较重视，认可其所产生的价值，但感觉能力不足的，可以积极地提升专业能力，对应的策略是外聘更加专业的董秘或要求现任董秘快速提升专业能力。

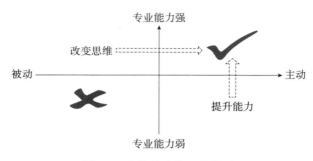

图 3-7   主体策略的四种类型

就如前文所言，在上市公司数量越来越庞大的股票市场，有限的市场资金被分流得也越来越厉害，如果上市公司不能采取积极的价值传播行动，即使业绩再好，股票不被投资者关注或是没有被充分认可，也卖不出好价钱。酒好也要卖力地吆喝。上市公司理应投入必要的资源，不断提升价值传播方面的专业能力水平，采取积极的传播行动，努力地全方位宣传公司的价值，提升公司的股价。

爱尔眼科是主动、专业能力强的主体策略的典型代表。爱尔眼科一贯高度注重投资者关系管理，除了传统的价值传播模式外，公司还与时俱进，积极拓展新渠道、新方法进行投资者关系管理，董事会秘书办公室（以下简称为"董秘办"）用个性化表达将公司拟人化，借助新媒体以浅显易懂的方式传达公司信息和理念，实现了公司和投资者"了解—信任—持有—增值"的闭环。

爱尔眼科董秘吴士君在一次同行经验分享中指出，投资者关系管理不是证券部的独角戏，而是公司的大合唱。其中，董事长是"总指挥"，定位了股东文化的主基调；职能部门是"和声部"，帮助投资者全面了解公司业务；证券部是投资者面前的"歌唱队"，董秘要做好"领唱人"，对公司投资者关系管理的成效负全责。在爱尔眼科看来，投资者关系管理需要整个公司协作，在这方面董事会给予了大力支持：在公司层面，强调投资者关系管理工作的重要性，要求其他部门协同支持；同时，董事长带头创新，给证券部较大的自主发挥空间。

2．受众策略

建构高效务实的整合价值传播体系，必须以受众为中心，并以科学合理的受众研究为基础，因为受众是所传播信息的接收者，是传播的对象，是信息的目的地，是传播过程的反馈源，是积极主动的觅信者，是实际接触特定媒介内容或者媒介渠道的人。

受众策略包括目标受众的确定、不同受众的偏好分析以及对应的传播策略选择等。

在股票市场上，传播的受众即潜在投资者，投资者可以分为机构投资者和个人投资者。机构投资者包括险资、公募基金、私募基金、券商（有自营业务的）、合格境外投资者（QFII）等，而个人投资者包括牛散（通常是指资金量大，投研能力强，能理性投资的个人投资者）、专业散户、普通散户等。

机构投资者通常由基金经理或投资经理负责具体的投资，内部有一套相对成熟的投资决策流程，都会在投资研究上投入较多的资源，进行投资前的充分论证。机构投资者通常是股票市场的灵魂力量，起到引领的作用。

个人投资者中，普通散户喜欢跟风、追涨杀跌，随波逐流是其基本特征；专业散户、牛散具有较好的投研能力，他们在投资前会对投资标的进行深入的研究，开展较为理性的投资。

机构投资者、牛散、专业散户，都可称为专业投资者，他们更接受上市公司信息的充分披露，包括对上市公司未来发展趋势的前瞻，对管理团队的信心，以及对影响经营趋势的重大变化因素等。

对不同的投资者，可采取由近到远、由直接到间接的传播策略。对机构投资者、牛散、专业散户，适宜通过路演、反路演等近距离的直接方式进行整合价值传播，而对广大的普通散户，则适宜采取公开信息披露、有影响力的广泛报道、财经平台互动等方式进行价值传播。

3．内容策略

《证券法》和《上市公司信息披露管理办法》虽然规定了上市公司应该披露的信息内容，但这只是一个基本的框架，相当于一份报告的提纲或一本书的目录，具体内容写什么，还是要作者自己规划。无论年报、中报等定期报告，还是临时报告，或者其他重大事项公告，除了财务数据必须根据会计师所审核的数据如实公布外，文字性信息的披露主要还是由上市公司根据企业的经营管理状况或重大事项情况进行自我描述，在遵从"真实、准确、完整"和"不得有虚假记载、误导性陈述或者重大遗漏"原则的前提下，说什么、如何说才是关键。

上市公司价值传播的内容策略，应坚持的基本思路是：在较长一段时间内（通常至少是一年）保持传播内容的一致性，即全年有一个明确的价值传播立意和主基调，在此基础上，立足于企业经营和管理的事实，着眼于未来趋势，在定期和临时报告中体现该立意和主基调，同时，通过其他媒体（报纸、自媒体等）进行积极广泛的传播。

例如，前文提到新乳业实施"鲜立方"战略，那么在公司的价值传播中，无论在定期报告还是临时报告中，乃至该公司接受媒体采访的过程中，都始终要围绕这一战略的进展情况以及相关经营指标（增长）变化进行披露。同样，均瑶健康努力发展益生菌业务，以此作为公司的未来战略发展支撑点，打造公司第二增长曲线，因此在价值传播中均瑶健康有必要将益生菌业务在研发端、产能端乃至市场端的进展情况通过定期报告、临时报告、投资者问答、媒体报道等方式呈现出来，让投资者更好地了解乃至认可该公司在益生菌领域的价值或是价值潜力。

4．渠道策略

价值传播的渠道是指公司在进行信息披露和宣传报道时，通过什么媒介发布，通常是指报纸、杂志、电视、广播、网站等。要制定价值传播中的渠道策略，首先要厘清有哪些渠道可以使用。我们对传播的渠道进行如下的分类，如表 3-2 所示。

表 3-2　价值传播媒介列表

媒介	法定信息披露平台	新闻报道平台
报纸	《中国证券报》《证券时报》《上海证券报》《证券日报》等	《21 世纪经济报道》《中国经营报》《经济观察报》等，全国性、省级、市级日报等
杂志	《证券市场周刊》	《中国企业家》《财经》《财新周刊》《中国经济周刊》等
互联网平台	深交所、上交所官方网站，证券时报网、巨潮资讯网、中证网、中国证券网等	东方财富、同花顺、通达信等股票信息平台，新浪、搜狐、网易、腾讯、雪球、财联社等财经平台（网页、App）
自媒体	—	上市公司的官网、微信公众号、微博、第三方自媒体号等

上市公司一般在收市后四点开始将法定披露的信息上传至所在交易所的网站，数据相应同步至法定披露媒介。随之东方财富等平台、有股票栏目的财经平台（网页、App）会转载这些信息。这些法定披露的信息一般只有已购买公司股票以及关注公司股票的潜在投资者会注意浏览，因此一

般不具有普通媒体报道的"广而告之"或产生导向性影响的效果。简单一句话，法定披露的信息按照规定选择法定的披露媒介即可。

上市公司在整合价值传播中的渠道策略重点工作包括两部分内容，一是与媒介建立良好的沟通关系，二是实现在目标媒介上出现足够数量的、有助于提升本公司形象的、有深度的新闻报道。

根据媒体宣传影响力和传播广度评估，一般的顺序为国家级重点媒体如《人民日报》《经济日报》—《中国证券报》《证券时报》《上海证券报》《21世纪经济报道》《中国经营报》—省级地方日报—其他专业性媒体和地方媒体。虽然上述所列主要为传统媒体，但由于融媒体时代各纸媒都已经实现了线上线下融合，因此其传播力不减反增。上市公司在拟定渠道策略时，可给自己定个"高"目标，争取在有重要影响力媒体上更多地曝光，充分展示上市公司的光彩。

三、4R管理

在上市公司的整合价值传播实践中，很多业内人士经常会提到4R管理，那么什么是4R管理？投资者关系管理与4R管理之间是什么关系？我们接下来进行逻辑上的梳理，以帮助上市公司更好地开展相关工作。

所谓4R管理是指与上市公司整合价值传播工作直接关联的监管层关系管理（RRM）、分析师关系管理（ARM）、媒介关系管理（MRM）、投资者关系管理（IRM）四个方面工作的简称。具体而言，要从以下四个角度来认识这四者之间的关系：

第一，4R管理既是价值传播的核心工作内容，也是市值管理的基础工作；第二，监管层关系管理处于底座的位置，是基础工作，上市公司合法、合规地把信息披露做好，避免被监管机构问询乃至处罚，就是最好的监管层关系管理；第三，分析师关系管理和媒介关系管理是投资者关系管理的重要过程性工作和具体手段；第四，做好投资者关系管理是其他三项工作的目的和目标，从这个角度来说，广义的投资者关系管理就是 4R 管理。4R 管理的关系如图 3-8 所示。

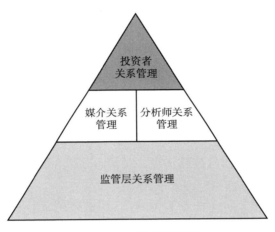

图 3-8　4R 管理的关系

1．监管层关系管理

要做好监管层关系管理，应重点抓住三个层面的内容：一是合法、合规地进行信息披露，力争达到信息披露质量考核的合格乃至优秀等级，这是最核心的工作；二是与专管人员建立良好的工作沟通关系，及时响应专管人员所提出的各方面要求并达标；三是在工作中获得专管人员的高度认可，并基于前面两点得到监管机构的表彰，在监管机构层面建立良好的上市公司品牌形象。

根据价值法库的统计，在 2020 年信息披露考核等级上，市值在 100 亿元以下的上市公司整体较差。从优秀率指标来看，市值在 1,000 亿元以上的公司表现良好，优秀率达到 70% 以上，而市值在 100 亿元以下的公司优秀率不及沪深市场的平均水平；从合格率指标来看，市值在 50 亿元以下上市公司合格率低于沪深 A 股平均水平，市值在 1,000 亿元以上的上市公司合格率达到了 90% 以上。

信息披露的质量既反映了上市公司的公司治理能力，也是上市公司监管层关系管理的基础。对上市公司而言，只要把信息披露工作做好，质量考核优秀，就会得到监管机构的认可，进而也有了与监管机构进行"良好印象分"下的沟通的前提条件。

据统计资料显示，2022 年证监会及其派出机构对上市公司实施处罚的案例事由如图 3-9 所示，通过该图可以看到，2022 年上市公司被处罚的前五大违规类型分别为信息披露违规、公司运作 / 治理违规、证券交易类违规、交易与关联交易违规、财务类违规。

2022年证监会及其派出机构处罚违规类型统计

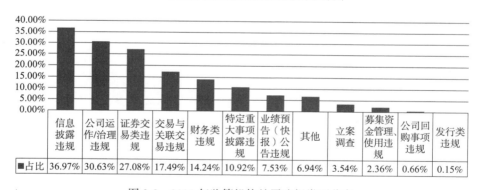

	信息披露违规	公司运作/治理违规	证券交易类违规	交易与关联交易违规	财务类违规	特定重大事项披露违规	业绩预告（快报）公告违规	其他	立案调查	募集资金管理使用违规	公司回购事项违规	发行类违规
■占比	36.97%	30.63%	27.08%	17.49%	14.24%	10.92%	7.53%	6.94%	3.54%	2.36%	0.66%	0.15%

图 3-9   2022 年监管机构处罚违规类型分布

资料来源：深圳价值在线信息科技股份有限公司公众号"价值法库"。

此外，从监管机构的统计数据可以看出，100 亿元以下的小市值上市公司在监管层关系管理上需要着力下功夫进行改善。当然，这也反映了上市公司内部在治理结构、财务规范运作、信息披露等方面专业能力相对欠缺，这需要上市公司董事会、管理团队和证券部门共同努力。

做好信息披露不仅是监管层关系管理的核心工作，而且给上市公司带来的利益巨大。对信息披露 A 级公司，不仅证券交易所会提供支持和便利（见表 3-3），证监会也为它们提供再融资、并购重组等事项的快速审核通道。所以，上市公司特别是中小市值上市公司应努力做好信息披露工作，做信息披露工作榜单上的优等生。

表 3-3 信息披露 A 级公司可享有的优惠政策

深交所	上交所
对于最近一年考核结果为 A 的公司，深交所给予以下支持和便利： （一）应上市公司要求提供定向培训； （二）在承担的审核职责范围内，依法依规对其进行股权、债券融资等业务提供便捷服务； （三）邀请公司董事长、董事会秘书等担任培训讲师，向市场推广规范运作经验； （四）优先推荐公司董事会秘书等高级管理人员为深交所上市委员会、纪律处分委员会委员或其他专业委员会委员人选	对于最近一年信息披露工作评价结果为 A 的公司，上交所给予以下支持和便利： （一）对于披露的临时报告，上交所原则上免于进行事后审查，报告内容可能引发市场质疑、可能涉及信息披露业务操作的除外； （二）在发行股份购买资产、向特定对象发行证券等申请符合上交所相关规定的情况下，依法依规给予相应支持； （三）邀请公司董事长、董事会秘书等担任培训讲师，向市场推广信息披露工作经验

2．分析师关系管理

在上市公司的整合价值传播中，证券分析师起着非常关键的作用，主要体现在两个方面，一是其撰写的研究报告能够更有力地展示上市公司的投资价值，具有专家性质的影响力和号召力；二是（卖方）分析师背后通常都会有不少联系紧密的机构投资者，这些机构投资者通常都会很认可某分析师的研究成果，股票通过分析师的推介，能够吸引潜在的机构投资者成为公司的股东。

因此，分析师关系管理的目的是让分析师关注和研究本公司的价值并进行价值推介，以获得更多潜在投资者尤其是机构投资者的关注和认可，最终成为本公司股票的买家（股东）。

分析师一般分为买方分析师和卖方分析师，所谓买方分析师是指其研究成果主要为自身所在机构（如基金、投资公司等）提供买卖决策依据，向内部推荐买入标的；所谓卖方分析师是指供职于券商，其研究成果以有偿或免费的方式提供给第三方投资机构，为第三方投资机构买卖股票提供决策参考。无论哪一方的分析师，他们的共同点是都必须花大量时间研究上市公司和行业，提出尽可能专业的研究报告，为投资者买卖股票提供决策参考。

几乎每个券商都会设立自己的研究所，并且按行业配置研究员（分析师）团队。但是不同的分析师研究能力、市场影响力都有不同，业界通常会参考每年《新财富》最佳分析师评选结果。上市公司可与所在行业的各券商分析师建立广泛的联系，邀请乃至争取分析师深入本公司进行调研，撰写研究报告。

上市公司的分析师关系管理，可以分为不同的层级（见表 3-4）。

表 3-4　上市公司的分析师关系管理层级

层级	状态描述
初级	证券部门与 3 家以上券商的行业分析师建立了初步的沟通关系，例如已通过电话、视频进行初步沟通，实现线下互相拜访；至少 2 家券商的分析师到企业调研并撰写、发布研究报告，其中一篇为深度研究报告
中级	证券部门与行业排名前三名的分析师建立了较为密切的沟通关系，分析师多次到公司进行调研，并且发布深度研究报告，此后逢业绩季或是重大事件有跟踪报告发布

（续）

层级	状态描述
高级	证券部门与 10 家以上券商的分析师建立了广泛而密切的沟通关系，分析师不仅到公司调研，撰写、发布研究报告，还积极向周边的机构投资者推介，吸引机构投资者成为公司的股东

上市公司的证券部门与分析师的关系，总体上要建立成一种在智慧层面的"互惠互利"关系，即上市公司证券部门在合规前提下向分析师提供包括行业竞争状况、企业经营管理状况等在内的有价值的信息，让分析师有更好的"获得感"；而分析师由于经常在各同行上市公司中调研，了解较多的行业具体信息，上市公司也应虚心向分析师请教，以获得自身学习和改进的机会。如果上市公司能够在行业洞察方面反向给分析师以"智慧"，那么更容易获得分析师的认同。20 世纪末，笔者在美的集团证券部门工作时，在与家电行业分析师沟通中就体会到了这种关系的好处，它会让双方真正实现互相学习、共同成长。

润建股份自 2018 年 3 月 1 日上市以来，就经历了与券商分析师深入建立良好的沟通关系的过程。2018 年 2 月底公司上市前夕，有两家券商分析师推出了新股研究报告；2019 年只有国泰君安分析师推出了一篇深度报告；2020 年没有一家券商关注润建股份，甚至一篇研究报告都没有；2021 年润建股份开始重视与券商分析师的沟通工作，开始有《新财富》通信行业最佳分析师团队排名前三的天风证券对润建股份做深度研究，并推出了深度研究报告；2022 年，在前期工作的基础上，情况发生了根本改变，这一年共有 10 家券商分析师关注润建股份，并有多达 33 篇的研究报告推出，其中深度研报有 5 篇之多（见表 3-5）。由此可以看出，润建股份作为小市值上市公司在分析师关系管理上已经迈上了一个新台阶。

表 3-5 润建股份自上市以来的券商研究报告情况

年份	2018 年	2019 年	2020 年	2021 年	2022 年
关注的券商	1. 财通证券 2. 华鑫证券	国泰君安	—	天风证券	1. 天风证券 2. 方正证券 3. 银河证券 4. 国盛证券 5. 浙商证券 6. 民生证券 7. 安信证券 8. 中信建投 9. 光大证券 10. 国联证券
跟踪研究报告	2 篇	—	—	3 篇	28 篇
深度研究报告	—	1 篇	—	1 篇	5 篇

3．媒介关系管理

媒介关系管理的目的是通过与各路媒介建立和保持良好的沟通关系，通过提供有新闻价值的内容素材让媒介报道上市公司，以增加上市公司的曝光度，提升知名度和美誉度。

在上市公司的价值传播中，媒介起着非常关键的作用，因为上市公司必须通过媒介才能将信息传递给目标受众。因此，将上市公司的正面信息尽可能多地通过媒介的报道，让潜在投资者接收到，是媒介关系管理的根本目的。当然，因为某种原因，媒介也可能向大众发出关于公司的负面报道，这时好的媒介关系管理就能够尽力避免负面信息的传播或者将负面信息传播的影响尽可能降到最低。

媒介关系管理，主要包括三个方面的内容，一是熟悉各种媒介的特点以及决定上市公司的价值传播主要通过哪一类媒介，二是如何与目标媒介建立联系，三是如何通过挖掘有新闻价值的内容素材让媒介以新闻报道形式对上市公司的价值进行宣传。

媒介关系管理首先要按对上市公司价值宣传的有效性对各种媒介进行合适的分类，从而上市公司在价值传播过程中"对媒下药"，寻找和确定合适的价值传播内容。媒介按可控和不可控，可分为自媒体和它媒体，自媒体是指上市公司可自行控制的诸如微信公众号、微博号、抖音号等基于互联网平台的媒介，它媒体是指不受企业控制的第三方媒体，主要为各种电视、电台、报纸、杂志等融媒体平台；按发行地域范围可以分为全国性媒体和地方性媒体，例如《人民日报》《光明日报》属于全国性且有重大影响力的全国性媒体，而各省的日报则属于具地方性影响力的媒体；按报道领域可以分为综合性媒体和专业性媒体，例如《经济日报》《21世纪经济报道》《财经》等属于在财经综合性领域有专业影响力的财经类媒体，《中国证券报》《上海证券报》《证券时报》属于证券领域具有专业影响力的财经媒体。

一般而言，为了保证价值新闻的有效性，获得投资者的认可，媒介关系管理以重点投向三大证券报和《21世纪经济报道》《中国经营报》等财经类媒体为佳，这些媒体的报道具有全国性的影响力，基本上可以做到全网转载。

与目标媒体建立紧密的合作关系并不是一件容易的事，特别是当上市公司自身所处的行业、自身地位并不具有足够的影响力，不太容易成为新闻热点时，对媒体的吸引力也就非常弱。上市公司作为企业个体通常较难做到与众多的媒体建立紧密的沟通关系，因此与熟悉媒体运作、拥有深厚的媒体关系资源的专业公关公司合作开展价值传播成为很多上市公司的选择。

4．投资者关系管理

前述监管层关系管理、分析师关系管理、媒介关系管理三个关系管理，最终的目的和目标都是建立更好的投资者关系。

2022 年 4 月 15 日，中国证监会发布《上市公司投资者关系管理工作指引》（以下简称《指引》），这是时隔 17 年全面而系统的重大修订，具有十分重要的现实作用和深远意义。

《指引》对投资者关系管理给出了这样的定义：**投资者关系管理是指上市公司通过便利股东权利行使、信息披露、互动交流和诉求处理等工作，加强与投资者及潜在投资者之间的沟通，增进投资者对上市公司的了解和认同，以提升上市公司治理水平和企业整体价值，实现尊重投资者、回报投资者、保护投资者目的的相关活动**。对该定义的内容，我们进一步梳理成三个部分：

（1）投资者关系管理工作的**目的**是"尊重投资者、回报投资者、保护投资者"；

（2）投资者关系工作的**落脚点**是"加强与投资者及潜在投资者之间的沟通，增进投资者对上市公司的了解和认同，以提升上市公司治理水平和企业整体价值"；

（3）投资者关系工作的**业务范畴**是"便利股东权利行使、信息披露、互动交流和诉求处理等"。

对上市公司而言，投资者关系管理工作落实到具体的行为上主要是上述业务范畴中的四项：便利股东权利行使、信息披露、互动交流、诉求处理。该四项工作对投资者的作用，如果用心理学家赫茨伯格的双因素理论进行分类，便利股东权利行使、诉求处理属于"保健因素"，信息披露、互动交流则属于"激励因素"，即上市公司通过科学、积极的信息披露、互动交流可以促进投资者和潜在投资者对公司价值的认可，而便利股东权利、及时处理投资者诉求对提升投资者的满意度有正面的作用，但不一定保证能够获得投资者对公司价值的认可。由此，上市公司的投资者关系管理工作，在确保便利股东权利行使、及时处理投资者诉求的基础上，重点是如何做好信息披露和与投资者的互动交流工作。

《指引》指出，投资者关系管理中上市公司与投资者沟通的内容主要包括：

（一）公司的发展战略；

（二）法定信息披露内容；

（三）公司的经营管理信息；

（四）公司的环境、社会和治理信息；

（五）公司的文化建设；

（六）股东权利行使的方式、途径和程序等；

（七）投资者诉求处理信息；

（八）公司正在或者可能面临的风险和挑战；

（九）公司的其他相关信息。

《指引》指出，对这些内容的沟通，上市公司可以采取股东大会、投资者说明会、路演、分析师会议、接待来访、座谈交流等多种方式，可以通过公司官网、新媒体平台、电话、传真、电子邮箱、投资者教育基地等不同渠道进行。

与投资者交流的内容如何做到更加精准？哪种交流方式、渠道更有效？针对这些问题，上市公司的证券部门可以在实践中不断尝试，进而熟练运用，达到全方位、高水平运作的状态。与投资者之间建立更为主动的战略沟通，有助于消除上市公司与投资者之间的信息壁垒，从而使上市公司获得更多的投资支持。

上市公司需要高度重视的一个趋势变化是，全面实行股票发行注册制意味着未来上市公司的数量增长速度可能会加快；此外，随着机构投资者的迅猛发展和QFII投资额度的日益壮大，以及新的ETF等的不断问世，机构主导型市场和个人投资者间接入市将成为趋势。伴随着这一趋势的发展，价值投资理念将大行其道，市场也将步入非财务指标与财务指标并重的理性投资时代。因此，不论是上市企业自身，还是市场投资者，都将越来越关注公司非财务性指标。作为无形资产的重要部分，投资者关系对提升上市公司市场价值，降低上市公司融资成本，有着举足轻重的意义！

随着市场的不断发展和投资者的日益机构化，重视上市公司投资者关系的市场氛围逐渐形成，投资者也越发关注上市公司的治理质量、诚信状况、市场排名，乃至市场交投活跃度等一些涉及上市公司市场形象的非财务性指标。

据报道，麦肯锡公司曾对200个共管理3.25万亿美元资产的国际投资者进行调查，结果表明80%的被调查者认为，在其他因素相同的情况下，他们愿意为"良好治理"的公司付出溢价；75%的被调查者认为公司治理质量至少与公司财务指标同等重要。

成功的投资者关系管理，有助于上市公司获得合理的股价，增强融资能力，建立广泛的股东基础，实现有效的公司治理。反之，如果今天不重视投资者关系，明天就可能会付出代价。良好的投资者关系有助于提升公司的估值。

第三节　以投资者为尊，整合价值传播实战要点

上一节我们介绍了整合价值传播的整体框架，而开展具体工作时要在上述框架下紧抓几个关键要点。

一、管理投资者预期

几乎所有人都向往美好，都追求梦想，市盈率经常被投资者称为"市

梦率"，代表人们对上市公司未来快速发展的期许。这也告诉我们一个基本的道理，上市公司在整合价值传播过程中，一定要做好投资者的预期管理，即让投资者对公司未来发展、增长有期望，给投资者一个很实在的"梦想"。

虽然过去的业绩会影响投资者对上市公司未来发展前景和逻辑的判断，但"过去的已经过去，更重要的是面向未来"。如果上市公司能够做出明确的发展规划，有清晰的战略实施路径，表达出强烈的信心，并且将这些信息传递给投资者，投资者就会改变对上市公司的看法，对上市公司未来发展更有信心。价值传播中投资者对上市公司的成长预期如图 3-10 所示。

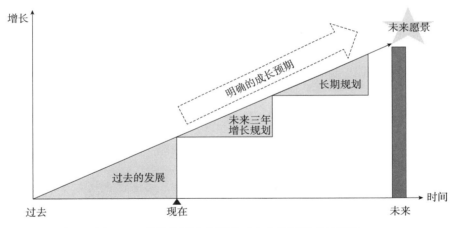

图 3-10 价值传播中投资者对上市公司的成长预期

1. 预期管理要告诉投资者公司的发展规划

预期管理，首先是清晰地向投资者传递公司的愿景是什么。实际上对公司发展愿景的确立与清晰描述，不仅对内部员工有非常好的导向作用，如果公司能够将愿景有力地传递给投资者，那么投资者也会受到鼓舞，增强对上市公司的信心。

预期管理，其次是清晰地向投资者阐述公司未来的发展规划。公司的中期战略发展规划（一般为未来3年的）是基于愿景并将愿景转化为未来3年的具体发展目标和实施路径以及具体措施的详细规划，是公司实现发展目标的施工图。公司要将自身的战略雄心和实现的逻辑清晰、明确地传递给投资者，让投资者清楚地知道公司未来的增长规划，让投资者对公司未来的价值成长"心里有底"。

监管机构鼓励上市公司进行自愿性信息披露，而自愿性信息披露侧重于对公司长期战略及竞争优势的评价、环境保护和社会责任、公司实际运作信息、前瞻性预测信息、公司治理效果等的披露。自愿性信息披露主要通过各种投资者关系活动进行，例如业绩说明会、分析师会议、投资者问答平台等。

【案例】

美的集团如何沟通战略

美的集团作为传统的家电领域的龙头企业，无论营业收入规模还是市值规模都已经占据行业第一的位置。如何让企业更上一层楼？基于数字化浪潮的到来，美的集团审时度势，结合企业自2012年以来在数字化转型方面的积累，提出了"数字美的2025"战略。该战略的核心是"打造美的数字大脑，为亿级家庭用户、百万级企业用户提供实时高效的数字化体验"。

美的集团意图通过"数字美的2025"战略，引领美的集团由传统的家电企业向科技企业转型，实现升维竞争。美的集团希望通过"科技驱动万物"，把所有硬件在数字化技术的"磁场"下进行黏合与串联，形成有机的开放生态，让美的转型成一家崭新的物联网"元科技"企业，即从每一个元数据到平台、系统、家居硬件乃至楼宇、城市，全都以智能融合的方式呈现，从而为多元化场景提供系统级解决方案。

作为行业领军企业，美的集团的一举一动都广受关注。美的集团如何与投资者沟通自己的未来发展战略？美的集团的做法是，首先，高调举办战略发布会，向社会各界表达数字化转型的决心和信心，以及具体的战略目标；其次，通过分析师会议、互动易等交流方式向投资者介绍数字化转型内容。

2022年6月9日，美的集团在广州举行了盛大的"数字美的2025"战略发布会活动。该发布会邀请了各大媒体、分析师等嘉宾参加。发布会上，美的集团的各领域高管详细介绍了各自领域的数字化转型规划。

发布会上，美的集团宣布其"数字美的2025"战略，是在"数智驱动"战略的牵引下，从业务数字化、数据业务化、数字技术、AIoT化以及数字创新五个方面着手，实现五个总体目标：①业务数字化，建设DTC数字平台，业务在线化要达到100%；②数据业务化，数字驱动运营达到70%，智能化决策要达到40%，核心指标体系是现在的10倍；③数字技术保持行业领先优势，将数字决策技术与业务完全融合，物联网中台达到10亿级连接能力；④AIoT化，智能家居做到全球行业首选；⑤发展数字创新业务，孵化一两家上市公司。

通过战略发布会，美的集团的"数字美的2025"被广泛报道，进而被各界所认知。

当然，对数字化转型，美的集团在半年报、年报中均从不同的角度进行了详细的阐述，让投资者全面深入了解和理解美的集团在此方面的进展以及对美的集团发展的促进作用。

2．预期管理在于实际经营结果不断靠近目标

虽然公司明确而宏大的战略目标能够带给投资者对公司未来业绩表现的憧憬，但说到底，它还只相当于挂在墙上的蓝图，如果蓝图不能一步步变为现实，投资者最终会失望而去。

所以公司做好预期管理的第二步是实实在在地落实战略举措，将战略目标分解到每一年，循环渐进地实现分解的战略目标。在此基础上，公司需要通过半年报、年报等载体向投资者进行科学、合理的信息披露。

战略目标的实现最终体现在公司的业绩上，主要包括营业收入和净利润，尤其是主营业务收入和扣非净利润。

预期管理非常重要的一点是通过分析师的研究报告形成一致性预期，并且让分析师的一致性预期不断得到验证，从而形成预期强化。预期强化后公司的价值会得到更多的投资者和潜在投资者的认可，投资者将坚定持有公司股票，而潜在投资者则选择毫不犹豫地买入公司股票。

例如过去多年，分析师对爱尔眼科的一致性预期与其实际业绩之间就是在不断上演着预期—实现—强化预期—市值增长的良性循环。截至 2022 年 12 月底，券商给爱尔眼科的业绩预期如表 3-6 所示。

表 3-6　爱尔眼科分析师的一致性预期

时间	2021A		2022E		2023E		2024E	
	收益	市盈率	收益	市盈率	收益	市盈率	收益	市盈率
6 个月平均（2022 年底）	0.32	102.4	0.4	82.69	0.53	63.11	0.68	48.83

资料来源：东方财富。

很有意思的一点是，在股票市场上，在股东回报率是由实际的业绩与其预期的相对表现决定的，而非完全由公司绩效水平决定的。短期内，预

期的变化是股东回报率的关键决定因素。但从长期来说，股东的收益是由公司的价值创造，即资本回报率和业绩增长决定的。

一般情况下，投资者只能用短期数据来估测公司的长期业绩。在这种情况下，投资者会把最近的每股收益表现作为判断公司长期业绩好坏的依据，一旦每股收益未达预期目标，投资者就会卖出股票，从而导致股价下跌。但如果公司使市场相信短期盈利不佳并不会影响长期盈利能力和增长，那么股价就不会下跌。只要有明确的证据显示公司长期盈利存在问题，股价就会出现剧烈的负面反应。

对上述情形，上市公司的管理层要有清晰的认知，并且树立两个牢固的意识，一是业绩是第一位的，业绩增长是市值增长的前提；二是通过与投资者的积极、健康的沟通，让资本市场形成对公司未来价值的良性预期，力争让预期与实际不断吻合，形成正强化。

3. 预期管理需要平复业绩下滑所带来的负面影响

在激烈的市场竞争环境下，公司经营结果具有高度的不确定性，经营业绩有起落是市场的常态。当公司业绩呈现明显的增长时，股价上涨；业绩呈现下降趋势时，市场可能已有预知，并反映在股价的"跌跌不休"上，到业绩公告出来时，股价可能才见底企稳。

例如，半导体公司韦尔股份（603501）2023 年 1 月 14 日发布 2022 年业绩预减公告，预计 2022 年度实现归属于上市公司股东的净利润为 80,000.00 万元至 120,000.00 万元，与上年同期相比减少 327,618.75 万元至 367,618.75 万元，同比减少 73.19% 到 82.13%。扣除非经常性损益后，公司预计 2022 年度实现归属于上市公司股东的净利润为 9,000.00 万元至 13,500.00 万元，与上年同期相比减少 386,788.14 万元至 391,288.14 万元，同比减少 96.63% 到 97.75%。1 月 16 日开盘，韦尔股份股价低开高走，当日收盘反而大涨 8.15%。事实上，此前韦尔股份的股价已经从 2021 年 7 月 8 日的历史最高位 255.17 元一路下跌到了 2022 年 10 月 31 日最低位 66.64 元才止跌，慢慢反弹上来。⊖ 2023 年开始，市场已经对韦尔股份有了业绩回升甚至反转的预期。

也有公司在业绩预告爆雷之前一直被投资者看好，但一纸业绩预减公告打得投资者措手不及，引发股价大跌。还有公司突遭黑天鹅事件引发业绩逻辑改变，进而改变了业绩预期，也会导致股价大跌。

例如苹果产业链龙头之一歌尔股份（002241）于 2022 年 11 月 9 日发布公告称，收到境外某大客户的通知，暂停生产其一款智能声学整机产品。该次业务变动预计影响 2022 年度营业收入不超过人民币 33 亿元，约占公司 2021 年度经审计营业收入的 4.2%。虽然该业务变动所占比重不大，但市场担忧其整个"果链"业务的影响，公告后的 11 月 9 日、10 日歌尔股份股价连续跌停。但很有意思的是，这两个跌停仅两个多月时间就被修复，到 2023 年 2 月 15 日，歌尔股价已经回升到 23 元之上。这说明当时投资者对歌尔股份的业绩增长重回正向预期。

我们看看歌尔股份采取了哪些动作来平复被"砍单"的负面影响。

2022 年 11 月 15 日，歌尔股份发布关于公司高级管理人员增持计划时间过半的进展公告，公司副总裁兼董事会秘书贾军安拟在二级市场以集中竞价方式增持公司股份金额不低于人民币 300 万元的计划不变，以表达对公司未来增长的信心。

2022 年 11 月 16 日，歌尔股份参加山东辖区上市公司 2022 年度投资者网上集体接待日活动。在该接待日活动上，公司管理层除正面回应被"砍单"事件外，还强调公司的未来主要发展方向仍然聚焦于以 VR/AR、

⊖　此处股价为实施 2023 年分红后的前复权数据。

智能无线耳机、智能穿戴、智能家居等产品为代表的新兴智能硬件及其相关的精密零组件业务，并且对公司未来的发展充满信心。

2022 年 12 月 3 日，歌尔股份发布 2022 年度业绩预告修正公告，受"砍单"事项影响而产生的直接损失和资产减值损失为 20 亿～24 亿元，对 2022 年度经营业绩产生显著影响。经调整后的 2022 年度归属于上市公司股东的净利润为 170,988.12 万～213,735.15 万元，同比降低 50%～60%。次日该股的走势仍然是低开高走，收盘涨 2.12%。

同日，公司公布了"家园 6 号"员工持股计划。根据员工持股计划的业绩要求，基于 2021 年的业绩标准，2023 年、2024 年、2025 年、2026 年营业收入增长分别不低于 12%、36%、66%、98%。歌尔股份 2021 年的营业收入为 782.21 亿元，这意味着 2023 年开始的员工持股激励计划期间，公司的营业收入必须正向增长。这无疑给了关注公司业绩的投资者一颗定心丸。

2022 年 12 月 27 日，歌尔股份公告高管、董秘贾军安完成股份增持计划。

歌尔股份在该段时间的股价波动，非常真切地反映了市场对其业务发展的预期，这与公司积极正面应对"砍单"事件，做好一系列的信息披露，表达公司对未来发展的信心有直接关系。歌尔股份虽然平复了"砍单"对预期的负面影响，但 2023 年的业绩继续低迷打破了投资者的"未来梦想"，股价重回跌势状态。

二、建立多层次的价值传播模式

对上市公司而言，价值传播不应通过单一的渠道、单一的方式进行。上市公司应建立多层次的价值传播模式，形成体系化运作。

1. 什么是多层次的价值传播模式

所谓多层次的价值传播模式，是指公司以投资者和潜在投资者为传播对象，以公司的核心理念为基础，以公司发展战略为导向，以挖掘公司资本市场价值点为传播内容核心要素，将价值信息通过多种渠道、多种方式传递给投资者的价值传播运作方法。

基于上述定义，我们将价值传播方式由"硬"到"软"分为法定披露、自愿性披露、投资者互动（如"互动易"）、分析师研究报告、媒体公开报道、论坛发言等要素，如图 3-11 所示。这里的"硬"是指所要传播的内容要素对上市公司形成硬约束，主要是监管部门要求的法定披露信息部分，上市公司不得违反；"软"是指所传播的内容要素在不违反硬约束的前提下，上市公司可以自由发挥的信息披露。从传播信息的实施角度看，法定披露、自愿性披露、投资者互动由上市公司独立进行，而分析师研究报告、媒体公开报道、论坛发言则不完全由上市公司控制，需要与他方互动合作才能完成。

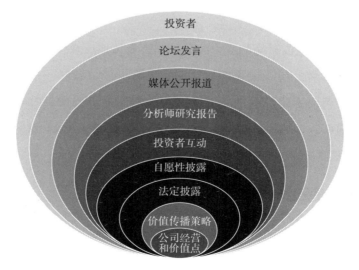

图 3-11　多层次的价值传播要素

2．多层次的价值传播如何做

在多层次的价值传播模式下，上市公司可以按图 3-11 所呈现的层次来执行如下的工作：

（1）应根据公司的发展战略和当年的经营规划，基于与市场和行业、同行的比较，提炼公司的价值点。

公司的价值点主要包括两个方面：一是基于与资本市场不同行业增长比较的属于整个行业共性的价值点，例如某行业处于快速增长阶段，整个行业取得了远高于 GDP 增长速度的发展，意味着该行业上市公司大都能取得不错的收益，即所谓"站在风口上猪也能飞"；二是基于与同行竞争对手比较，提炼不同于竞争对手的差异化的价值点，这些价值点是与公司的未来业绩（营业收入增长、市场占有率提升、利润增长、收益率增长等）直接关联的，即具有逻辑上的驱动关系。

例如润建股份于 2021 年根据自身的业务发展情况及在行业中的地位，将公司的价值点归纳为通信网络与能源网络的管维者，并且以通信网络的管理与运维业务领域规模最大的民营企业作为突出的差异点，从而在资本市场上树立了鲜明的品牌形象，自 2021 年下半年以来，各券商分析师的研报都以此为基本面卖点进行深度研究并予以追踪。

（2）基于所提炼的价值点，拟定年度价值传播策略与具体的工作计划。

年度价值传播策略是基于对未来一年资本市场形势、行业发展趋势的判断以及公司自身的经营规划和资本运作需要而制定的总体工作方向，以及在传播内容、传播渠道（媒介）、传播方式、4R 管理等方面的关键措施、绩效目标、工作计划等。

如果上市公司在每年都能基于内外部环境分析与判断，制定年度价值传播策略，并且将传播策略付诸实施，在实施中不断修正，强化执行，经过一段时间（通常需要三年）后，就基本能形成一套属于自己的价值传播运营模式。所以，上市公司要特别重视价值传播策略的拟定，从而为全年的价值传播提供有力的指导。从大周期来说，应通过对价值传播工作的PDCA闭环管理，推动此项工作实现螺旋式上升。

（3）规范、无错地进行法定信息披露，力争做到有深度、导向性强。

随着国家对上市公司的监管要求越来越严、监管内容越来越多和细化，上市公司证券部门及董事会所需要了解和掌握的操作性规范的内容也越来越多。例如，中国上市公司协会于2022年4月出版的《上市公司董事会秘书工作手册（通用版）》将近700页，共105万字。这些操作性规范需要上市公司证券部门人员耗费大量的时间和精力去学习、熟练掌握。内容浩繁的操作性规范应用于公司的信息披露，要保证规范地执行、不出差错，确实对上市公司证券部门人员提出了巨大的挑战，但既然是监管规范，上市公司就必须不折不扣地遵行。

在法定信息披露中，半年报、年报是最重要的两份报告，既承载了上市公司最完整、详细的经营管理信息，也是投资者了解、研究上市公司的最基本资料。证监会对半年报、年报的内容和格式有明确的规范要求，上市公司需要严格按格式撰写。

年报中的财务数据须经注册会计师审计，具有非常严格的法律责任约束；而年报中的"管理层分析与讨论"部分内容的制作相对就有较高的自由度，发挥空间很大，因此，通过内容描述来反映公司的价值点，重点就在这部分内容的撰写上。成熟的上市公司，尤其是行业龙头，通常都会在"管理层分析与讨论"部分投入重点精力深入构建其内容体系，将公司最好的面貌呈现给投资者。

　　我们就以白色家电三巨头海尔智家、美的集团、格力电器的2021年年度报告为例进行分析。可以看到，三家白色家电巨头的"管理层讨论与分析"的一级框架基本上都按《年度报告的内容与格式》的第三节"管理层讨论与分析"第二十一条至第二十六条的要求进行撰写，有所不同的是，海尔智家专门针对第二十一条要求撰写了"一、经营情况讨论与分析"，并且将主营业务分析、资产及负债状况分析、投资状况分析方面的相应内容置于第五大点"报告期内主要经营情况"中进行分述。而美的集团、格力电器则将第二十五条中要求的分析报告期内的主要经营情况中的主营业务分析、资产及负债状况分析、投资状况分析方面的相应内容独立出来作为一级内容进行描述（见表3-7）。

表3-7　三家白色家电巨头2021年年度报告"管理层讨论与分析"一级内容框架

美的集团	格力电器	海尔智家
一、报告期内公司所处的行业情况	一、报告期内公司所处的行业情况	一、经营情况讨论与分析
二、报告期内公司从事的主要业务	二、报告期内公司从事的主要业务	二、报告期内公司所处行业情况
三、核心竞争力分析	三、核心竞争力分析	三、报告期内公司从事的业务情况
四、主营业务分析	四、主营业务分析	四、报告期内核心竞争力分析
五、非主营业务分析	五、非主营业务分析	五、报告期内主要经营情况
六、资产及负债状况分析	六、资产及负债状况分析	六、公司关于公司未来发展的讨论与分析
七、投资状况分析	七、投资状况分析	七、公司因不适用准则规定或国家秘密、商业秘密等特殊原因，未按准则披露的情况和原因说明
八、重大资产和股权出售	八、重大资产和股权出售	
九、主要控股参股公司分析	九、主要控股参股公司分析	
十、公司控制的结构化主体情况	十、公司控制的结构化主体情况	
十一、公司未来发展的展望	十一、公司未来发展的展望	
十二、报告期内接待调研、沟通、采访等活动	十二、报告期内接待调研、沟通、采访等活动	

三家公司对具体内容的描述体现出了不同的思维侧重。例如，在核心竞争力分析部分，美的集团强调了自己的品类领导地位、全球研发创新体系、全球资源配置能力、业态布局能力、数智化能力和治理机制六大方面的核心竞争力，格力电器则从品牌、研发实力、质量体系、品类齐全、自主新零售、产能布局、产品综合竞争力、成本和供应链管理、人才培养体系九个方面描述其核心竞争力，海尔智家则从高端市场地位、智慧家庭解决方案、全球化布局和本土化运营能力、全面的自主品牌组合、跨境并购与整合能力、全球协同赋能研发和技术、管理理念来描述。

如表 3-8 所示，格力电器比较强调其内在的核心竞争力，而美的集团、海尔智家都比较强调其全球化的运作能力。客观而言，海尔智家和美的集团在全球化的发展上确实优于格力电器，这从三家公司的国内、国外的营业收入占比可以看出。例如，海尔智家的海外营业收入占比超过 50%，美的集团的海外营业收入占比超过 40%，而格力电器的海外主营业务收入只有 12%。

表 3-8   三家白色家电巨头对核心竞争力的描述

美的集团	格力电器	海尔智家
1. 美的作为主要产品品类皆占据领导地位的全球家电行业龙头，可为用户提供覆盖全品类的一站式高品质家庭生活服务方案 2. 美的具备整合全球研发资源，坚持科技领先战略，构建全球创新生态体系与科学家体系，持续打造产品与技术创新能力	（一）享誉全球的世界名牌，持续为社会创造价值 （二）卓越的研发实力，不断引领行业技术创新 （三）领先的 PQAM 完美质量保证模式，让世界爱上中国造 （四）品类齐全的家电产品，为消费者提供高品质生活整体解决方案 （五）自主掌控的新零售体系，以数据驱动增长	（一）在中国高端市场占据主导地位，海外高端品牌快速增长 （二）持续拓展并升级的智慧家庭解决方案 （三）广泛而扎实的全球化布局和本土化运营能力 （四）全面的自主品牌组合受到不同圈层的消费者认可 （五）跨境并购与整合能力

（续）

美的集团	格力电器	海尔智家
3．凭借持续的全球资源配置与产业投入，依靠全球领先的制造水平、规模优势，不断实现全球突破 4．美的业态布局完整且广阔稳固的渠道网络与完善的智能供应链体系为国内业务的稳步增长提供坚实保障 5．聚焦数智驱动，围绕用户体验进行全面数字化、全面智能化变革，力争成为物联网时代的领先企业 6．完善的公司治理机制与有效的激励机制奠定了公司持续稳定发展的坚实基础	（六）精准的产能布局，领先的智能制造水平，快速响应市场需求 （七）强大的核心部件自研自制能力，产品综合竞争力持续引领行业 （八）先进的成本和供应链管理，为公司稳步发展提供保障 （九）自主的人才培养体系，实现高质量人才供给	（六）全面而深入的全球协同赋能 （七）行业领先的研发和技术实力 （八）始终坚持"人的价值第一"

（4）积极做好自愿性信息披露，勇于做"自我暴露者"。

自愿性信息披露是指除强制性披露的信息之外，上市公司基于公司形象、投资者关系、回避诉讼风险等动机主动披露的信息，如管理者对公司长期战略及竞争优势的评价、环境保护和社会责任、公司实际运作数据、前瞻性预测信息、公司治理效果等。

《证券法》第八十四条规定，除依法需要披露的信息之外，信息披露义务人可以自愿披露与投资者做出价值判断和投资决策有关的信息，但不得与依法披露的信息相冲突，不得误导投资者。上市公司在自愿披露信息事项时，应当遵守公平信息披露原则，保持信息披露的完整性、持续性和一致性。上市公司及相关信息披露义务人自愿披露信息的，应当审慎、客观，不得利用该等信息不当影响公司股票及其衍生品种交易价格、从事内幕交易、从事市场操纵或者其他违法违规行为。

自愿性信息披露作为强制性信息披露的补充，好比一把"双刃剑"，若上市公司在遵守相关法律法规、交易所业务规则的前提下，进行自愿性信息披露，它是向投资者充分展示公司核心竞争力、提升公司形象的有效方法；公司及相关当事人若违反相关规定在自愿性信息披露中存在不当行为，则将面临监管风险。

市场上常见的监管要点主要是公司是否存在选择性信息披露，自愿性信息披露是否完整、及时，以及是否存在迎合热点炒股价的情形。所以，上市公司需要在实践中，在严格遵守真实、准确、完整的一般要求下，准确把握自愿性信息披露的范围，明确自愿性信息披露的标准，逐步形成自身"游刃有余"的自愿性信息披露风格。

总的来说，上市公司，特别是中小市值的成长型上市公司，要勇于做"自我暴露者"，除法定要求的信息披露外，还要积极主动地进行自愿性信息披露。很多上市公司将自愿性信息披露视为很好的"免费"广告，这不失为一种"聪明"的认知。

但是，自愿性信息披露也要避免因犯错而被实施监管，上市公司因自愿性信息披露问题而被实施监管的原因，主要有四种：一是披露不及时，二是选择性披露，三是信息披露不全面，四是有故意蹭热点配合二级市场炒作的嫌疑。在 A 股市场，每年都有上市公司因自愿性信息披露违规而被监管部门发函警示。

如何避免违反监管规则呢？有三点注意事项，一是年度要有积极的自愿性信息披露策略，做到心里有个"谱"；二是日常工作中心里要有根"弦"，即对公司中发生的具体事项是否要做自愿性信息披露要有高度的敏感性，既要考虑与过往披露的信息是否关联，也要考虑未来是否还可能会有相关的事项等；三是心里要有把"尺"，即熟悉相关监管规则，并时时对照，审视公司的行为有没有违反这些规则。

（5）实施积极的投资者互动，进行最直接的价值"速递"。

上市公司的公告主要是针对重大事项所进行的单向信息传播，其发布的频次因公司而异，有些上市公司因为战略发展或是经营管理动作较大，为了让投资者能够了解到更多的公司发展信息，公告的频次较高，而有些公司除了定期的报告以及董事会公告外，公告的"空窗期"实在太长，使得投资者无法更好地了解公司。因此，深交所的互动易、上交所的 e 互动等投资者互动平台就成为上市公司与投资者日常沟通的最好途径和方式。

在实践中，上市公司选择以什么样的基调进行投资者互动非常重要，因为这将决定上市公司与投资者沟通的效果。我们将上市公司与投资者的互动沟通分为两种类型：应付型、积极型。

应付型互动，是指上市公司对投资者的问询不积极答复，问与答的时间间隔很长，并且答复笼统、不置可否，甚至采用驴唇不对马嘴的互动方式。

应付型互动通常很难让投资者满意，当然也不大可能让上市公司真正走进投资者的心田。

例 1

问：请问贵公司有没有生产多晶金刚石？如果没有的话是否有扩产计划？

答：尊敬的投资者您好，公司有生产多晶金刚石，感谢您的关注。（来自深交所互动易，答复时间 2023 年 3 月 10 日）

例 2

问：请问吉林工作安排中，到处看到 ZTGM 的横幅和公司名称旗帜，在工作安排中起到什么作用吗？

答：尊敬的投资者，您好！感谢您对公司的关注。公司将严格按照相关法律法规的要求履行信息披露义务；具体情况请以公司公告信息为准，谢谢！（来自上证 e 互动，答复时间 2023 年 3 月 1 日）

积极型互动，是指上市公司能够很快回应投资者的询问，对投资者的问询能够给予直接回应，还对问题尽可能给予详细的答复。

例 1

问：你好，公司提出聚焦核心产业，请问在创新药有哪些规划和研究成果！

答：您好！感谢您对公司的关注。公司坚持"归核化"战略，持续推进"归核聚焦"工作，逐步退出竞争优势不明显或协同效应较弱的细分领域，同时集中资源发展既定专业细分领域。2020 年以来，公司先后获批注射用 A、注射用 B、C 胶囊三个一类新药，此外还获批 D 注射液、E 口服溶液、F 片、G 缓释片（Ⅱ）等首仿药。公司将持续以临床和市场需求为导向，聚焦核心产品治疗领域，围绕"创新＋差异化"进行研发布局，持续推进研发创新，不断丰富公司产品线。（来自上证 e 互动，答复时间 2023 年 2 月 10 日）

例 2

问：AE 眼科未来国际化力度大吗？预计占比多少？

答：谢谢您对公司的关注。国际化是公司构建眼健康生态圈发展战略重要的一环。欧美等发达国家或地区在医疗技术、管理、服务等方面具有诸多可取、可学、可用之处。公司通过横跨亚美欧网络布局的优势，加强国内外交流合作，加速临床、科研、人才资源的全球一体化，搭建眼科平台，通过国际化"洋为中用"，推动国内眼科市场发展，加快发展高端服务，形成多层次的医疗供给体系，同时加速提升公司核心竞争力和国际影响力。2021 年，公司海外地区收入合计 1,711,636,250.37 元，占公司营业总收入的 11.41%。（来自深交所互动易，答复时间 2023 年 3 月 3 日）

积极型互动的上市公司在回答投资者问题时，在合法合规的前提下，尽可能详细回答，甚至把为什么这么做的逻辑讲清楚，让投资者更清晰地了解公司的业务发展方向、目标以及动向。上市公司持续采用这样的互动方式，慢慢就会形成一批认同公司的"粉丝"，日益累积后就形成了一股强大的投资力量。

当然，积极型互动更为关键的行动方式是面向机构投资者的路演和反路演。机构投资者是引领个股走势的主导力量，如果没有机构投资者的参与，股价很难有好的表现。通过路演和反路演，可以让机构投资者最直接地了解上市公司的价值，也可以让上市公司管理层了解机构投资者的投资偏好，实现上市公司与机构投资者之间的零距离沟通。

（6）与分析师建立融洽的沟通关系，通过深度研究报告解析公司价值。

在股票数量越来越多，可选标的众多但投资者又不知如何进行有效选择的市场大背景下，专业人员的推荐就成为投资者非常重要的投资决策支撑。上市公司如果长期没有分析师的研究与推荐，将很难获得投资者的关注。

通常，分析师与上市公司是一种互相需要、互相合作的关系。站在分析师的角度说，分析师需要广泛地与上市公司建立联系，以获取更多、更充分的上市公司信息，为撰写行业和个股研究报告提供支撑；站在上市公司角度说，上市公司需要分析师对其价值进行深度挖掘，撰写研究报告并向各类投资者推荐。

上市公司如何与分析师建立融洽的沟通关系？有几个关键点需要注意：一是了解并掌握公司所在行业的分析师名单，特别是《新财富》最佳分析师评选排名靠前的分析师；二是主动与这些分析师尤其是行业首席分析师建立联系，向他们介绍公司，邀请他们访问公司，与之深入交流；三是建立沟通关系，在分析师对上市公司有较好的了解的基础上，争取让分析师撰写对本公司的研究报告，尤其是深度研究报告；四是不断扩大分析师"朋友圈"，保持与分析师的日常沟通，与之建立较为亲密的关系。与分析师的关系的建立本质上是一种由疏到亲的人际关系构建过程，如果上市公司自身条件优越，那么上市公司与分析师之间的交流就很容易形成良性的互动式合作循环。

上市公司可以积极地实施路演和反路演措施，向券商分析师、机构投资者推介公司价值，包括积极争取、接待机构投资者到公司调研，向机构投资者充分展示公司的情况。

（7）积极主动寻求各种新闻媒体的公开报道。

在不涉及上市公司信息披露规则的前提下，上市公司努力进行从地方媒体到中央媒体的正面宣传报道，充分展示公司的正面品牌形象，例如就公司的重大技术创新突破对所在行业的影响、公司的优秀经营管理经验、履行社会责任方面的贡献等进行报道。公开报道的媒体级别越高，影响力也自然越大。

在互联网时代，公司可利用的自我公开宣传渠道越来越多，例如一些专业的财经互联网媒体，公司在诸如抖音、头条、微博等平台建立的自媒体号等，都是可供利用的公开报道渠道。

（8）重视各股票论坛的"铁粉"引导效应。

中国证券投资者，尤其是被称为"股民"的散户数量庞大，截至2022

年已超过 2 亿人。这些散户通常会通过各种渠道了解目标股票的信息，其中股票论坛是重要的信息了解乃至情绪宣泄渠道。股票论坛数量众多，例如东方财富的股吧、同花顺的社区、雪球财经、淘股吧、证券之星等。股票论坛里，有无数的"无知"股民，也有不少经验丰富、具有理性认知、喜欢研究的专业能力强的个人投资者；有高频的常进常发言者，也有低频的少进少发言者。在这些股票论坛里，充斥着各种情绪。这就是各种股票论坛的基本生态。

股票论坛是第三方平台，上市公司没有直接干预乃至左右论坛言论的权力和能力。上市公司在价值传播中，对股票论坛的动作主要注意三个方面：一是要积极正面引导论坛发布良性的信息；二是避免重大负面信息在论坛中的过度传播；三是在合适的专业财经平台如雪球财经开设上市公司官方自媒体号，与上市公司的微信公众号、头条号等同步发布相关信息，以引领信息传播的总体氛围。同时，公司也应关注股票论坛里经常就公司的各种信息进行分析并且理性发言者，这些发言者通常是公司股票的"铁粉"，甚至在股票论坛里起着意见领袖的作用。

3. 多层次的价值传播的能力要求

业绩持续健康增长是市值增长的前提，但如果上市公司缺乏有效的价值传播，那么也会存在"深巷不知有好酒"的情形。复杂的股票市场对上市公司的价值传播能力提出了很高的要求，证券部门作为主要责任者，必须具备多层次的能力才能胜任价值传播工作。我们认为，要实现有效的多层次的价值传播，可以从知识面、能力面及 4R 管理三个角度进行能力要求的梳理，具体要求如下。

（1）掌握多层面的丰富知识。

证券部门是公司面向所有投资者的窗口，外部投资者的所有问题都需要证券部门回答，而投资者的问题可能涉及方方面面，虽然很多专业问题可以询问公司内部相关人员，但如果证券部门人员能够熟悉各方面的情况，就意味着能够主动、快速响应不同类别的问题。

首先，证券部门人员要非常熟悉公司，从公司的发展历史到未来的发展战略、业务构成、经营情况等各方面的动态都要非常了解；证券部门人员虽然不一定有专业技术背景，但必须对公司各模块业务对应的专业技术知识有深入了解，只有这样在独立面对投资者问询时才能够顺畅回应。

其次，证券部门人员要深度了解公司所在行业的发展情况、行业竞争情况、未来趋势以及竞争对手情况等，清楚地知道公司在行业中的市场地位，包括市场占有率、核心竞争力等。

最后，证券部门人员要适当了解宏观经济知识，能够把握国家乃至全球经济趋势，把公司以及所在行业置身于宏观大势中来进行理解，以宏观视角来思考和回应问题。

（2）具备很强的整合价值传播能力。

上市公司价值传播的目的是向资本市场全面深入展现本公司的内在价值，本质上是一项针对资本市场的持续的营销活动，因此它需要上市公司证券部门具备整合营销能力，即我们前面所说的整合价值传播能力。整合价值传播能力是指从基于公司的发展战略制定价值传播策略到将策略分解并实施，形成系统执行方案，再到具体实施的全过程能力。整合价值传播能力背后需要一系列的细化能力做支撑，包括公司战略理解力、方案制订能力、项目执行能力、组织协调能力、沟通能力等。

（3）4R管理能力。

多层次的价值传播最终都可以体现到监管层关系管理、投资者关系管理、媒介关系管理、分析师关系管理四大方面的工作上，因此，上市公司证券部门需要从这四个方面构建强大的工作能力，以满足自身价值传播的要求。

监管层关系管理能力：监管层关系管理的核心是公司治理、信息披露符合监管要求，也可以理解为合规管理。监管层关系管理能力是指上市公司证券部门将监管规则烂熟于心，严格遵守监管规则，在此基础上，实现与监管机构的良性互动，最终获得证券交易所考核"A"级的能力。

投资者关系管理能力：在资本市场上，投资者（机构、个人）是顾客，上市公司是厂家，厂家把自己的产品（股票）推销给顾客（投资者），这是投资者关系管理能力的核心要求。投资者关系管理直接表现为上市公司在资本市场上从确定目标顾客（即潜在投资者）、与潜在投资者建立直接沟通关系到获得潜在投资者认可，乃至潜在投资者买入公司股票成为真正投资者的过程。相应地，投资者关系管理能力是指公司证券部门与潜在投资者（主要是机构投资者）建立良好的关系，进行有效的沟通，使公司获得潜在投资者的认可从而将潜在投资者变成真正投资者的能力。

媒介关系管理能力：媒介关系管理的目标是提高公司的正面信息曝光度和避免负面信息的产生，因此，媒介关系管理能力是指建立与重要媒体的沟通关系，获得公司被高频正面报道，快速平息负面报道，摆脱舆情危机的能力。

分析师关系管理能力：上市公司获得分析师调研的次数越多、对上市公司的研究报告越多，说明上市公司的受关注度也越高。但是分析师并不会无缘无故到一家上市公司进行调研，更别说花费大量时间精力去撰写研究报告。分析师之所以会这么做，要么是上市公司的业绩增长非常好，要么是上市公司有特别之处，有良好的成长预期。但上市公司越来越多，分析师的时间精力也有限，特别是大量的小市值上市公司，通常不被分析师关注，因此需要上市公司主动做好分析师关系管理，从而努力获得更多的分析师调研直到撰写研究报告。对上市公司而言，分析师关系管理能力就是能够准确锁定所在行业的分析师，与分析师建立良好的沟通关系，与分析师深度沟通行业以及上市公司自身的商业模式、竞争优势、发展战略与信心、运营状况、盈利能力等信息，形成互惠互利的合作关系的能力。

三、把握好信息披露中的传播心理

公告、与投资者线上线下交流等是上市公司实施价值传播的最主要的方式，在严格遵守规则的前提下，上市公司应该准确、完整、及时地进行规定的信息披露。很多人认为其中似乎没有什么特别的讲究，其实不然。信息披露时，披露时机的选择、遣词造句无不体现着运用传播心理学的重要性，运用得好能够大大降低投资者的落差感，让投资者对公司未来抱有美好期望。

我们通过具体案例来说明上市公司如何运用传播心理学进行价值传播。

【案例1】

蓝色光标业绩爆雷后的价值传播心理把握

2023年1月20日，蓝色光标（300058）发布了2022年度业绩预告：归属于上市公司股东的净利润为亏损180,000万～220,000万元，归属于上市公司股东的扣除非经常性损益的净利润为亏损150,000万～190,000万元，而上年同期，该两项利润则分别为盈利52,180.93万元、65,549.86万元。

该公告列出了2022年巨额亏损的五大原因：①受国内新冠疫情及经济大环境的持续影响客户广告投放减少，暂估商誉与无形资产计提资产减值准备合计13.5亿元至14亿元；②海外线上红利减少，预计包含商誉

的资产组 -Madhouse 的可收回金额小于其账面价值，暂估商誉计提减值准备 1.5 亿元至 2.5 亿元；③暂估长期股权投资计提减值准备 1 亿元至 1.5 亿元；④主营业务毛利有所下降，公司主营业务净利润亦受到影响；⑤投资的境内外基金公司或产品产生公允价值变动损失，暂估公司的非经常性损失为 2.5 亿元至 3 亿元。

虽然预告了巨额利润亏损，但蓝色光标也特别强调了五大有利因素：一是营业收入规模和客户的稳定；二是主营业务经营性利润保持正向；三是经营活动现金流净额超 10 亿元，现金储备健康；四是对元宇宙以及"营＋销"等新兴业务的投入和布局；五是 2023 年随着新冠疫情政策放开，在收入将进一步提升的同时，净利润亦会得到大幅提升。

通过该业绩预告可以看出，上述五大有利因素中，前四项表达的意思是，过去的 2022 年虽然亏损，但经营上还是非常扎实的；第五项则直接表明 2023 年利润会有大幅提升，这等于是给了投资者一颗"定心丸"——给人的话外音是："放心，2023 年会有好表现的！"

正是因为该业绩预告隐含了对未来经营的信心，蓝色光标在公告发布后的 1 月 20 日当天股价不跌反升，当日收盘涨 1.38%，随后的 1 个月里股价涨幅约 20%。

可以说，蓝色光标在 2022 年业绩预亏公告的撰写上相当好地运用了传播心理学的一些原理，不愧为广告界的知名企业。

【案例2】

吉宏股份如何通过互动易吊足投资者的AIGC、ChatGPT题材"胃口"

吉宏股份（002803）是一家原以快消品展示包装为主营业务的传统行业企业，在经历业务转型后，其主要业务变成互联网 ToB 端的精准营销广告和 ToC 端的精准营销跨境电商业务，以及线下为客户提供全案包装设计及营销服务四大类。而自着手跨境电商业务后，各种各样的炒作题材似乎总有该公司股票的份儿，在通达信软件中，该公司所涉及的题材多达17个，可见其题材的丰富度有多高，该公司甚至被投资者戏称为"蹭热点大王"。

是否蹭热点不是本书所讨论的话题，但研究吉宏股份回答投资者问询的内容我们可以发现，吉宏股份的证券部门工作可谓洞察投资者心理的高手，非常懂得如何紧扣不同时期的热点"有理有据"地回答问题，很好地抓住了投资者的心。下面用具体案例进行分析。

2023 年 2 月，ChatGPT 概念由美国传导到中国 A 股市场，成为一个热点题材，相关个股纷纷上涨。在互动易平台上，也有不少投资者不断询问吉宏股份在该方面的应用，在经过一段时间"不痛不痒"的回答之后，公司在 2 月 20 日对投资者问询予以详细回应，可谓非常"应景"地切入了 ChatGPT 题材。请看看公司是如何回应的。

请问公司对于目前大热的 ChatGPT 如何在应用端实现变现能力有什么具体规划和实际应用吗？

吉宏股份（答）：您好，公司自 2023 年 1 月接入 ChatGPT 的 API 接口后，目前有效通过 ChatGPT 赋能公司的跨境电商业务，主要包括人工智能选品、图文和视频广告素材制作 / 广告语智能输出、广告智能投放、智能客服回复等方面。具体应用成果如下——

1. 通过 ChatGPT 对商品标签体系数据进行训练和丰富，这些数据帮助选品业务更流畅地开展，帮助选品优化模型在线路、平台、时间、商品特征四个主要维度进行选品决策，进一步提升了选品的效率和选品质量，现已累计帮助公司上新品 1 万次以上；

2. 在客服工作业务中，ChatGPT 已经累计接手客户闲聊与安抚对话超过 10 万次，累计节省客服 1000 人次工时，ChatGPT 凭借其高效的意图识别能力，在通用聊天场景下为客服业务的高效开展发挥了显著的作用；

3. 通过 ChatGPT 进行有效关系的挖掘，目前公司有效挖掘出来的新的需求概念主要服务于公司的 NLP（自然语言处理）团队，公司利用 ChatGPT 在千万级的商品中新挖掘了 150 万种商品（10 倍于电商需求）之间的关系，进一步推动了商品之间的关系发现，丰富了公司的关联推荐业务；

4. 公司基于 ChatGPT 得到的新的广告文案超过 7 万次，我们通过 NLP 相关技术新提取了超过 15 万次的电商概念层相关描述，这些新的电商需求概念帮助公司以更加细致的特征描述商品；

5. 公司目前通过 ChatGPT 已经处理图像素材超过 2 万次，涵盖公司 50 余种产品大类，未来公司将继续利用 ChatGPT 深挖图像领域的模型优化，为公司全类别商品素材生成与图像标签识别提供更多有意义的帮助。

综上所述，鉴于 ChatGPT 技术有效赋能了公司跨境电商业务，公司也将继续投入 IT 研发资源深耕 ChatGPT 技术，以此有效提升公司选品师、设计师、优化师、在线客服等业务人员的工作效率，进一步实现降本增效和跨境电商的规模化、数字化运营，并在放大企业规模效应的同时继续在跨境电商业务领域建立更为强大的数据和技术护城河。感谢您的关注。（来自深交所互动易，答复时间 2023 年 2 月 20 日）

上述回答中，吉宏股份用长达 680 多字的篇幅详细介绍了公司在 ChatGPT 上的应用情况。首先，公司称其在 2023 年 1 月开始接入 ChatGPT 的 API 接口，说明公司已经实实在在地应用了该技术；其次，从商品标签体系数据、客服工作、有效关系的挖掘、广告文案制作、图像素材处理五个方面列举具体的数据说明其实际应用情况；最后，还进一步提出了公司未来的应用规划。投资者在看到这么详细的并且有充实的数据作为支撑的介绍时，是不是可以确信吉宏股份就是一家具有"正宗"ChatGPT题材的上市公司呢？答案不言而喻。

第四章

达成好交易
价值实现是目的

在股票市场上，股价的涨跌、市值的波动是每天每时每秒都在进行的资金运动。从个股定价的经典公式股价＝每股收益 × 市盈率可以看出，能否获得好的价格，或者说卖出好的价格，取决于两个基本变量：每股收益、市盈率。每股收益与宏观经济、行业景气度（产业周期）相关，也与企业自身的规模优势、成本管控能力，即内部运作效率相关。而市盈率则与成长性相关，成长性越好，市盈率也就越高；同时市盈率也与市场环境，包括股市周期、市场风格（景气度、趋势和拥挤度）等相关。

企业经营的目的是在不断做大做强的过程中给股东带来收益。股东的收益最终体现在价值实现上，即最终体现为股票套现，将股票变为现金。将股票变为现金是单向的价值流动，如果再用现金买入股票，则形成了理论上的价值循环。

第一节　价值实现的本质："低买高卖"循环

一、价值实现不等于"套现"

所谓价值实现并不能简单地理解为股东将股票套现，落袋为安，而是指上市公司及大股东结合企业内部经营状态和外部资本市场形势，围绕着价值波动所进行的合理的股票高抛低吸循环。

1．价值实现有两个层面

价值实现可以分为两个层面，第一个层面被称为**价值表现**，这体现在证券交易所交易屏幕上每天的股价／市值波动。虽然股价每天都在波动，但拉长时间看，好企业的市值是在持续上升的。优秀的企业在长期的市场竞争中不断获得竞争优势，持续获得成长，最终成为市场的王者。例如宁德时代从上市之初的市值 850 亿元增长到 2022 年底的 9,600 亿元，增长了超过 10 倍。

价值实现的第二个层面表现为**价值兑现**，价值兑现包括了减持和上市公司分红。股票减持的基本逻辑是上市公司的市值在上涨到相对的高位后，股东选择合适的时机减持股票，获得现金，取得投资收益。

再如美的集团，在 2013 年整体上市以来，简单计算累计分红达到 12.6 元／股，在 2014 年实施了 10 转 15、2016 年实施了 10 转 5 的扩股方案，如果以初始上市时的股本数计算，则每股的分红金额高达 40.5 元。美的集团的市值从上市日的发行市值 305 亿元增长到 2022 年 12 月 30 日的 3,626 亿元，近 10 年时间增长了超过 10 倍，给股东带来了巨额的回报。

白酒之王贵州茅台自 2001 年上市以来，其从该年的发行总市值仅 22.4439 亿元，成长为 2022 年 12 月 30 日市值高达 21,760 亿元的 A 股市值之王，加上期间的分红，给股东带来的价值回报更是惊人。

2. 价值实现的本质是"投入—产出"的循环过程

虽然价值实现的最终落脚点是价值兑现，但我们不能狭隘地将其理解为一个单纯的"落袋为安"的变现动作，价值实现本质上是一个"投入—产出"的完整甚至不断循环的过程。

例如，对二级市场投资者来说，基于自身对股票价值的研究判断投入资金买进股票，待股价上涨到目标位置后卖出，获得收益回报，这是一个"投入—产出"的过程。而对上市公司的原始股东来说，则是在经历了艰苦创业一步步把企业做大，并且通过 IPO 成为上市公司后，企业的价值通过二级市场得到更高的价格，放大了其内在的价值，从而获得巨大回报的过程。

在持续的经营中，企业的价值持续增长，进而股价也持续上涨，股东的价值也水涨船高。当股价上涨到合适的位置时，股东根据自身需求实施股票减持动作，这是一个再正常不过的追求投入产出比的投资行为。

价值实现中"投入—产出"的另一种过程是，当上市公司及大股东认为自身价值被低估，二级市场不能给合理的价格时，采取增持自家股票的措施，即在低价买入股票，大股东增持后，股价上升，随之大股东实施股票减持动作，这样又完成了一个"投入—产出"的过程。如果是上市公司回购自家股票，要么回购后注销，提高现有存留股票的价值；要么用于员工股权激励，用较低的成本激励员工创造更大的价值，以获得更好的价值回报，实现公司、股东、员工的多赢局面。当员工通过股权激励获得的股票达到行权条件时，员工在符合规定的时机减持股票套现，也就完成了价值实现的过程。

二、价值实现的方式

对价值实现的方式，我们仍然从"投入—产出"过程模式来进行解构，对应的是高抛低吸的循环过程。也就是说，无论上市公司还是大股东，总是希望以更低的价格购进自家的股票，实现低价增持；希望在股票减持时能够卖出更高的价格，以实现高价套现，拿到更多的现金。还有一种情况是当向外部合格投资者定向增发股票时，也是希望能够卖出好价格，这样对原股东来说股权被稀释的程度就尽可能地小了。

1. 高抛

大股东和高管减持。站在上市公司股东尤其是原始股东及内部持股的管理层角度来说，价值实现最直接的方式为股票减持。通过股票减持，股东获得现金以做其他方面的支出安排。

由于国家对大股东和高管减持有比例和时间上的规定及信息披露要求，而且其减持通常被市场认为是利空，对股价会产生负面影响，产生跌价损失，所以减持比例和减持时间上的安排就是一个很有技巧的决策。

减持可以通过大宗交易和竞价交易两种方式进行。通常大宗交易是在盘后且在独立的交易平台上进行，对盘面的影响较小，但大宗交易的买方最终还是可能需要通过竞价交易的方式卖出股票，只是采取的卖出方式更加分散，对价格的影响相对小些。

上市公司定增股票。按发行对象不同，上市公司的定增可分为两种，一种是向大股东定增，即向内部人定向增发股票以募集资金；另一种是面向外部投资者定增，即向与现股东无关的外部投资者定向增发股票以募集资金。从博弈的角度来说，当向外部投资者发行股票时，对大股东而言价格越高越好，也就是卖出好价格。而当大股东自行参与公司的定增时，则肯定是价格越低越好，这样用同样的金额可以得到更大比例的股份，即"低吸"。

但是，外部投资者对公司的投资价值会有自己的判断，当认为公司的定增价格太高时，会选择放弃参与定增。因此，虽然不少上市公司的定增方案获得了监管机构的批准，但最终这些方案因为无人响应而被迫终止，定增募集资金的计划失败。例如，力星股份（300421，SZ）于 2023 年 3 月 10 日公告向特定对象发行股票注册批复到期失效，其背后原因就是公司的未来发展前景未获得投资者认可。

2．低吸

低吸是为了高抛，这是典型的低投入高产出的决策逻辑。在上市公司的价值实现中，低吸包括股东和高管的增持、上市公司的股份回购及股东参与配售的可转债发行等。

股东及高管增持股票。在市场低迷的时候，很多股票的价格常常被市场投资者低估。大股东及高管是最了解自己公司实际情况的，当大股东及高管认为自家股票的价格被低估，而且公司未来的成长性又很好时，在具备资金筹措能力的条件下，大股东及高管会选择低位买进自家股票，一方面能提升市场投资者的信心，另一方面也可以获得未来的投资收益。

上市公司回购股票。上市公司作为主体回购股票，是用上市公司自有资金购买，表达了上市公司管理层对本公司长期发展的信心，对长期处于下跌趋势的股价具有支撑作用，有利于股东价值的维护。但动用自有资金回购股票，可能会导致公司资金紧张，未来如果经营情况转差甚至恶化，可能引发公司的现金流问题。

三、价值实现的误区

如前文所说，上市公司价值实现的最终落脚点是价值兑现，这是人们投资逐利的本能决定的。价值兑现的常规方式是现金分红和股票减持。现金分红与上市公司的现金流状况有直接关系，对现金流充裕的上市公司来说，高比例现金分红能够让股东获得可观的价值兑现收益，而不需要通过减持股票进行套现。但现金流充裕的上市公司毕竟是少数，更多的股东都有通过股票高位减持达到价值兑现的强烈目的。不少上市公司也因此走入误区。

1．通过伪市值管理高位套现

虽然上市公司已经是各行业、各领域的佼佼者，但并不是所有的上市公司都能经营好，都能顺利成长，不少上市公司都处于业绩平平的状态。已经发展成为行业龙头的中大市值上市公司，由于有良好的业绩支持，且流动性好，其股东减持虽然短期对股价有影响，但其价值终究还是会被市场认可，所以结合市场价格波动趋势实施减持即可。而那些业绩一般的小市值上市公司，其大股东不惜通过违规甚至违法手段来达到高位减持的目的。

【案例】

ST柏龙大股东减持

例如 ST 柏龙（002776，SZ）是一个典型的通过造假违规方式实现高位减持的案例。

2022 年 4 月 20 日，广东柏堡龙股份有限公司（以下简称"柏堡龙"）发布《关于收到行政处罚及市场禁入决定书的公告》，根据该公告，公司时任董事长陈伟雄、时任副董事长陈娜娜两实际控制人分别被处以 500 万元罚款和终身市场禁入的处罚。

　　根据证监会立案调查，经查明，柏堡龙存在以下违法事实：在柏堡龙首次公开发行股票招股说明书、2016 年非公开发行股票发行情况报告书暨上市公告书及定期报告存在虚假记载，一是虚增营业收入和利润总额，2013 年至 2018 年柏堡龙累计虚增营业收入 1,276,355,996.12 元，累计虚增利润总额 410,277,766.64 元；二是虚假记载银行存款，其从 2012 年至 2019 年（2017 年除外）连续虚假记载银行存款累计高达 29.398 亿元。

　　柏堡龙于 2015 年上市，通过 IPO 募集了 5.6174 亿元，并于 2016 年通过定向增发募集了 9.7758 亿元，合计通过资本市场募集资金达 15.3932 亿元。

　　根据公开资料显示，陈伟雄及其家人在 2016 年至 2020 年之间累计减持股票套现金额高达 5.1013 亿元。其中，在 2019 年上半年，陈伟雄家族累计减持了 2.8330 亿元。复盘柏堡龙的股价走势，通过图 4-1 我们可以看到，柏堡龙的股价在 2018 年 10 月 16 日到阶段低点后开始上涨，2019 年 4 月股价达到阶段性高位区，其间股价上涨幅度超过 2 倍。陈氏家族在 2019 年 3～6 月的高位进行了集中的减持。这样的股价走势和大股东的集

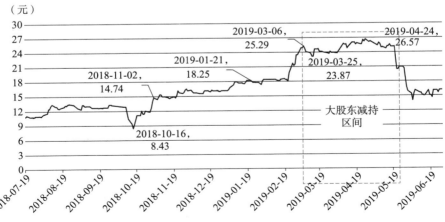

图 4-1　柏堡龙 2018 年（下）～2019 年（上）股价走势图（收盘价）

中减持，很难让人相信没有人为操纵的行为。[⊖]

2. 缺少双赢思维

在二级市场，大股东及高管的股票减持从来都是一个敏感的事件，对股价走势而言属于重大利空因素，甚至重要股东的大额股份解禁都会对股价形成打击。例如，2023 年 3 月 17 日力量钻石（301071）24,148,792 股增发股份解禁可上市流通。3 月 20 日，力量钻石股价大跌，收盘价跌幅达14.85%，盘中甚至接近跌停。

由于原始股东在 IPO 前所获得的股份通常成本都较低，上市后，市场的价格往往远高于投资成本，获利丰厚，甚至即使连续三四个跌停也有非常好的投资回报。在此种情形下，有些很重要的股东甚至大股东会采取清仓式的股票减持动作，丝毫不顾及二级市场的恐惧情绪，这就是典型的缺乏双赢思维的减持套现行为。

第二节　把握市场脉动，让效益最大化

股票市场永远都处于波动之中，这是永恒的规律。但是，不同的时期，不同板块（行业）股票的涨与跌并不是同频共振的，而是呈现着此起彼伏的律动，这是因为股票的趋势是由经济增长驱动的，对应到行业则是由行业景气度决定的。同一时期里，有的行业处于生命周期里的衰退阶段，而有的行业还处于成长阶段，聪明的市场资金总是不断挤进成长的行业，远离衰退的行业。在同一行业里，有些公司已经处于衰退状态，而战略正确且执行力强的公司可能处于走向"剩者为王"的快速成长阶段，由

⊖　该公司股票已于 2024 年 1 月 25 日被深圳证券交易所摘牌。

此，衰退的公司的股价可能进入"戴维斯双杀"阶段，而快速成长的企业股价则进入"戴维斯双击"的大幅上涨行情中。

一、市场风格与价值实现

1. 市场风格轮动

通常，A 股市场中有色金属、化工、金融等板块的股票具有低估值属性，被称为价值股；而 100 亿元以下的小市值公司的股票大部分具有高估值属性，被称为成长股。

总体来看，成长股的相对收益率和金融股等价值股的相对收益率呈反比，一部分原因是金融股大多数具有估值低、盈利稳等价值股具有的特征，而价值股和成长股具有替代效应。当风险偏好提升的时候，资金会从价值股流向成长股；风险偏好降低的时候资金则从成长股流向价值股。另外，通胀率较高或流动性收紧的时候成长股表现往往较差，主要是因为二者都会对估值造成较大冲击。

根据信达证券的研究，自 2000 年至 2021 年，中国 A 股市场成长和价值风格主要经历了五轮大级别的切换，一轮切换时间在 2～3 年。2000年～2007 年 10 月接近 8 年的时间里，价值风格长期占优。尤其是 2003年之后，价值风格的超额收益持续快速扩大。从市场领涨主线的变化来看，从"五朵金花"[⊖]到"煤电油运"再到"金融地产"，普遍受益于经济增长和商品价格上涨。而 2008 年之后，成长和价值基本上每 2～3 年会出现一次风格切换。2007 年 11 月～2010 年，因"四万亿"一揽子计划后流

⊖　注：2003 年初，一些蓝筹股因基金等机构投资者的集中持有而暴涨，构成了机构核心资产的五朵"金花"，形成了"二八现象"。其中，五朵金花主要是指股市上的五大主力板块，分别是煤炭、汽车、电力、银行与钢铁。

动性极度宽松以及智能手机产业周期的爆发，成长风格占优。2011～2012年，经济下行压力大，市场整体震荡，价值风格占优。2013～2015年中，"移动互联网周期＋并购重组"带来了成长股牛市。2015年年中～2018年10月，龙头策略优势逐渐强化，价值风格占优。2018年11月～2021年，降准降息周期开启以及半导体、新能源产业周期持续上行，成长风格占优。

　　一般来说，市场不同的时间段会有不同的炒作主题。例如2023年第一季度，美国OpenAI公司发布ChatGPT后，A股的相关股票例如三六零（601360）、昆仑万维（300418）等走出了一波凌厉的翻倍行情。而在构建中国特色估值体系的政策背景下，这一年的第一季度低估值的央企上市公司也走出一波涨幅超过20%的估值修复行情。

2. 把握市场风格轮动，让价值实现效益最大化

　　在牛市行情中上市公司应选择减持股票，而在熊市行情中当股票被低估时，上市公司可选择回购股票，大股东及高管可增持股票或是大股东亲自参与定增为公司募集资金。对上市公司个体来说，市场风格轮动较难把握，但可进行基本的预测，做到顺势而动。

　　例如一轮牛市来了，整体的估值水平都会提高，市场情绪处于亢奋状态，对上市公司融资非常有利，这时候上市公司应积极把握时机，基于自身战略需要推进股权再融资工作，争取为本公司未来更大的发展募集到更多的资金。而当市场风格轮动，自家股票价格大幅上涨，估值很高时，大股东可选择在高位适当减持股票，从而获得可观的现金以备后用。

　　股市低迷时，非常多的上市公司选择了回购公司股票，大股东及高管则选择增持股票。

【高位减持案例1】

山东国投减持中通客车（000957）股票

2022 年第二季度开始新能源汽车题材掀起了一波牛市行情，中通客车自 5 月 13 日出现第一个涨停开始了一波涨幅超过 6 倍的"疯牛"走势，从涨停前的 4.34 元涨到最高 27.97 元。2022 年 6 月 1 日，中通客车发布公告称，山东国投持有股份数达 112,386,492 股，占中通客车总股本 18.96%，拟通过集中竞价的方式减持不超过 1,180 万股。

根据后续公告显示，山东国投 2022 年 7 月 15 日至 2022 年 12 月 7 日，合计减持 11,799,939 股，平均减持价格为 18.67 元／股，减持总额为 220,304,861.13 元。如果按第一个涨停前的价格 4.34 元减持，则该等股票只能套现 51,211,735.26 元，也就是说，山东国投因此波行情"白白"多赚了 169,093,125.87 元，收益极为可观。实际上，山东国投在本次减持计划实施期间，还以集中竞价交易方式另外减持了其通过二级市场增持的股份 2,613.99 万股，该部分减持数如果仍按上述价格计算，则相当于多赚 374,584,767 元。该两块减持合计多赚了 543,677,892.87 元。

【高位减持案例2】

中国信达减持浙江建投（002761）股票

2019 年，浙江建投完成借壳（原多喜爱）上市。股价躺平 2 年有余的浙江建投，从 2022 年 2 月 7 日开始，突然异军突起，强势上攻。历经两轮上涨，股价从 7.83 元／股涨至最高 47.49 元／股，暴涨 5 倍，一跃成为 A 股市场上的明星股。

2022 年 5 月 10 日，浙江建投预披露减持计划，中国信达拟在公告披露之日起 15 个交易日后的 6 个月内以集中竞价方式减持不超过 2,162.68 万股，即不超过总股本的 2%。除上述集中竞价减持计划外，中国信达不排除通过大宗交易方式减持浙江建投股份。当时，中国信达持股比为 11.42%，为浙江建投第二大股东。

6 个月后，减持期限届满，浙江建投于 11 月 30 日发布公告，中国信达累计减持 3,112.91 万股，占公司总股本的 2.8788%。本次减持，中国信达套现约 11.12 亿元。其中，2022 年 5 月 9 日至 5 月 30 日减持 2,037 万股，减持均价 37.10 元 / 股，2022 年 6 月 2 日至 6 月 9 日减持 1,075.91 万股，减持均价 33.13 元 / 股。

二、基于战略的价值实现管理

基于战略的价值实现管理，是指上市公司为保障公司未来战略发展目标的达成而进行的价值促进行为，即公司能够以合理的价格获得新进投资者，具体方式包括定增、发行可转债等。

成为上市公司，企业通过 IPO 募集到了可观的资金，为后续的发展获得了有力支持，同时也打开了未来巨大的融资空间与机会之窗。但是，有的公司上市之后觉得有钱了可以随便花，在战略方向的确定与具体经营上没有章法，也不在管理上下功夫，资金消耗完了但业务并没有上新台阶，最后公司要么陷入困境，要么随波逐流，成为边缘化的公司。

基于战略的价值实现管理要求上市公司清楚自身的发展战略，在为战略目标实现而努力的过程中，考虑如何适时通过资本市场获得关键资源尤其是资金的支持。

1．基于战略的价值实现运行逻辑

上市公司自成功 IPO 后，会比非上市公司拥有更多的资源和条件去把握机会发展壮大，但前提是上市公司要拥有清晰的战略目标和战略举措，并且建立有效的组织能力去推进战略实施。在清晰的战略引导和组织执行能力推动下，上市公司有力地向战略目标迈进，通过不断实现阶段性的"小"目标最终达成大的战略目标。

在战略实施过程中，上市公司通过定向增发或是发行可转换债券募集到战略发展项目所需要的宝贵资金，这意味着上市公司获得了市场的价值认可，实现了价值变现。上市公司将募集的资金投入产能扩张和技术能力提升，从而获得比竞争对手更大的规模产出能力。有了规模后不仅市场供给能力增强，也带来包括成本下降在内的规模效应，公司的综合能力增强，于是能获得更多的市场份额。市场占有率和品牌影响力得到提升，公司逐步取得更大的竞争优势，最终实现业绩的增长，也顺理成章地推动公司市值的增长。

我们用图 4-2 表示这个逻辑过程，公司经营是一个不断努力爬坡、攀登高峰的过程。在这个过程中，公司不断完成确立战略目标→战略实施→战略实现→价值实现的良性循环。而通过资本市场募集资金既是上市公司价值实现的直接体现，也是公司营业收入、利润、市值增长的推动力。

2. 案例：天赐材料通过定增助力快速发展

天赐材料（002709）是一家主营业务为精细化工新材料的研发、生产和销售的企业，主要产品为锂离子电池材料、个人护理品材料及有机硅橡胶材料。

天赐材料自上市以来的发展壮大历程就是典型的战略导向的价值实现良性循环过程，很完美地体现了图 4-2 的成长逻辑。

天赐材料最初以个人护理品材料业务为主，后来介入锂离子电池材料，截至 IPO 前的 2013 年，个人护理品材料业务年营业收入为 3.48 亿元，

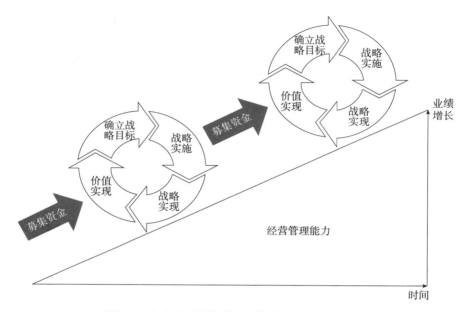

图 4-2　上市公司价值增长与价值实现的逻辑关系

锂离子电池材料 1.54 亿元，有机硅橡胶材料 0.91 亿元，业务占比分别为
58.59%、25.93%、15.32%，这说明在该年度，天赐材料还是一家以个人护
理品材料业务为主的企业。

　　天赐材料于 2014 年 1 月 23 日在深交所中小板上市，通过 IPO 募集
了 3.794 亿元。根据公司招股说明书显示，该次募集资金基本用于锂离子
电池材料相关产能的建设。2015 年，天赐材料的业务结构发生重大的变
化，一方面整体收入由 2013 年的 5.93 亿元增长到了 9.46 亿元，增长了
59.53%，锂离子电池材料的业务收入占比已经提升到 47.94%，接近一半
的比重。很显然，利用 IPO 募集资金扩大的产能正在发挥作用。

　　2015 年，天赐材料通过非公开发行股票再次募集 5.9991 亿元，用于
收购东莞凯欣和六氟磷酸锂项目。其非公开发行股票方案表示，本次非公
开发行项目实施完成后，将大大增强公司在锂电池电解液及其核心原材

料六氟磷酸锂领域的市场竞争力。新增产能的建设一般需要 2~3 年时间，2017 年，天赐材料的业务结构进一步发生改变，全年业务收入为 20.57 亿元，其中锂离子电池材料的营业总收入为 13.43 亿元，占整体营业收入的比重已经上升到 65.29%，业务结构发生了根本性的变化。

2021 年，天赐材料再次通过非公开发行股票募集资金 16.4084 亿元，用于现有业务的产能扩张和一体化，包括年产 2 万吨电解质基础材料及 5,800 吨新型锂电解质项目、年产 15 万吨锂电材料项目、年产 40 万吨硫黄制酸项目、年产 10 万吨锂电池电解液项目等。

在坚持锂电池材料主业发展战略的过程中，天赐材料积极抓住新能源汽车产业大爆发的机会，通过定增募集资金不断进行相应的产能扩张，推动经营规模的迅速扩大，2021 年公司整体营业收入规模首次突破百亿元达到 110.91 亿元，2022 年继续迅猛增长，该年营业收入达到 223.17 亿元。图 4-3 呈现了天赐材料上市以来的营业收入、归母净利润以及历次发行股票募集资金情况。

图 4-3 天赐材料业绩增长资金募集情况

如图 4-4 所示，天赐材料基于战略的价值实现推动了市值的巨幅增

长，其市值从上市首日的 23.88 亿元，最高增长到 2021 年 10 月 29 日的
1,575.5 亿元，即使回落到 2023 年一季度的 752.17 亿元市值水平，其间也
增长了约 30 倍。无论从营业收入、利润规模的增长还是市值的成长来说，
天赐材料基于战略导向的价值实现管理无疑是非常成功的。后来新能源材
料产业供求关系波动所产生的行业利润下降、市值回调另当别论。

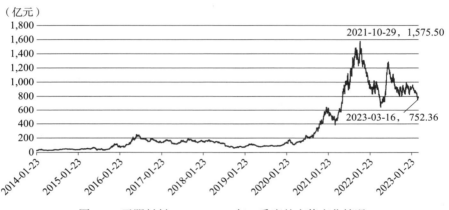

图 4-4　天赐材料 2014～2023 年一季度的市值变化情况

三、基于股东的价值实现管理

所谓基于股东的价值实现管理，是指上市公司在不断提升企业营业收
入、利润规模及其盈利水平（即提升公司内在质量）的同时，加强价值传
播，使公司股票获得更好的价格，并且在市值增长的波动中实现高抛低
吸。基于股东的价值实现包括高位减持和低位增持等方式。当然，低位增
持最终也是为了高位减持，所以基于股东的价值实现管理核心就是如何让
股东以合理的价格套现。

要做好基于股东的价值实现管理，要注意以下三个关键要项：一是公
司拥有良好的经营质量，包括业绩规模和增长速度，这一点本质上是前述

基于战略的价值实现管理，也是本书第三章重点阐述的内容；二是公司通过价值传播建立良好的资本市场形象，获得高于行业平均市盈率的价格水平；三是平衡股东减持与市场价格稳定的关系。

虽然理论上散户与大股东及持股的内部员工尤其是高管等都属于公司股东，但由于存在内外部信息严重不对称问题，并且监管机构对大股东及高管的减持有明确的约束条件，其减持的便利程度与外部股东相比存在显著差异，本部分基于内部股东尤其是大股东减持的角度讨论价值实现管理问题。

资本市场之所以对内部股东减持的关注度和敏感度高，通常有两个原因，一是担心公司可能存在业绩下降等利空，未来的业绩支撑不了现有估值；二是大股东减持数量比较大，市场没有那么大的能力承接大股东抛售的股票，担心引发股票价格的严重下跌。

例如，2023 年 3 月 24 日，石英股份（603688）发布控股股东及其一致行动人减持股份计划公告，因个人资金需求，公司控股股东陈士斌、邵静拟通过集中竞价或大宗交易的方式分别减持其所持有的公司股份 7,220,000 股、3,600,000 股，合计减持数量不超过 10,820,000 股，即不超过公司总股本的 3.00%。实际控制人此次减持被市场视为重大利空，公告当日，石英股份股价低开低走，一度跌停，最后收盘仍然大跌 5.88%，全天成交放大，换手率达 4.39%，远超前日成交量，市值损失超过 25 亿元。

然而，如果拉长时间看，按前复权价计算，公司在 2021 年 3 月 24 日的股价仅为 17.34 元，而截至大股东减持公告日收盘价仍高达 116.65 元，也就是说此间石英股份的市值已经获得接近 6 倍的增长。因此，即使股价连续两三个跌停，大股东的获利也是惊人的。

事实上，石英股份在公告后的第二个交易日即呈反弹走势，全天收涨 2.53%，收于 119.60 元。石英股份在大股东大幅减持的大利空下，股价仍显坚挺，是源于其良好的业绩（见图 4-5）。2019 年以来，受益于光伏产业链的高景气度，石英股份的业绩增长迅猛，公司净利润由 2019 年的 1.63 亿元增长到 2022 年的 10.52 亿元，增长了超过 5 倍，如图 4-6 所示。

图 4-5　石英股份 2021-3-24 至 2023-3-24 市值表现

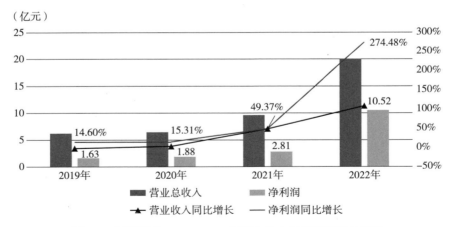

图 4-6　石英股份 2019～2022 年营业收入与净利润增长情况

2023 年 8 月 27 日证监会就进一步规范股份减持行为提出要求，规定

"上市公司存在破发、破净情形，或者最近三年未进行现金分红、累计现金分红金额低于最近三年年均净利润30%的，控股股东、实际控制人不得通过二级市场减持本公司股份"。该规定被市场简称为"827减持新规"，它极大提高了大股东减持的门槛，进而更好地保护了中小投资者的利益。这也要求上市公司要实现更好的价值创造，从而有能力进行现金分红，同时加强价值传播工作，使公司价值获得投资者认可，使股价维持在合理的位置。

第三节　各种价值实现工具，适时而用

股票市场永远都在波动，特别是在熊市和牛市中股票价格与内在价值偏离度常常特别大。在熊市中，股票价格可能严重低于上市公司的内在价值，即股票价格被低估了；在牛市中，整个市场处于亢奋的状态中，股票价格往往被抬得很高，远高于上市公司的内在价值，泡沫很大，而泡沫总有被吹破的一天。

我认为，越是在市场偏离的情况下，公司管理者越需要掌握公司真实的内在价值情况，这样就可以利用好每一次市场偏离。所谓利用好市场偏离，是指基于公司的战略发展规划，运用好资本市场的各种价值实现工具，通过高抛低吸，实现产融结合，达到股东价值最大化目的。例如：

股票市场给公司股票的定价水平相对其内在价值过高——增资扩股，包括用股票而不是现金进行并购；

股票市场给公司股票的定价水平相对其内在价值过低——回购股份。

各种工具的有效运用，其实质是基于企业内在价值和市场价格的提升，管理好周期性。根据其功能，我们将价值实现的工具分为三类（见表4-1）：筹资型工具，包括定向增发、可转换债券、配股等；内部激励型

工具，包括股份回购、员工持股等；内部调节型工具，包括盈余管理、资产减值、分拆上市等。

表 4-1　上市公司价值实现可运用工具

类型	筹资型工具			内部激励型工具		内部调节型工具		
种类	定向增发	可转换债券	配股	股份回购	员工持股	盈余管理	资产减值	分拆上市

一、筹资型工具

筹资型工具主要包括定向增发、可转换债券、配股等。筹资型工具的使用通常在公司业绩表现好时比较容易获得认可。

1．定向增发

定向增发（定增）是指上市公司向符合条件的少数特定投资者非公开发行股票的行为。这是最近几年上市公司再融资使用最多的工具之一。

《上市公司证券发行管理办法》规定，非公开发行股票的发行对象不得超过 35 名；发行价不低于定价基准日前 20 个交易日股票均价的 80%；所发行的股份自发行结束之日起 6 个月内（控股股东、实际控制人及其控制的企业认购的股份 18 个月内）不得转让；募集资金的数额和使用须符合国家产业政策等规定；上市公司及其现任董事、高管不得有违规行为等。除了这些规定外，非公开发行并无盈利要求，即使是亏损企业也可以申请发行。

按发行对象，定增可分为向外部无关联投资者增发股份、向大股东等关联者增发股份、同时向外部无关联投资者和大股东增发股份三种情形。

发行所对应的募投项目，可分为内部新建和对外并购两类，当募投项目为内部新建的时，通常只增发股份募集资金；当涉及对外并购时，很多上市公司会将发行股份和募集资金合并起来使用，即向外部投资者发行股份募集部分资金，然后向被收购方以部分支付现金、部分发行股份的方式完成资产的并购。

无论向哪一类对象定增，都涉及两个核心问题：定增的时机选择和定增的价格确定问题。在定增的时机选择上，站在上市公司角度来说，通常会有"时间不等人"的迫切感，但在实际运作中，如果未能选择好时机，可能最终定增失败，无法如愿实现资金的顺利募集。例如在熊市中，投资者处于悲观情绪中，愿意参与的投资者会大为减少。再如企业业务处于下滑状态时，要么不容易获得投资者的认可，无人参与定增，要么最终的增发价格不高。

上市公司的定增，无论向大股东还是向外部投资者定增，都是价格博弈的决策过程，投资者希望获得更低的价格，而上市公司则想以更高的价格发行股票。这种博弈过程是各方基于现有信息对未来前景做出决策判断的过程。因此，对投资者而言，有可能获得高收益，也有可能招致亏损。对上市公司而言，需要考虑的首先是如何成功完成定增，其次才是尽量得到更高的发行价格。

上市公司实施定增，有三种情形：一是定增成功，并且后来股价大涨，投资者与公司实现双赢；二是定增成功，但后来股价大跌，上市公司得到了资金，而投资者则陷入亏损状态，例如安车检测（300572，SZ）、杰瑞股份、蔚蓝锂芯（002245，SZ）等的定增就是如此；三是定增不成功，投资者不认可公司的发展前景，企业无法募集到发展所需要的资金，发展受到限制。下面我们通过三个案例来呈现这三种情形。

【案例1】

安车检测定增让投资者亏损严重

安车检测是一家国内机动车检测领域整体解决方案的主要提供商，是国内少数能同时提供机动车检测系统和行业联网监管系统的供应商。安车检测于2016年12月6日登陆创业板。

作为行业的龙头企业，安车检测上市后随着中国汽车消费市场大幅增长的产业趋势，业务也获得了较大的增长，2016年到2019年营业收入从3.18亿元增长到历史最高点9.73亿元，2020年虽然营业收入有所下滑，但仍达到9.15亿元，如图4-7所示。在营业收入增长的同时，安车检测的净利润也同步增长，从2016年的0.49亿元增长到2019年1.89亿元。2020年公司营业收入虽然有所下滑，但归母净利润并没有下降，这说明公司的经营效率有所提升，如图4-7、图4-8所示。

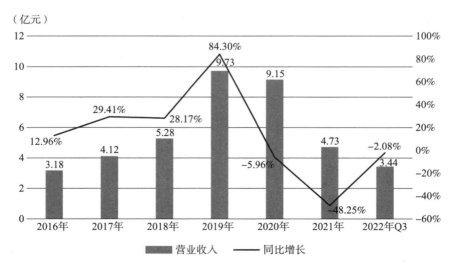

图4-7 安车检测2016年上市到2022年第三季度营业收入增长情况

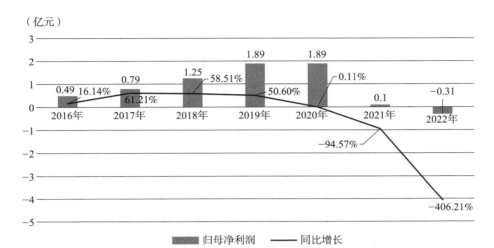

（亿元）

图 4-8　安车检测 2016～2022 年归母净利润情况

　　乘着业绩增长的势头，安车检测在 2020 年 5 月 19 日发布了非公开发行股票预案。根据预案，此次非公开发行股票募集资金总额不超过 114,880.00 万元，用于连锁机动车检测站建设项目和收购临沂市正直机动车检测有限公司 70% 股权。

　　由于安车检测过去几年的业绩呈增长态势，而且市场也看好其募投的机动车检测站连锁化经营项目，安车检测此次定增获得了投资者的积极响应。在 2021 年 3 月 25 日公告获得证监会注册批复后，一个月时间内就确定了投资者，并于 2021 年 4 月 27 日公告了具体的投资者名单及获配股数和金额。

　　此次定增价为 32.50 元 / 股，共发行 35,347,692 股，扣除相关费用后实际募集资金净额 113,136.41 万元。该定增股于 2021 年 11 月 8 日解禁后，最高价仅到 31 元，根据该公司的前十大股东名单，大部分参与定增的投资者都没能在相对高点减持，也就是说，这次定增的投资者都亏损严重。例如，"卓越枫叶 13 号资产管理产品"参与数量为 523.0769 万股，直到 2022 年二季度才退出，该期间公司股价最高为 16.59 元，最低为

11.02 元，假设全部按最高价退出，不考虑资金成本和其间的派现，亏损总额高达 8,322.15 万元；如果按最高、最低价的平均值计算，则亏损更达 9,778.92 万元，损失惨重。

但是，站在上市公司安车检测的角度来说，这次定增无疑是非常成功的，因为通过定增为企业募集到非常可观的发展资金。虽然所在行业受国家政策等因素影响，公司业绩大幅下滑，股价严重受挫，但毕竟有巨额资金在手，可以相对从容地寻找新的战略机会，选择合适的投资项目。

【案例2】

保龄宝大股东全额参与增发

保龄宝（002286）是一家主营业务为以农副产品为原料经生物工程深加工生产、销售低聚糖、果葡糖浆、赤藓糖醇等产品的农副食品加工企业。公司原控股股东为刘宗利，2017 年 1 月 19 日刘宗利及其他股东与永裕投资签署了股份转让协议，本次权益变动完成后，永裕投资在保龄宝拥有表决权的股份数量合计 74,304,740 股，占上市公司股份总额的 20.12%。永裕投资成为保龄宝控股股东，戴斯觉成为保龄宝新的实际控制人。通过进一步的权益变动，永裕投资直接持有保龄宝 46,930,563 股股份，占保龄宝总股本的 12.71%。

经过股权受让后，保龄宝的股权结构稳定下来，但永裕投资虽然为第一大股东，但其股份占比太小，一旦其他股东联合反对，很容易失去对公司的控制权。

2021 年 7 月 14 日，保龄宝发布公告，拟向大股东及其关联方以 7.91 元/股的价格非公开发行股票数量不超过 90,000,000 股（含本数），募集资金将用于年产 3 万吨赤藓糖醇晶体项目、年产 3 万吨阿洛酮糖（干基）项目、应用解决方案研究中心项目及补充流动资金项目。

2022年9月30日，保龄宝发布调整公司非公开发行股票方案的公告，根据新的定增方案，本次非公开发行股票数量不超过75,000,000股（含本数），不超过发行前公司总股本的30%，本次发行的发行价格为7.85元/股，由永裕投资、赣州永裕、深圳永裕以现金认购不超过75,000,000股（含本数），募集资金总额不超过58,875.00万元（含本数）。2022年11月25日公司发布公告，上述非公开发行股票方案获证监会批准。

若保龄宝向大股东定增完成，大股东持有股份比例合计将达到24.7475%。作为资本玩家的戴氏家族，获得上述比例股份的平均价格将超过11元/股，其所付出的成本远高于截至2023年3月底的9.01元/股。

虽然控股地位的进一步加强，能够让永裕投资作为大股东有充足的动力推进公司战略的制定与实施，推动公司市值增长，但如果此次定增按原定计划实施，那么大股东将直接产生巨额的账面损失。拿到定增批文后的一年时间里，保龄宝的股价持续下跌，到2023年11月徘徊在8元上下。2023年11月18日，公司公告终止此次定增，背后的原因实际上是大股东为避免巨大损失而主动放弃了通过定增加大控制权的资本操作。

【案例3】

力星股份定增安排夭折，战略项目资金接力艰难

力星股份（300421，SZ）是国内精密轴承钢球领域龙头企业，主要产品为轴承钢球。

2021年8月21日，力星股份公告向特定对象发行A股股票数量不超过74,290,621股，股票募集资金总额不超过35,000.00万元，用于年产6,000吨精密滚动体项目、年产800万粒高端大型滚动体扩建项目以及补

充公司流动资金。

力星股份的定增方案于 2022 年 3 月 16 日获得证监会同意注册批复，有效期为 12 个月。也就是说，公司有一年时间征集投资者。

2023 年 3 月 10 日，公司公告称，取得批复文件后，（虽然）会同中介机构积极推进本次向特定对象发行股票的各项工作，但由于资本市场环境和融资时机等多方面因素变化，公司未能在批复文件有效期内完成本次向特定对象发行股票事宜，证监会关于公司本次向特定对象发行股票的批复到期自动失效。也就是说，历经一年的努力，并没有投资者愿意参与力星股份的此次定增，说明潜在投资者并不看好该公司未来的发展。

我们常说"投资者的眼睛是雪亮的"，投资者为什么不愿意参与力星股份的此次定增？从该公司的估值水平及背后的财务指标情况我们可以看出一些端倪。

首先，从市盈率角度分析，该公司 2022 年的动态市盈率最低下探到 4 月 26 日的 23.56，随后震荡走高，截至 12 月 30 日动态市盈率高达63.67，扣非动态市盈率则达到 77.88 倍，明显处于价格高估状态。力星股份 2019～2022 年动态市盈率如图 4-9 所示。

图 4-9　力星股份 2019～2022 年动态市盈率情况

其次，从成长性指标来看，力星股份过去四年的成长性也一般，通过图 4-10 可以看到，其 2019 年至 2022 年的营业收入增长并不突出，除了 2021 年取得 23.69% 的增长外，其余年份增速在 10% 以下。通过图 4-11

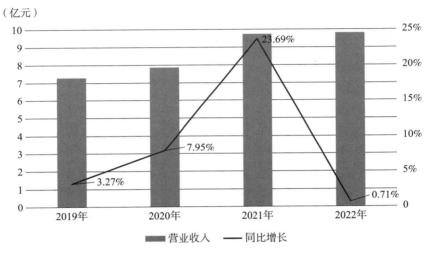

图 4-10 力星股份 2019～2022 年营业收入情况

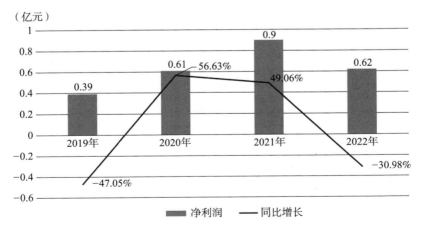

图 4-11 力星股份 2019～2022 年净利润情况

可以看到，力星股份的净利润增长呈现很不稳定的状态，2019 年同比下降 47.05%，2020 年、2021 年则连续两年同比增长分别高达 56.63%、49.06%，而 2022 年又出现大幅下滑，且公司利润规模并不大。

最后，再从盈利能力指标来看，力星股份 2019～2021 年的净资产收益率－摊薄、销售净利率虽然在逐年上升，但都未超过 10%，也就是说，其盈利能力一般（见图 4-12）。

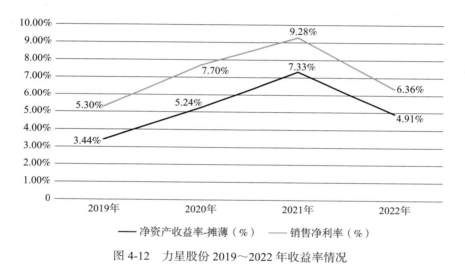

图 4-12　力星股份 2019～2022 年收益率情况

综合估值水平、成长性、盈利能力等各方面指标来看，力星股份的经营质量不突出，虽然其在轴承滚子的国产替代方向上具有较为明显的优势，无奈资本市场更看重其价值成长性，所以力星股份此次定增无法获得资本市场投资者的认可也不难理解。

2. 可转换债券

可转换债券，简称可转债。在国内市场，就是指在一定条件下可以被转换成公司股票的债券。可转债具有债权和期权的双重属性，持有人可以选择持有债券到期，获取公司还本付息；也可以选择在约定的时间内转换成股票，享受股利分配或资本增值。所以投资界一般戏称，可转债对投资者而言是保证本金的股票。

可转债具备了股票和债券两者的属性，结合了股票的长期增长潜力和债券所具有的安全和收益固定的优势，表现出"下有保底、上不封顶"的特点。简单来看，可转债相当于一份债券叠加一份期权。债券部分体现了可转债的债性，可转债的纯债价值就是债底，债底会根据市场利率变化而调整。期权部分体现了可转债的股性，赋予可转债较高的上涨空间。可转债的价值会随着正股价格上涨而上涨。例如英科转债 2021 年 1 月 20 日最高价达到 3,618.188 元，而其上市时价格仅 113 元，创造了可转债市场的历史纪录。

发行可转债使得上市公司可以获得成本非常低的发展资金，而投资者则可以获得有底价保证的期权收益，也就是说，两个博弈对手在如此长的时间范围里可根据各自的判断做出转股、赎回等不同方向的操作（见表 4-2），可谓两得其便。

表 4-2　可转债的博弈双方操作方向

两种价格状态	博弈双方	对应的操作
当转债价格处于高位	投资者	止盈/转股，但是由于转债一般相比于正股存在溢价，所以投资者更加倾向于在转债二级市场卖出转债，而不是直接转股
	发行者	在平价高于 130 元时可利用赎回条款剥夺投资者收益，从而督促投资者转股，消除债务
当转债价格处于低位	投资者	由于亏损有限，因此持有时间更长，期待未来的正股股价反弹；另外投资者也可利用回售条款将转债卖给上市公司
	发行者	投资者持有时间过长，增加上市公司债务负担，回售一旦实施损失更大，因此可利用下修条款，增强投资者转股动力

　　1992 年，深圳证券交易所发行了中国证券市场的第一只可转债——宝安转债。不过因为法律法规不完善、投资者参与度不高、流动性不足等问题，可转债市场一直处于漫长的、低迷的发展阶段。直到 2017 年 2 月，证监会修订《上市公司非公开发行股票实施细则》，定增难度加大，提高了可转债融资的吸引力。紧接着该年 9 月，可转债从资金申购改为信用申购，降低了投资者入场门槛，增强了市场的流动性。根据长城证券的研究统计，2017 年初，市场上仅有 17 只可转债，总市值不到 400 亿元。制度调整后，2018 年开始可转债市场快速发展，无论可转债数量还是可转债总市值都在增长。截至 2023 年 1 月，市场上一共有 487 只可转债，总市值 9,925 亿元。[⊖]

　　通过上述可转债发行数据可以看出，可转债非常受上市公司的喜爱，越来越多的上市公司愿意通过发行可转债来募集资金支持公司的战略发展。

　　实务中，可转债大都采取股东配售和网上发行相结合的方式，即先按一定比例向现有股东配售，其余部分通过网上发行。也就是说，上市公司发行可转债，大股东同时也将按所占股份比例参与。根据已发行的可转债二级市场价格情况，几乎不会有可转债发行的初始参与者亏损出局。大股东参与配售最终都会获得不错的投资收益。

　　总的来说，可转债虽然对上市公司来说是一种负债，会提高公司的负债率，但因其延续时间长达 6 年，利息成本极低，而且在满足条件的情况下可以强制赎回或转股，是上市公司非常"便利"又优质的融资方式。对投资者而言，投资可转债既可保障本金，又有股票上涨而带来的溢价收益，几乎是"两全其美"的投资品种。例如，2020 年 7 月才上市的美联转

　　⊖　长城证券，《2023 年可转债市场或迎来良机》，2023 年 2 月 14 日。

债于 2023 年 4 月实施了强制赎回；2020 年 12 月发行的总额 10.9 亿元润建转债于 2023 年 8 月实施强制赎回。

通过发行可转换债券，可谓实现了上市公司、股东及转债参与者的多赢。

3. 配股

配股是上市公司常见的一种融资方式，用通俗的话讲，就是向全体股东"发行新股"，有种强制融资的意味。具体来说，配股是指向原股东按其持股比例、以低于市价的某一特定价格配售一定数量的新发行的股票的融资行为。

配股的一大特点是新股的价格按照发行公告发布时的股票市价作一定的折价处理来确定，而折价是为了鼓励股东出资认购。在正常情况下，新股发行的价格会在发行配股公告时股票市场价格的基础上折价 10% 到 25%。

例如 A 上市公司，股权登记日收盘价是 10 元 / 股，而截至股权登记日，总股本是 1 亿股。某天，A 上市公司发布每 10 股配售 3 股的方案，可配股数量是 3,000 万股，配股价是 7 元 / 股。相当于向全体股东集资 2.1 亿元，相应地，公司总股本将增加至 1.7 亿股。

由于配股完成后，股价将除权处理，也就是说，你持有却不配股，将面临较大的损失。还是以 A 上市公司为例，可以简单计算下复牌后的除权价是（10 + 5×0.3）÷1.3＝8.85 元。也就是说，停牌前你 1 万股的市值是 10 万元，复牌后市值只剩 8.85 万元，白白损失 1.15 万元。

当市场行情不好时，上市公司配股融资往往对股价形成利空，配股消息公告后投资者常常选择用脚投票，抛售股票离场，以免持有后被迫参加配股，避免因不参加配股而遭到损失。

通过配股方式融资，意味着大股东也要出资，除非大股东明确表示放弃参与，这对大股东或是重要股东而言会形成巨大的资金压力。如果大股东不参与，则会被视为不看好公司未来发展，被资本市场解读为利空，引发股价下跌，造成市值损失。因此，在定增、可转债等融资方式越来越"便利"的今天，配股融资似乎正日渐远离资本市场。

二、内部激励型工具

在上市公司价值实现环节，内部激励工具的有效运用，将对市值增长起到重要的内部推动作用，这既隐含了内部管理层对公司未来成长性的正向认知，更包含了激发管理层在内的公司员工骨干推动公司市值增长的内在动力机制。

内部激励型工具包括了股份回购、员工持股等。

1．股份回购

股份回购是指公司按一定的程序购回发行或流通在外的本公司股份的行为。这是通过大规模买回本公司发行在外的股份来改变资本结构的防御方法。

证监会发布的《上市公司股份回购规则》对股份回购进行了较为详细的规定。第二条对引发股份回购的因素进行了明确的界定：（1）减少公司注册资本；（2）将股份用于员工持股计划或者股权激励；（3）将股份用于转换上市公司发行的可转换为股票的公司债券；（4）为维护公司价值及股东权益所必需。

上市公司实施股份回购一般会选择在认为自家股票价格被低估的时候进行。我们知道，股价上涨是由不断买入的资金推上去的，而股价下跌时，有资金在下方买入才阻止了持续的下跌。因此，股份回购首先有助于稳定公司的股价，维护公司的市值。

当然，很多公司进行股份回购，目的不是减少注册资本，而是实施股权激励计划或是员工持股计划。例如润建股份于 2023 年 4 月 14 日发布《关于回购公司股份方案的公告》，宣布拟使用自有资金以集中竞价交易的方式回购公司股份，回购股份后续用于股权激励计划或员工持股计划。回购资金总额不低于 8,000 万元（含），不超过 15,000 万元（含），回购价格为不超过 55 元 / 股（含）。

股份回购无论出于什么目的，上市公司都要考虑自身的资金充裕度，因为股份回购（特别是较大规模的股份回购）需要消耗大量的资金，如果在公司自有资金不充裕的情况下实施股份回购，可能严重影响现金流，进而影响公司的日常运营。

2．员工持股

作为中国早期在公司主持员工持股变革的人士之一，笔者在 20 世纪末曾经完整设计了美的集团内部的员工持股制度体系，亲身经历了我国在员工持股制度建设上的翻天覆地的变化。从当年几乎没有任何前人经验可借鉴到现在员工持股成为常见的内部激励方式，可谓见证了中国公司治理机制不断完善、发展的蓬勃过程。

让核心员工以合理的方式持有公司股份，越来越被上市公司重视，这极大促进了公司与员工形成利益共同体乃至命运共同体关系，从而激发员工发挥更大的动力和更多的智慧推动公司的良性经营和发展。

上市公司实施员工持股计划已经非常普遍，并且形成了一套成熟的做法，证监会颁布的《上市公司股权激励管理办法》清晰、完整地规范了员工持股的操作。

员工持股作为上市公司内部激励的一种方式，有一个重要内容是如何合理地评定公司中不同职能、不同层级员工的持股比例或是数量，如果搞不好会造成内部不公平的问题，这就需要一套科学、系统的评估，以统合不同职能、不同层级岗位的重要度及员工的过去、现在、未来的贡献度。最近 10 年，锐哲咨询运用"岗 + 人"双因素价值评估系统（系统框架见图 4-13）帮助一些公司建立了一致的内部"岗 + 人"价值系统作为参加持股计划员工的股份数量确定依据，解决了让董事会头疼的问题，获得了广泛的好评。

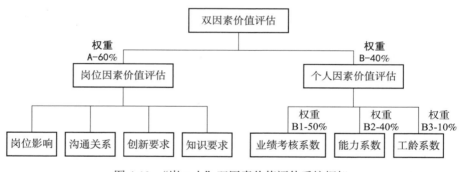

图 4-13　"岗 + 人"双因素价值评估系统框架

《上市公司股权激励管理办法》中提出了两种员工持股激励方式，一是限制性股票，二是股票期权。所谓限制性股票，是指激励对象按照股权激励计划规定的条件获得的转让等部分权利受到限制的本公司股票。所谓股票期权，是指上市公司授予激励对象的在未来一定期限内以预先确定的条件购买本公司一定数量股份的权利。

可以看出，限制性股票是参与计划的员工获得附加限制条件的股票，属于"即有"概念，但需要满足相关的条件后才能实际获得并转让；而股票期权激励属于"未来有"概念，即达到规定条件后，可以在未来某一时间点以规定的价格购买公司股票，并自由卖出。

虽然限制性股票和股票期权都是员工持股激励的方式，但它们既有共同点，也有很大的区别，主要内容如表 4-3 所示。

表 4-3　限制性股票与股票期权的异同点

	限制性股票	股票期权
共同点	（1）目的相同，都是以员工获得公司股票来激励员工更好地创造业绩 （2）动力方向一致，都是面向未来业绩增长的 （3）都有限制条件，例如规定了未来业绩增长目标，主要是营业收入和利润；都有规定的时间区间；规定了具体个人的业绩考核指标等 （4）上市公司都需要付出相应的成本，会对当期的利润产生影响	
不同点	（1）方案实施后，参与者需要按规定价格支付现金购买，有限售约束条件，直到按规定解禁 （2）相对而言，价格"优惠"幅度更明显，更容易获得参与者的积极响应	（1）方案实施后，参与者暂时不需要支付现金，只需在未来满足条件时按规定的价格购买即可 （2）相对而言，行权价格可能更高或者说未来是否能够稳定获利具有高度不确定性，在行权期内也有可能股价低于行权价

【案例】

科瑞技术同时实施股票期权与限制性股票激励

股权激励基本情况

2023 年 4 月 15 日，科瑞技术（002957，SZ）发布《2023 年股票期权与限制性股票激励计划（草案）》。根据该方案，科瑞技术实施的是股票期权和限制性股票两种方式并用的激励方案，该激励计划拟向激励对象授予权益总计 343.68 万份，约占本激励计划公告时公司股本总额的 0.84%。其中，股票期权合计 229.12 万份，约占激励计划公告时公司股本总额的 0.56%，无预留权益；限制性股票合计 114.56 万股，约占激励计划公告时公司股本总额的 0.28%，无预留权益。激励计划的股票来源为公司向激励对象定向发行公司 A 股普通股股票。

根据激励方案，科瑞技术此次股票期权的行权价格为每股 18.00 元，高于公告日前 2023 年 4 月 14 日收盘价 17.29 元。也就是说，未来在行权期内股价如果低于 18.00 元，即使公司考核条件满足了，因为无获利空间，参与激励计划的员工行权也变得没有意义。从这个角度来说，该股票期权激励计划的实施将促动内部管理层积极地推进业务的发展，力争达到董事会确定的行权业绩条件。

在限制性股票激励部分，限制性股票的授予价格为每股 9.00 元，仅为 4 月 14 日股价的 52.05%，相当于半价出售。

科瑞技术的股权激励三分之二为股票期权，三分之一为限制性股票，很明显是以不用先行出资的股票期权为主，使参与者的资金压力大为减轻。

该激励方案的业绩考核条件为，限制性股票解除限售对应的考核年度为 2023～2024 年两个会计年度，每个会计年度考核一次。公司层面业绩考核指标如表 4-4 所示。

表 4-4　科瑞技术股权激励业绩考核条件

解除限售安排	业绩考核指标
第一个解除限售期	2023 年营业收入不低于 33 亿元，或 2023 年净利润不低于 3.3 亿元
第二个解除限售期	2023～2024 年两年累计营业收入不低于 70 亿元，或 2023～2024 年两年累计净利润不低于 7.0 亿元

对股权激励方案的评述

科瑞技术于 2023 年 1 月 18 日发布了 2022 年度业绩预告，预计 2022 年 1 月至 12 月归属于上市公司股东的净利润为 28,000 元～32,000 万元，比上年同期增长 699.06%～813.21%。4 月 26 日，公司年度报告发布，

2022 年度公司的营业收入为 324,624 万元，比上年同期增长 50.20%；净利润为 31,305 万元，比上年同期增长 793.38%。上述业绩考核指标意味着考核期的 2023～2024 年与 2022 年比并没有太多增长，这应是公司在制定考核指标时已经充分考虑了 2022 年的超高比例增长情形，因此将业绩考核指标维持在 2022 年略增的水平，这样股权激励更具有现实执行的可能性。

我们从公司的增长需求与参与者是否得到激励两个方面做进一步的分析，以此理解科瑞技术的激励方案是不是公司价值实现的有力推动器。

一方面，从公司层面来看，公司的市值自 2019 年 9 月以来总体上呈震荡下跌趋势，始终没有突破 2019 年 9 月的最高点。在营业收入方面，2017 年到 2022 年，总体呈略微增长态势，业务成长性较一般，2022 年营业收入则大幅增长。利润规模上，除了 2021 年急剧下滑外，其余年份均超过 2.3 亿元，说明利润稳定性较好。

为什么在本次激励考核中公司所采取的指标为营业收入与利润二者达其一皆可呢？分析其销售毛利率可知，公司近年销售毛利率水平相对比较稳定，也就是说，在销售毛利率稳定的情况下，如果能达成营业收入目标，净利润一般也可以得到保障。

总体来说，如果 2023～2024 年的业绩目标能够达成，就意味着公司的整体经营规模和利润水平已经上到一个新台阶，即营业收入超过 30 亿元，利润超过 3 亿元，这对公司而言是一个历史性的突破，能够对市场估值起到很好的支撑作用。基于稳定的盈利预期，相信公司的市值也会有新的突破。

另一方面，从股权激励参与者来看，过去多年公司利润规模都稳定在 2.3 亿元以上，这说明公司有非常扎实的经营基础。业绩目标与 2022 年的营业收入或利润水平相比较几乎持平，属于"跳一跳摸得着"的业绩考核基本定式，有难度，但经努力完全可以达到。

　　如果公司的业绩目标达成，股权激励参与者不仅能以超低价获得限制性股票，也能享受未来两年的股票期权增值收益，可谓"两全其美"。当然，我们可以看到，科瑞技术 2023 年的业绩，无论利润还是营业收入均未达标，这为其股权激励的顺利实施蒙上了一层阴影。

三、内部调节型工具

1. 盈余管理

　　所谓盈余管理是指企业管理层在遵循会计准则的基础上，通过对企业对外报告的会计收益信息进行控制或调整，以达到主体自身利益最大化的行为。

　　盈余管理有两种形式，一种是运用会计手段改变财务报告，被称为应计盈余管理；另一种是安排交易改变财务报告，被称为真实盈余管理。与应计盈余管理相比，真实盈余管理需要公司更多部门或外部公司配合，实施成本高，但管理层可以在任一时点选择多种方式进行真实盈余管理，具有较强的时间和空间的灵活性，当然，相应地这也使其具有较高的隐蔽性。

　　尽管很多人认为盈余管理是一种机会主义行为，盈余管理将使得企业的会计信息不能真实公允地反映企业经营状况，不管从长期还是短期来看，都会对企业业绩产生负面影响，但无论如何，盈余管理是很多上市公司中都存在的一种管理行为。只要合法、合规、合理，那么从有利于股东利益最大化的原则出发进行公司盈余管理，我认为，并无不妥。

　　多次登上财经新闻热搜的乐歌股份（300729）董事长项乐宏，在其抖音号上就专门做了一期关于上市公司盈余管理的视频节目。项乐宏认为盈余管理是企业财务管理中的正常行为，通过盈余管理能够让企业的利润不至于因为外部市场环境的剧烈变化而有太大波动，影响投资者的信心，从而增强盈利的稳定预期。项乐宏实际上道出了很多上市公司开展盈余管理的内在动机，即"削峰填谷"式地追求年度、季度的盈利均衡输出。

尽管盈余管理背后的动机各不相同，但无论出于什么样的动机，盈余管理都应是在合法合规的前提下进行。上市公司基于价值实现的盈余管理与违法的财务造假行为具有本质的不同，盈余管理是在真实经营情形下的财务数据在时（不同时间段）、空（数据结构）上的合理调节。

上市公司如何进行合法、合规、合理的盈余管理？我给有需要的上市公司提供如下的基本思路：以利润表、资产负债表两张基本财务报表为核心，结合管理层对未来市场发展趋势变化的判断、公司经营业绩规划以及资本市场运作需要，以三年为基本时间周期，对利润表的收入端、成本端和资产负债表的流动资产端、流动负债端进行细致审视、评估与规划，提前做好部署，有条不紊地推进。

2. 资产减值

在上市公司日常经营中，由于各种各样的原因，不良资产的产生是一个常态。当出现不良资产时，上市公司通过评估进行相应的资产减值处理，有利于上市公司甩掉不良资产包袱，轻装上阵。

资产减值常常被上市公司拿来作为开展盈余管理的手段之一。不良资产的形成是一个不断累积的过程，而资产减值处理则是一个被动且时点性的动作。意思是，不良资产的产生并不是公司的主观意愿造成的，而是经营管理的失误或外部竞争导致的。不良资产在累积到一定规模后，公司只有在通过审慎的资产评估，认定无法回收或不能产生价值时，才决定在会计上进行减值处理。上市公司资产减值处理通常都会选择在年中或年终进行，并且反映在半年或年度财务报告中。

资产减值包括流动资产减值、长期资产减值两大类，而长期资产减值中商誉等无形资产的减值又成为上市公司常见的现象。

【案例】

西藏药业通过资产减值处理实现"轻装"经营

西藏药业（600211）在 2021 年、2022 年连续两年进行了较大数额的资产减值处理。

根据公告，西藏药业于 2016 年以 1.9 亿美元向阿斯利康收购了依姆多相关资产，该无形资产摊销年限为 20 年。根据资产评估，在评估基准日 2021 年 12 月 31 日，依姆多无形资产组可收回金额为 5,800 万美元，账面价值 12,900 万美元。公司参考专业机构的评估结果，计提无形资产减值准备 7,100 万美元，折合人民币 45,806 万元（详见公司 2022 年 3 月 12 日公告）。

2022 年，西藏药业继续进行资产减值处理，在上半年处理了 9,889.11 万元，全年合计资产减值达 32,729.27 万元（详见公司 2023 年 3 月 11 日公告）。

受资产减值影响，2021 年度，西藏药业归母净利润同比下降 50.03%，扣非净利润更是由 2020 年的 3.65 亿元骤降至 2021 年的 6,669.38 万元，受业绩大降影响，公司股价也一路下跌。2022 年，西藏药业的资产减值金额较 2021 年减少了 13,076.73 万元，而该年度的净利润也较上一年实现了大幅增长，达到 3.7 亿元。

在消除了资产减值影响后，西藏药业 2023 年恢复了正常的利润水平，凭借其独有的新活素产品，其第一季度归母净利润达到 3.03 亿元，同比增幅高达 73.59%。

随着利润水平的恢复，西藏药业的股价／市值也重新回到了上升轨道。公司 2020 年至 2023 年 4 月 20 日的市值变化如图 4-14 所示。

图 4-14　西藏药业 2020～2023 年 4 月市值变化

　　我们在第三章第三节中，曾经举了蓝色光标公告巨额商誉减值后如何进行传播心理把握的案例，根据其 2023 年 4 月 20 日发布的《关于 2022 年度计提信用减值损失和资产减值损失的公告》，公司及下属子公司对 2022 年度末存在可能发生减值迹象的资产（范围包括应收款项、其他应收款、无形资产、商誉、长期股权投资和合同资产等）进行全面清查和资产减值测试后，计提 2022 年度各项信用减值损失 34,324.92 万元、资产减值损失 203,835.74 万元，合计减少公司 2022 年度营业利润 238,160.66 万元。

　　蓝色光标在 2023 年 4 月 20 日公布的年度报告显示，该公司 2022 年净利润为 −2,175,157,299.35 万元。资产减值同样给蓝色光标带来了资产结构的改善，其商誉由 2021 年的 30.38 亿元下降到 2022 年的 17.56 亿元。蓝色光标 2023 年第一季度净利润为 148,732,537.14 万元与上年同期 32,681,424.93 万元相比，增长 355.10%。而公司的股价也伴随 AIGC、ChatGPT、数字资产等主题炒作，由 5 元左右上涨到超过 10 元。

3．分拆上市

上市公司分拆是指上市公司将部分业务或资产，以其直接或间接控制的子公司（所属子公司）的形式，在境内证券市场首次公开发行股票上市或实现重组上市的行为。总的来说，分拆上市既是母公司的一种资产重组方式，又是子公司的一种融资方式。

2019 年 12 月中国证监会正式发布《上市公司分拆所属子公司境内上市试点若干规定》，标志着 A 股市场分拆上市破冰。

根据上市公司所属子公司上市的方法，可将分拆上市划分为四种类型：参股型分拆、剥离退出型分拆、重组型分拆和控股型分拆，如表 4-5 所示。

表 4-5　分拆上市的四种类型

类型	解释	举例
（1）参股型分拆	分拆公司的参股子公司。在分拆上市前，公司通常会通过财务投资或逐步分离等方式，逐渐减持拟分拆子公司的股份，从而主动放弃控制权，将控股子公司变成参股子公司，此后将该参股子公司以 IPO 或借壳等方式上市。参股型分拆是早期 A 股分拆的可行路径	康恩贝分拆佐力药业
（2）剥离退出型分拆	直接剥离子公司。这类分拆主要通过股权转让等方式将子公司出让给实际控制人或第三方，而上市母公司不再持有它的股权。剥离退出型分拆也是早期 A 股境内分拆的可行路径之一	华东科技分拆江苏天泽（现天泽信息）
（3）重组型分拆	通过资产重组方式，将拟分拆资产注入另一上市公司，从而达到与子公司单独上市相似的效果。重组型分拆实质上是对上市公司业务的重新整合，通过业务的分类和剥离，能够有效减少同业竞争	金隅集团分拆冀东水泥
（4）控股型分拆	上市公司的控股子公司直接分拆上市的方式。随着分拆上市相关政策的颁布，符合条件的 A 股上市公司控股型分拆日趋活跃，有望成为 A 股分拆境内上市主流模式之一	华兰生物分拆华兰疫苗

注：本分类方法来源于华泰证券研究所《A 股分拆上市全景投资手册》（2020 年 05 月 26 日）。

通常来说，并购和分拆上市都是上市公司资产重组的方式，但代表两种不同的战略选择。通过并购，上市公司可以拓展产业链，在更大的平台上实现协同效应；而分拆上市则是资产剥离的手段，分拆与主业相关性不强的业务，不仅有利于聚焦主业、提高经营效率，也拓宽了上市公司的融资渠道。

归结起来，分拆上市主要有以下五方面的好处。

①进一步聚焦主业：推动母公司聚焦主业发展，优化资产质量。

②拓宽融资渠道：利用上市后的平台优势，进一步拓宽融资渠道。

③优化公司治理：分拆上市有助于优化公司治理结构和法人治理结构，理顺集团业务架构，从而实现公司的共同愿景。

④股东利益最大化：分拆上市将使公司核心业务获得市场的合理估值，从而有助于实现全体股东利益最大化。对国企而言，更有助于实现国有资产的保值增值。

⑤提升子公司经营效率、市场竞争力：分拆上市可以提升子公司经营效率，提高专业化经营水平，巩固核心竞争力，也能促进形成对子公司核心业务的激励机制，从而提高子公司管理层及员工工作的积极性，并推动科技创新。

笔者认为，分拆上市最主要的好处还是为子公司的发展开拓了新的融资渠道，能够更好地支持子公司的发展壮大，也减轻了母公司的资金压力。例如厦门钨业（600549）分拆厦钨新能（688778）上市，2021年7月IPO募集了14.47亿元，2022年定增募集了约35亿元，合计从资本市场融资约49.5亿元。华兰疫苗（301207）从华兰生物（002007）分拆上市后，通过IPO也募集了22.442亿元。

CHAPTER 5
第五章

展开好行动
实施卓越成长战略

　　"短期看业绩增长，中期看业务布局，长期看能力发育。"资本市场对上市公司市值增长预期的流行说法高度概括了市值增长的果因关系。

　　深入研究优秀上市公司的成长经验，我们可以发现这些公司发展壮大走向成功的背后，是基于上述果因关系展现出的四项关键能力：战略信念力、战略方向力、战略推进力和战略变革力。这四项能力构成了公司市值增长战略的闭环管理过程（见第一章图1-17），其对市值增长的作用关系我们还可以用图5-1来呈现。

　　首先，团队信念（尤其是领导者的信念）和
企业文化是公司发展的坚实底座。其次，公司的
发展壮大需要领导者对未来方向的准确判断，为
整个公司指明方向和明确目标，并制定清晰的发
展路线。再次，在确定的方向和路线上建立强大
的战略推进力，即形成组织可持续的发展能力，
支撑组织的健康运营，使规模不断扩大。最后，
在组织发展过程中，还要建立强大的战略变革力，
不断刷新能力曲线，使组织通过不断自我革新适
应变化的市场竞争环境。

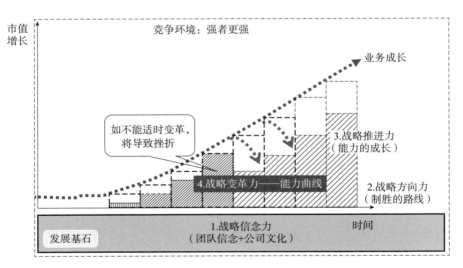

图 5-1　市值增长"四力"战略管理模型

第一节　战略信念力——确立长期增长的战略底座

在所有成功企业的发展历程中，有两种东西是不可或缺的，即企业领导者的领导力和企业在长期经营中所构建和坚持的以价值观为核心的企业文化，二者构成了企业持续发展的底层关键成功因素，我们统称其为战略信念力，或叫战略底座。

例如任正非领导下的华为、何享健及方洪波领导下的美的集团、王传福领导下的比亚迪、刘强东领导下的京东集团、韦尔奇领导下的通用电气（GE）、郭士纳领导下的IBM等大批国内外优秀企业，都是在战略信念的引领下走向成功的典型案例。

确立企业长期成长的战略底座，需要从三个方面着手：①向员工描绘企业未来的愿景以激励员工向伟大目标奋勇前进；②以企业价值观为核心系统整理企业文化，使全体员工拥有一致的行动准则和思维方法；③领导团队通过自我修炼提升战略领导力水平，以更好地引领企业朝正确的方向努力。

一、以终为始，描绘成长愿景

追求成长是企业的"天然"使命，建立成长愿景是引领企业持续发展的必然动作。

1．通过使命、愿景、价值观确立企业成长基本动力

无论初创企业还是已经发展到一定规模的企业，都要面对一些"终极追问"：我是谁？我为什么而存在？我要去哪里？如何去？不清晰回答这

四个基本问题，将无法让企业上上下下所有人员统一思路，形成一致的工作大方向。对这四个问题的明确回答既是企业战略信念的一部分，更是企业长期发展的根本指导。该些问题通常都会以企业的使命、愿景、价值观来表达，即企业的使命是什么？愿景是什么？要坚持什么样的核心价值观？

华为 2005 年确立的愿景为"丰富人们的沟通和生活"，使命为"聚焦客户关注的挑战与压力，提供有竞争力的通信解决方案和服务，持续为客户创造最大价值"。2017 年华为更新了自己的使命、愿景，将其使命、愿景合二为一，进行了这样的界定："我们的愿景与使命是把数字世界带入每个人、每个家庭、每个组织，构建万物互联的智能世界。"通过该描述可看到，华为的存在目的，也是其远大目标。该使命、愿景意味着华为的服务目标是全球所有的人、物、场，这无疑是一个非常宏伟的战略信念。

华为通过确立令人振奋的公司使命、愿景和价值观，在领导团队的带领下，将约二十万名员工紧紧地凝聚在一起，在艰苦奋斗中一步步迈向全球通信市场的顶峰，成为行业领导者。

使命、愿景具有强烈的情感内涵，能够让员工、客户和合作伙伴感知其强烈的未来导向，产生巨大的感召力，鼓舞人心。

20 年前，很多企业对使命、愿景、价值观的确立不太重视，甚至认为那是非常空洞的东西，没什么用处。近年来在优秀企业的示范效应下，越来越多的企业通过使命、愿景和价值观为自己的成长导航，鼓舞员工士气。

使命、愿景、价值观小知识

使命。使命明确了企业存在的核心目的，即企业为什么存在。

愿景。愿景是指在未来很长的时间（一般 10 年以上）里，领导者和员工希望企业发展成什么样。愿景通常是一个振奋人心的长远目标，是可以经过长期努力不断趋近的目标，而不是一个虚幻的模糊描述。愿景在适当的时间是可以修改或调整的。

价值观。价值观是指企业在发展过程中坚持什么样的原则。企业价值观一旦确定，将在很长一段时间内成为企业在发展过程中必须坚守的经营管理原则，它是企业最高领导层发自内心所遵从的并自上而下执行的企业最基本的行为准则。

表 5-1 为一些著名上市公司的使命、愿景、价值观，供读者参考。

表 5-1 著名上市公司的使命、愿景、价值观

举例	使命	愿景	价值观
宁德时代	创新成就客户！	立足中华文明，包容世界文化，打造世界一流创新科技公司，为人类新能源事业做出卓越贡献，为员工谋求精神和物质福祉提供奋斗平台！	修己、达人、奋斗、创新
比亚迪	用技术创新，满足人们对美好生活的向往	作为全球新能源整体解决方案开创者，致力于全面打造零排放的新能源生态系统，构筑一个可持续发展的电动化未来，让城市与自然重归于好，自由呼吸	竞争、务实、激情、创新
美的集团	联动人与万物，启迪美的世界	科技尽善，生活尽美	敢知未来（志存高远、客户至上、变革创新、包容共协、务实奋进）
迈瑞医疗	普及高端科技，让更多人分享优质生命关怀	成为守护人类健康的核心力量	客户导向、以人为本、严谨务实、积极进取

2．关于使命、愿景确定顺序的理解

对于使命、愿景的确定和排列顺序，业界有不同的观点，有人认为应该先确定愿景再确定使命，而有人则认为应该先回答清楚使命问题才能回答愿景问题。我们持第二种观点，即先使命再愿景，基本的排序应是使命、愿景、价值观。

为什么是先有使命后有愿景？因为使命回答的是一个企业为什么存在的问题，即存在的理由，这是一个根本性的问题，一旦想清楚了，可以没有时间限制。愿景虽然是很长时间内的一个长远目标，但无论时间多长，它都只是某一个时间阶段的目标而已，一旦这个愿景实现了，那么在下一段很长时间内又需要重新设定愿景。

我们打个比方，好比一个人，当他以"教书育人"为使命时，假如他是一名小学老师，理论上他可以设定未来第一个十年做到什么程度，第二个十年做到什么程度，第三个十年又做到什么程度，总之，在连续三个十年树立什么样的愿景，他都是为了达成自己"教书育人"的使命。

使命属于原动力，愿景则是牵引力。

二、以价值观为核心系统整理企业文化

1．价值观是企业文化的原点

价值观是企业长久生存和发展的基础，没有正确的价值观，一个企业可能可以短时生存，但绝无长久发展的机会。

企业的价值观本质上也是企业家的人生价值观在他自己所创立的企业的运营中的外现，企业家是在运用自己的人生价值观经营自己的企业，因此价值观必然是企业文化的原点和最重要的支撑点。

刘强东在其 2016 年出版的《刘强东自述：我的经营模式》一书中写

道："从创业的第一天起，我们就坚守着'正品行货，不卖假货'的底线，这条底线的背后是对商业伦理的敬畏和对消费者价值的尊重。人无信不立，店无信不兴。我们用信仰换来了社会的信任。"

被刘强东视为经营底线的"正品行货，不卖假货"本质上是京东的经营价值观，刘强东所坚持的价值观为其赢得了极佳的声誉，也为京东线上商城的发展奠定了坚实的信誉基础。

再如，美的集团创始人何享健早年曾经说过一句著名的话，宁可放弃一百万元的利润，也不放弃一个对企业有用的人才。何享健的人才价值观让美的集团自 20 世纪 90 年代开始大量吸引全国各地的优秀人才加盟，这些人才成为美的集团发展进程中的中坚力量。美的集团现任董事长兼总裁方洪波就是 20 世纪 90 年代初期美的集团招聘的外部人才典型之一。

企业抱持什么样的价值观，直接影响乃至决定了企业未来的长久生存和发展。

任正非在 2010 年就明确指出：一个企业怎样才能长治久安，这是古往今来最大的一个问题。我们要研究推动华为前进的主要动力是什么，怎么使这些动力能长期稳定运行，而又不断自我优化。大家越来越明白，促使核动力、油动力、煤动力、电动力、沼气动力……一同努力的源，是企业的核心价值观。这些核心价值观要被接班人所信奉，同时接班人要有自我批判的自觉。接班人是用核心价值观约束、塑造出来的，这样才能使企业长治久安。⊖

2. 企业文化需要系统化

成长型的上市公司发展至今，已经拥有一定的行业地位，这时候很有

⊖　引自《价值为纲：华为公司财经管理纲要》。

必要面向未来，对自己过去的经营经验、教训进行系统整理，形成系统化的企业文化叙事，以凝聚更大的团队共识，指导未来的发展。

稻盛和夫在创立京瓷后，在经营过程中逐步形成了系统的京瓷文化（被称为京瓷哲学），并且在 20 世纪 90 年代初就汇编成一本《京瓷哲学手册》。该手册从经营之心、为了度过美好的人生、京瓷人人都是经营者、针对推进日常工作四个方面总结出了京瓷哲学 78 条，涉及企业经营的人与事的方方面面，有效指导了京瓷的经营管理。

读过《京瓷哲学手册》的人，会认为它不仅是企业经营之道，更是人生之道。例如，"人生、事业的结果＝思维方式 × 热情 × 能力"这一条曾激励了很多人。

华为早在 1995 年规模仅几十亿元时，就聘请中国人民大学的教授历时三年多，辅导制定了《华为基本法》。《华为基本法》系统阐述了华为经营管理各方面的基本原则、要求，是华为后来十几年发展的强大思想底座。

京东集团在不断发展壮大的过程中，从最初朴素的"正品行货，不卖假货"经营理念到逐步形成系统的企业文化，也是通过大量的调研、访谈、研讨提炼出其使命、愿景、核心价值观等企业文化的核心内容的。京东集团将其经营成功的经验总结形成了以"合规即发展"为理念引领的八大板块经营管理行为准则（见图 5-2），有力保障了京东几十万名员工的规范运作。

润建股份是一家由转业军人创办，从通信工程队发展起来的信息通信与能源服务公司，在全国各省及东南亚均有分支机构。2003 年成立后，10年专注于通信服务行业，军人出身的董事长李建国始终倡导"公开、公平、公正，正直、正气、正义"的"三公三正"经营理念，致力于将公司打造成"一支军队、一所学校、一个家庭"，在业务交付上要求"客户评价力争第一，项目验收一次通过"，军队化的组织管理理念为润建股份高

图 5-2   京东"合规即发展"经营理念

质量响应客户需求、服务好客户提供了坚实保障，客户满意度极高，公司规模也快速扩大，逐步成长为通信服务行业中最大的民营企业。

随着员工人数的快速增长，如何更好地统一分布在全国各地员工的工作思维、方法成为亟待解决的问题，润建股份于 2014 年启动了企业文化的系统梳理工作，历经三年多的不断完善，2018 年 1 月公司上市前夕推出了企业文化汇编，并且由人力资源部牵头开发出系列培训教材，在全公司各部门、各省分公司持续展开宣教，润建股份的经营哲学深入人心，极大统一、强化了各层级管理者、员工的经营管理思维。

润建股份的价值观与行为准则纲要

润建经营哲学：情义，共享，凭良心。

润建价值观：奋进，高效，创新，和谐。

润建行为准则

1. 组织发展准则：诚信为本，言出必践，开放学习，协作创新。

2. 团队建设准则：一支军队，一所学校，一个家庭。

3. 业务交付准则：客户评价力争第一，项目验收一次通过。

4. 比武竞赛准则：必争第一，包揽奖项。

5. 干部任用准则：能者上，平者让，庸者下。

6. 激励员工准则：多劳动，多贡献，多荣誉，多收入。

7. 组织管理准则：不可越级指挥，但可越级检查；不可越级请示，但可越级投诉。

8. 阿米巴经营准则：共同目标，分组管理；独立作战，共享辉煌。

3．如何系统化梳理企业文化

21 世纪初，笔者曾经与平安集团等知名企业进行企业文化建设方面的交流，这些企业在该阶段纷纷确立了自己的使命、愿景、价值观，指导着企业几万、十几万名员工的工作，企业最终都成为行业翘楚、中国优秀企业典型。

那么企业应该如何进行企业文化的系统化梳理呢？根据过去多年优秀企业的工作经验，掀起一场"群众运动"是较好的方式，即让使命、愿景、价值观乃至其他经营理念内容"从群众中来，到群众中去"，因为员工有参与感，甚至其中有自己的贡献，员工的感受会完全不同。

具体的做法可以分为以下八个步骤：

第一步，组建一个企业文化工作小组，统一布置、推动该项工作；

第二步，工作小组负责搭建整体的系统化内容框架，并就相关的知识、工作的意义、如何开展等进行相应的培训、沟通，让大家知道要做什么、怎么做；

第三步，工作小组在公司内部发起广泛的调研、访谈，倾听各层级人员的意见和建议，进行梳理后先提出初步的方案，结合挑选出来的其他企业优秀范例，在内部 OA 平台让员工广泛参与讨论；

第四步，让员工在规定的时间内提出自己的意见、建议，工作小组进行整理、补充、完善；

第五步，工作小组将完善后的方案再次提交员工讨论、投票，得出员工心目中的再优选方案；

第六步，工作小组进行再整理后，将再优选方案提交管理层讨论、审议，然后根据管理层的意见修改方案，将方案确定下来；

第七步，将确定的方案予以公布，工作小组制作宣教教材，开展各种方式的宣传、培训工作，让广大员工深入理解公司的经营哲学，并指导未来的工作；

第八步，后续在拟订战略规划时，将长期的愿景与中期（3～5 年）战略规划进行连接，让员工感受到愿景不是挂在墙上的文字，而是在落地推进的远大目标。

三、以战略领导力引领团队

任何企业的成功，无疑都可以归结为领导力的成功。华为、美的集团、比亚迪、迈瑞医疗、三一重工、海尔智家等行业翘楚的成功背后无不有着强大的领导力。战略领导力是战略信念力中最有活力的要素，也是企业活动中最重要的影响力。

1. 领导力的本质

所谓领导力，是指影响一个群体去实现愿景或一系列目标的能力。

企业领导力是以董事长（在民营企业中通常是创始人）为首的领导团队在带领员工不断奋斗的过程中表现出来的对未来方向、重大事项做出准确判断，坚定对方向、目标的信念，以及有效影响员工齐心协力共同奋斗的能力。

企业创立之初，在创始人的感召下，一群认可创始人所提出的设想、理念的人聚在一起，组成一个创业团队，开始创业历程，随着事业规模的不断扩大，陆续有新的人才加入，企业逐步演变成更大的组织。在这个过程中，创始人发挥其领导力，带领整个团队踔厉奋发，一步步把企业做大做强。

领导力本质上是以目标为导向的一种人与人之间的关系。有效的领导力的核心在于强有力的信赖关系。可以说，每一个成功的企业都有各自精彩的领导力信赖关系故事。

领导力中的信赖关系主要来自三个方面的因素：所担负的组织角色、领导者所展示出来的专业能力和团队成员感受到的领导者的人格魅力。图 5-3 领导力三角模型为我们展示了有效领导力的基本要素。

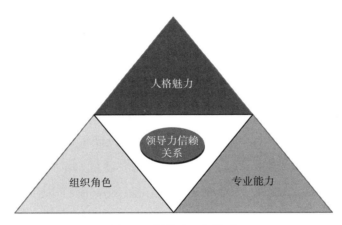

图 5-3　领导力三角模型

组织角色有相应的职位权力，如果得到恰当的使用，那么下属会顺从相应的指令；但如果领导者过分使用职位权力，甚至颐指气使，将可能导致下属的抗拒。有时，下属碍于各种利益关系或面子，表面顺从，但内心是不服的。这种情形下，只要有一个导火索，就会造成上下级关系破裂。这种职位权力赋予的影响力并不是真正的领导力。

在关键的紧急时刻，一个有专业能力、能够排除重大困难的人总是能够号召起一大批人，形成以专业能力为支撑的领导力信赖关系。例如，比亚迪的董事长王传福最喜欢的标签是"工程师"，他也被称为"技术狂人"，正是他的技术钻研能力为他赢得了早期的强领导力信赖关系。

非职位权力是一种能够让下属或者团队成员真正从内心里做出承诺的权力，真正的领导者会发挥非职位权力的作用，特别是人格魅力的作用。

领导者的人格魅力是领导者道德风范、知识修养、心理素质、仪表等方面的综合体现，是一种权力之外的对他人的影响力，这是与职责、职位无关的影响力，但它更持久也更有效。古语说："以力服人者，非心服也，力不赡也。以德服人者，中心悦而诚服也。"这段话讲的就是人格的力量。

领导者之所以有很强的人格魅力，是因为他们通常都表现出非常高水准的领导力，例如，意志坚定、激情满怀、决策果断、做事迅速、高度自律、平易近人等。

新东方的领导者俞敏洪就是一个非常有人格魅力的领导者。经常看东方甄选直播视频的人可以常常看到董宇辉调侃俞敏洪，称其为"老头"，还说"老头经常骗他"，董宇辉的调侃从侧面反映了俞敏洪身上所展现出的领导魅力。俞敏洪在一次访谈节目中谈到自己是如何照顾到新东方分布在全国的100多名高管的：他每天都会给五六个高管打电话，通话内容以表扬激励为主，这样下来，一个月里每个高管都可以得到俞敏洪的直接关注和激励，这样的激励让每个高管心里都暖暖的。

2. 战略领导力

所谓战略领导力，也称为战略导向的领导力，是指领导者善于从企业长远发展的战略角度对宏观大势、产业趋势进行前瞻性的思考和预判，做出符合企业自身发展方向的产业经营管理决策，并且带领整个团队"力出一孔"，披荆斩棘，坚定前行的胆识与魄力。

战略领导力是一种职位权力之上的企业家前瞻思维能力和人格魅力的综合体现。一般人可以有战略思想，但因为不是领导者，不具有调动企业资源的职位权力，只能被视为具有战略前瞻性思维者。企业领导者本就拥有职位所赋予的强大的资源调配权力，如果具有非常高超的前瞻思维能力，总能做出准确的战略判断，敢于投入巨大资源予以实施，并且最终获得成功，那么他的战略领导力将持续被验证并不断被强化、认可，从而赢得极大的声誉。

对战略领导力的评价通常无法用短时间如一两年小周期来衡量，而是要放在三五年甚至更长的大周期中才能看得更加透彻。其中，战略思维的前瞻性和战略决策的果断性是战略领导力的两个最重要的特征。

基于战略的前瞻性认知，优秀的领导者都非常善于提出目标，并敢于投入，且能够号召他人共同朝着目标努力。优秀的企业家都是战略导向的领导者，并且表现出高超的战略领导力。

任正非是拥有卓越战略领导力的企业家。他在 2012 年的一次内部讲话中这样说道：第一，一个领导者首先要能够洞察未来，包括产业未来的走向、趋势和变化。只是看到还不够，还要能抓住未来，能牵引整个产业走向未来，时时刻刻扮演主导者的角色。第二，一个领导者要建立产业链的利益分享机制，让整个产业链挣钱多一点，风险小一点，这样大家才愿意跟着你往前走。第三，一个领导者一定要做取舍，有所为有所不为，而且一旦做出选择就不要动摇。第四，一个领导者要构筑有效的竞争环境，尤其是产业整体的盈利空间。⊖任正非关于战略领导力的观点值得所有企业领导者深入体会乃至付诸实践。

⊖　引自《价值为纲：华为公司财经管理纲要》。

3. 以战略定力强化战略信念

战略定力也是战略领导力的一个组成部分。

"定力"意指正念坚固，如净水无波，不为境转，不随物流。有战略定力者，临危不乱，在面对重大风险挑战和错综复杂形势时从容镇定，意志坚定，能够从全局、长远、大势上做出判断和决策。

对企业来说，战略定力是企业领导者为实现战略意图和战略目标所具有的战略自信、意志和毅力，是企业领导团队尤其是董事长对使命、愿景和价值观的坚守，是对公司未来远大目标的执着。

战略定力尤其表现为当内外部环境发生急剧变化特别是剧烈震荡的时候，企业领导团队能够坚守初心，坚定信念；也包括当有很多诱惑时，能够做到战略心态不漂移，不贸然投入资源进入陌生的行业。

市场竞争中，没有哪一家企业的发展历程是一帆风顺的。当企业处于逆境时，什么东西最为重要？当然是企业家的战略定力起着最为关键的支撑和引领作用。

笔者分享一个老东家美的集团创始人何享健的故事。美的集团自 1993 年上市后，迎来了近 5 年的高速发展阶段，但也累积了太多的问题，1997 年企业经营陷入极大的困境中。

那时的美的集团，现金流几近枯竭，连每个月发工资都要靠银行贷款，而且连续几个月员工工资打 5～7 折发放。因为不能及时归还银行贷款，有些银行行长对上门求贷的何享健避而远之，总之那时何享健就是一个很不受银行待见的企业老板。美的集团之所以成为顺德农商行合并股权后的第一大股东，与当年还是顺德农村信用合作社时的顺德农商行对美的集团的支持有很大的关系。

⊖ 引自《习近平总书记强调的"战略定力"》一文，《学习时报》2023 年 2 月 27 日 A2 版

与此同时，那几年同城的科龙集团正如日中天，当地政府甚至提出要将美的集团卖给科龙集团。可想而知，当时的何享健承受着多么大的压力。记得 1998 年 1 月，美的集团召开年度预算分析会，笔者作为秘书参加该次会议，与会高管对年度预算几乎都很悲观，例如空调事业部在制订预算时怎么也无法实现盈亏平衡，何享健硬压了 3,000 万元利润目标给空调事业部，何享健提出管理班子不接受该目标就自行辞职。

在内外交困下，何享健以过人的魄力掀起了美的集团组织变革，完成了事业部制组织改造。最终，美的集团在 1998 年迎来了"天时、地利、人和"的全新发展局面，开启了新的五年大发展周期，也奠定了美的集团后来波澜壮阔的 20 多年发展的基础。

如果没有何享健的战略定力，那时的美的集团就可能像当年全国排名前三的华宝空调一样被地方政府卖掉，也就不可能有今天的美的集团了。

多年前，一位杭州的企业家客户曾经对笔者敞开心扉说，有次半夜开车从位于滨江区的公司回家，在经过西湖的杨公堤时，他停下车，在路边坐了好久，差点就想跳进西湖不上来了。可想而知，当时这位企业家内心所承受的压力有多大。但这位企业家挺过了最为艰难的时期，企业在第二年重新恢复了增长，开启了创业以来的第二个成长阶段。

来自高层的战略定力，会让员工对企业未来的发展抱有坚定信心，即使陷入困境，也表现出坚强的韧性，整个组织会表现出强大的意志力和战斗力。

作为中国走向全球化的高技术企业代表华为，自 2018 年以来其发展势头正猛并有望成为全球市场占有率第一的手机业务遭遇重大打击，但华为领导层并没有惊慌失措，而是表现出了强大的战略定力。华为轮值董事长郭平在 2022 年新年致辞中写道："我们不会因为外部环境变化，就改变自己的理想与追求。""道阻且长，行则将至；行而不辍，未来可期。选择华为，就选择了一种人生追求，我们走的是一条崎岖坎坷但值得为之奋斗的道路。没有退路就是胜利之路，让我们和客户、伙伴们一起努力，把数字世界带入每个人、每个家庭、每个组织，构建万物互联的智能世界，创造更美好的生活。"

在华为 2022 年年度报告中，轮值董事长徐直军在致辞中又写道："今天的华为，就像梅花，梅花飘香是因为她经历了严寒淬炼。我们面临的压力无疑是巨大的，但我们也有增长机会，有组合韧性，有差异化优势，有客户和伙伴的信任和敢于压强式投入。因此，我们有信心战胜艰难困苦，实现持续生存和发展。"

4．领导力的修炼

领导者通常都是孤独的，最高领导者站在组织的塔尖上，位置决定了他的"高高在上"，有形无形中可能造成了他不接"地气"，所以领导者的自我修炼极为重要。

任正非为什么在华为那么强调自我批判？实际上这就是一种追求自我反省、自我学习、自我提升的方式，而任正非把它做到了极致。

领导者如果不能做到自我反省、自我学习、自我提升，就很容易在"众星捧月"中迷失自我，进而使自己的领导力僵化乃至退化，必然也将阻碍自己企业的良性发展。

以任正非、何享健、张瑞敏、曹德旺、已故的鲁冠球等企业家为代表的成功领导者，在领导企业不断成长的过程中，他们基本上做到了以下五个方面的自我修炼，我称之为"五自"修炼（见表 5-2）。

表 5-2 成功领导者的"五自"修炼行为表现

"五自"修炼	行为表现
自律	自律,指在没有人现场监督的情况下,通过自己要求自己,变被动为主动,自觉地遵循法度(可以是各项制度,也可以是自己制定的行为规则),拿它来约束自己的一言一行。自律并不是让一大堆规章制度层层地束缚自己,而是用自律的行动创造一种井然的秩序来为自己的学习生活争取更大的自由
自远	能给自己制定高远的目标,保持自己追求目标的信念,以此激励自己行动
自省	能够主动地自我反省,不断反思自己在工作过程中的得失,并且针对不足进行积极的改进
自变	能够不断地打破自己的成功经验的限制,根据内外部环境变化进行自我变革,包括思维的转换与突破、行为的调整。自我变革的过程实际上也是一个自我扬弃的过程
自长	即自我成长,能够不断自我学习和提升,做到专业上的极致;不断磨炼自己的心性,让自己的视野更加广阔,心境更加豁达

美的集团现任董事长兼 CEO 方洪波说,一个企业真正的成长是一把手、董事长或 CEO 的成长。他的成长不仅是能力的成长,还有事业、格局、心灵、精神的成长,这是非常重要的。如果你的内心世界,你的视野、格局和心灵,不能跟上这个时代去升华,那么企业很难走得更远,你也不可能有长期的布局。

第二节 战略方向力——四步制定增长战略

上市公司拥有比一般企业更多的资源配置优势,提升战略方向力,将会有效帮助企业跨越产业周期,实现业务可持续成长,也使上市公司市值在资本市场周期波动中呈波浪式增长。

企业的战略方向力,包括了战略雄心、业务选择、业务设计三大方面。战略雄心是企业领导者发展企业的战略意志和高标准目标，业务选择是在企业领导者的战略前瞻与判断基础下确定企业的未来发展业务决策，而业务设计则是基于市场需求而进行的战略业务运作细化规划。

在任何企业，领导层的战略雄心都是激励团队奋勇前行的强大动力，而战略选择是企业走向成功的关键，业务设计则是通向成功的明确路径。

简单概括起来，企业的战略方向力，可以具体化到解决以下四个基本问题的能力：

①未来做到什么高度？——战略雄心

②未来具体做什么？——业务选择

③如何做到？——业务设计

④蓝图是什么？——确认未来 3 年的战略目标规划

上述四个问题的解决形成了战略制定工作的闭环，如图 5-4 所示。

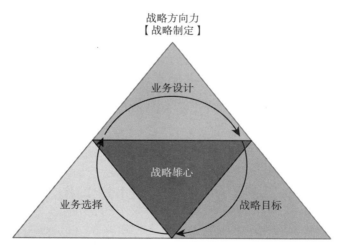

图 5-4　战略方向力构成要素

一、确立战略雄心

1. 战略雄心是公司长、中期的市场领先战略目标层次组合

所谓战略雄心是企业领导者的一种伟大理想和抱负，是对企业未来发展的宏伟设想，是对企业长、中期目标的高标准设定，是企业长、中期的市场领先战略目标层次组合。

战略雄心对企业发展的巨大引领作用是毋庸置疑的，也是企业要有的，因为战略雄心相对愿景的正式化描述而言，更接"地气"，离"现实"更近，对员工更具有"刺激"作用。

战略雄心以使命为最高追求，按时间从远到近，主要包括了使命（长久）、愿景（10年以上）、长期战略目标（5～10年）、中期战略目标（3～5年）以及分解到年度的短期目标（见图5-5）。

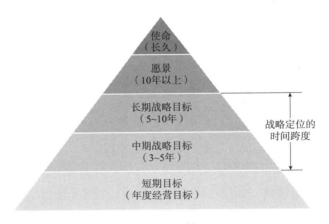

图 5-5　战略雄心

关于愿景，我们在前面已经介绍过，在此不再赘述。

长期战略目标

长期战略目标是指介于愿景与中期战略目标之间相对宽泛的战略目标

设想，是愿景与中期战略目标之间的衔接，主要从未来希望获得什么样的市场地位的角度提出，它可以是很正式的描述，也可以是非正式的管理层心灵图景。例如：

任正非在 1994 年曾提出未来全球电信市场华为要"三分天下有其一"，即华为要进入全球电信市场行业前三的位置，结果不到 15 年华为就成为全球电信领域三巨头之一。后来任正非提出要做行业领导者，结果不到 10 年华为已经成为电信领域的绝对龙头。

美的集团创始人何享健也曾经提出"要么不做，要做就要做到行业前三名"的目标，结果也用了不到 10 年的时间就基本上达成了该目标，不到 20 年时间公司在整体规模上也成为国内白色家电行业当之无愧的"老大"。

美国通用电气公司（GE）20 世纪 80 年代的 CEO 韦尔奇在执掌公司后提出"数一数二"的战略目标，即所有的业务都要做到全球第一第二的水平，做不到的就坚决砍掉。在这样的战略雄心指引下，通用电气通过收购、兼并、出售等战略动作，所有业务都实现了"数一数二"的目标，韦尔奇也被誉为"全球第一 CEO"。

在全球工程机械领域，美国卡特彼勒和日本小松是两大龙头企业。在 20 世纪 60 年代，小松与卡特彼勒生产规模约为 1：10，两者的推土机技术存在较大差距：大修间隔时间（小时）比为 2000：5000，机器寿命（小时）比为 6000：10000。在如此巨大差距之下，小松提出了"包围卡特彼勒"的战略雄心，最终也因率先掌握液压技术而在 20 世纪 80 年代异军突起，真正实现了"包围卡特彼勒"，冲击美国市场的目标，进而成为全球行业龙头。[一]

中期战略目标

中期战略目标是企业未来 3～5 年整体战略规划所确定的经营管理目

[一]　华泰证券研究报告《是什么造就了卡特彼勒和小松？》，2020 年 12 月 18 日。

标，由一系列经营指标如净利润、营业收入等构成。

我们认为，一般成长型的上市公司在进行战略规划时，覆盖3年就可以了。已经处于行业龙头地位、大规模的上市公司可以考虑做5年的战略规划。

3～5年的战略目标将直接分解为具体的年度经营目标与经营计划，成为战略雄心的落脚点。

在进行战略规划时，最开始只是一个相对粗略甚至模糊的目标数据，但在完成业务选择与业务设计后，须最后确认具体的目标值。

任正非的战略雄心与增长观 ⊖

我们追求什么呢？我们依靠点点滴滴、锲而不舍的艰苦追求，成为世界级领先企业，来为我们的顾客提供服务……我们若不树立一个企业发展的目标和导向，就建立不起客户对我们的信赖，也建立不起员工的远大奋斗目标和脚踏实地的精神……华为公司若不想消亡，就一定要有世界领先的概念。

华为公司总有一天会走到悬崖边上，什么是走到悬崖边上？就是走到了世界同行的前列，不再有人能够清楚地告诉我们未来会是什么，未来必须靠我们自己来开创。我们不走悬崖边上是不可能的，而如果我们不想走到悬崖边上，也是没有出息的。

长期有效增长，短期看财务指标；中期看财务指标背后的能力提升；长期看格局，以及商业生态环境的健康、产业的可持续发展等。

乌龟就是坚定不移往前走，不要纠结、不要攀附，坚信自己的价值观，坚持合理的发展，别隔山羡慕那山的花。

⊖　本部分内容引自《价值为纲：华为公司财经管理纲要》。

我们以长远的眼光经营公司，以诚实面对客户，诚实地经营，诚实地发展公司，依靠诚实换取客户对我们的满意、信任和忠诚。

为客户服务是华为公司存在的唯一理由。

保证公司生存下来应该是多方面的，但我认为最主要的，就是要内心盯住有效的增长及优质的服务。

华为公司如果在两年前就停止发展，那我们今天就是收拾残局、准备破产的局面。我们今天若停止发展，两年后也会是这种局面。

我们通过保持增长速度，给员工提供了发展的机会，公司利润的增长，给员工提供了合理的报酬，这就吸引了众多优秀的人才加盟到我们公司来，然后才能实现资源的最佳配置。只有保持合理的增长速度，才能永葆活力。

2．战略定位

定位，原意是指确定某一事物在一定环境中的位置，如产品在市场中的定位、人物在组织中的定位、物品在某一地理位置的定位等。

20世纪70年代，美国著名营销专家艾·里斯（Al Ries）与杰克·特劳特（Jack Trout）提出定位理论。在市场营销中，"定位"是指让品牌在消费者心智中占据有利位置。定位理论的核心原理"第一法则"，要求企业必须在消费者心智中区别于竞争对手，成为某领域的第一，以此引领企业经营，赢得更好的发展。例如广州的王老吉凉茶通过"避免上火"这一独特定位开辟了一个全新的饮料品类，并且成为行业第一品牌，很长一段时间风靡全国。

所谓战略定位是指企业在未来较长一段时间里所要达到的关键市场地位目标，是战略雄心的核心内容。

从时间跨度来说，战略定位可以是在像3～10年这样较为宽泛的时间段的定位，因为战略定位目标可能会很快达成，也可能需要相对较长的一段时间，但也不宜太久远，一般来说将 5 年设定为战略定位目标实现的时间比较适合。

企业可以从规模、盈利能力、品质水平、技术水平、速度（时间）、价格（成本）等方面来界定与竞争对手的差异，并在后续的经营中实施战略举措来推动战略定位的达成。进行战略定位有两种基本方法，如图 5-6 所示。

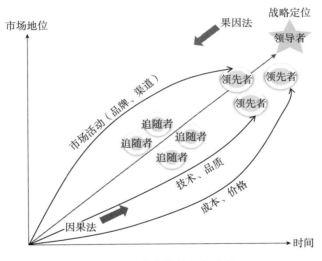

图 5-6　战略定位的思考路径

果因法——以最终想要达到的市场地位目标为基准进行战略定位

市场竞争中的角色，可以分为市场领导者（唯一）、市场领先者（前几名）、追随者三类。市场领导者是市场上的绝对老大，无论市场份额还是整体能力等各方面都占据第一的位置；市场领先者整体规模排名前列，并且在某些细项上具有数一数二的地位；追随者是无论规模还是技术等各方面都不占优势，处于竞争弱势状态的企业。按该分类，企业的战略定位可以瞄准"成为市场领导者""成为市场领先者"进行选择。

例如，韦尔奇对 GE 提出的"数一数二"，何享健对美的所有品类提出要做到行业前三名等的战略雄心都属于从获得市场竞争规模地位角度所进行的战略定位。

因果法——以准确划分目标市场及目标客户，并满足该目标细分市场的需求为目的而进行战略定位

基于有效满足目标市场客户需求而做出与竞争对手不同的竞争行为，进而在获得目标客户认可过程中实现市场地位领先的目标。

例如，在线下传统零售连锁行业，沃尔玛从消费者所关心的价格角度提出"天天低价"的口号，以低成本为自己的战略定位，对外满足了价格关注度高的消费者的需求，对内构建起独特的经营管理系统，并由此形成自己的核心竞争力，最终沃尔玛成为全球最大的零售连锁企业。

与淘宝、京东主要聚集于城市客户不同，拼多多早期将目标客户定位在三到六线市场，开辟出一片电商新蓝海，进而成为中国综合电商平台的第三名，2024 年拼多多的市值甚至超过了阿里巴巴。

无论哪一种定位方法，在激烈的市场竞争中，如果企业进入不了前三名，那么通常只能做痛苦的追随者，这意味着盈利能力会远远低于行业强者甚至最后被迫退出市场。因此，战略定位更强调的是目标市场定位。

方太的战略定位

在白色家电行业，虽然美的集团、海尔智家、格力电器已经占据了综合家电巨无霸的地位，但也有专业厂家通过独特的战略定位而获得细分市场的领导地位，方太就是一个典型的例子。

方太虽然不是上市公司，但方太在高端厨具细分市场上的领导者地位是市场公认的。

　　方太能有今天的市场地位，首先源于它在 2011 年所确立的战略定位：方太，中国高端厨电专家与领导者。方太的这一战略定位是从产品品质、价格角度确定的，当然对应的目标客户是对价格不敏感、追求品质的"高端"客户。

　　在该战略定位下，方太进行了一系列的调整，例如，在产品系列上砍掉中端厨电，专注于高端厨电；以打造健康的厨房为追求，加大研发和技术端的投入；在组织结构上进行调整以适应专业化、精品化的战略要求等。

　　有位在某家电大厂担任过高管的消费者甚至直言不讳地说，虽然我们也生产厨具，但要买抽油烟机就买方太。

二、确定业务选择

　　不同的选择会出现不同的状态，人生如此，企业亦如此。企业做什么样的选择将关系到未来会有什么样的发展情形。"选择比行动重要"，因为正确的选择是正确行动的前提，否则可能就是"南辕北辙"的结果。

　　战略决策的本质在于要根据具体的情境做出最优的选择，而所有有效的战略选择都离不开对产业中的机会以及公司运用这些机会的能力的深刻了解与把握。因此，所有的战略选择都来自对市场机会的洞察以及企业对自身资源、能力评估之后进行的"自以为是"的匹配决策。

1. 清晰的业务选择路径图

　　从市场竞争角度来说，企业的业务选择就是选择在哪个市场参与竞争，即选择用什么样的产品 / 服务满足外部目标市场需求，以获得增长。

　　例如，油气服务企业杰瑞股份为了开辟第二增长曲线，选择参与新能源电池石墨负极材料行业的市场竞争；小家电企业天际股份（002759）选择参与锂电池材料细分领域六氟磷酸锂行业的竞争。

企业的增长来源可以分为：现有业务、现有业务新区域扩张、现有业务新品类扩张、产业链一体化扩张、相关多元化扩张、不相关多元化扩张。

上述增长来源构成了企业业务选择的基本路径。据此，可以绘制一张业务选择路径图（见图 5-7）作为企业制定增长战略的参考。

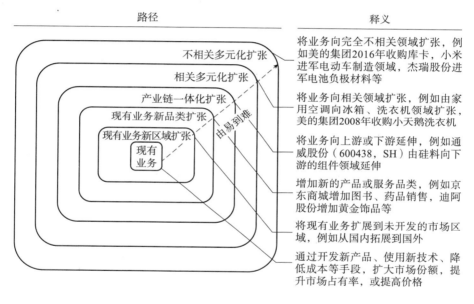

图 5-7　业务选择路径图

业务选择路径图告诉我们一个基本的战略选择顺序：

（1）追求现有业务的持续增长为最优选择，因为路径最短，企业能快速做出反应。

（2）现有业务新区域扩张和现有业务新品类扩张，二者并不是绝对的先后关系，而是基于对业务的把握而定，例如国际化运作可能对一些企业来说就比在国内扩展相关新品类要难得多。

（3）路径最长的不相关多元化扩张是企业需要审慎再审慎的决策，进入陌生的领域很容易跨入多元化陷阱，把握不准就会遭受重大损失。

例如，主营业务为通信服务的宜通世纪（300310）实施不相关多元化扩张，2016 年巨资收购倍泰健康进入健康医疗产品领域失败导致 2018 年亏损 19.8 亿元，元气大伤。

再如，曾被誉为"酱油第一股"的加加食品（002650）自 2015 年始，就寻求多元化，向云厨电商增资 5,000 万元以获得其 51% 股权，最后以 0 元转让；2017 年 4 月，试图收购辣妹子食品股份有限公司 100% 股权再告失败；2018 年，又欲斥资 47.1 亿元收购大连远洋渔业金枪鱼钓有限公司，最后无疾而终。几番折腾之后，加加食品在主营业务调味品市场上逐渐掉队，错失了良好的市场发展机遇。加加食品最近多年的多元化操作就是典型的因业务路径不清晰而失败的案例。

2．执行严谨的业务选择决策流程

企业对各种市场机会的洞察，不会没来由地"无中生有"，通常是企业领导层在与客户、各种合作伙伴等相关人员的接触中了解到某些机会信息，从而引发了进入某领域的设想，然后展开相应的论证，确定是否进入该领域，最终才决定成为企业的业务选择。无论如何，企业在进行业务选择决策时，绝不能"拍脑袋"决定，而应在内部执行科学、严谨的业务选择决策流程。

业务选择决策流程

企业实践中，严谨的业务选择决策应执行以下的流程（见图 5-8）：

（1）企业管理层在日常经营过程中，通过各种信息来源发现可能的战略机会，提出战略动议；

（2）企业职能部门在管理层的授意下组织跨部门团队进行内部专项分

析论证行动，提交可行性研究报告；

（3）管理层及相关人员参与业务选择机会的评估会，提出各种问题或观点；

（4）专项工作小组输出评估结果，完成最后的结果输出工作，提交董事会讨论、审议、决策。

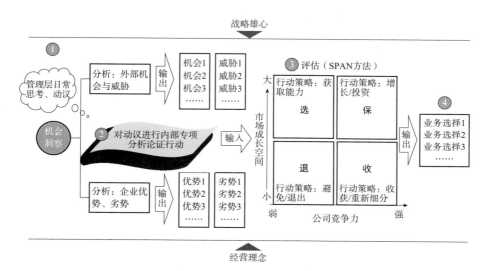

图 5-8   业务选择决策流程

充分运用战略分析工具进行业务机会洞察

无论与原主业相关还是不相关的领域，所有的论证都需要对宏观大势、中观产业趋势，以及微观的客户需求、竞争对手和自身的优劣势，自上而下，自下而上，反复进行深入分析，再加上企业家的直觉判断。

日本著名的战略大师大前研一在 20 世纪 70 年代提出了"3C 战略三角模型"，本书在这一模型的基础上，加上宏观环境分析、行业趋势分析，构成了业务机会洞察五要素模型（见图 5-9）。

图 5-9　业务机会洞察五要素模型

业务机会洞察五要素的内容与目的如表 5-3 所示。

表 5-3　业务机会洞察分析框架表

	环境驱动力	主要内容	目的		
一察宏观环境	政治、法律	政策、法律法规的变化	①外部机会与威胁	—	③通过SPAN图明确战略机会点和机会窗
	经济环境	外部机构及结构、产业布局、资源状况、经济水平以及未来趋势			
	社会与人口统计数据	会对业界产生影响的生活方式、时尚以及文化的变化趋势、会影响市场的人口趋势，分析这些趋势代表的是机会还是威胁			
	技术与服务	在技术与服务领域里的趋势和变化			
二察中观产业趋势	市场规模趋势	通过市场的整体规模进行统计、比较，以判断其未来的发展趋势			
	产业演进方向	对产业的结构性演进方向进行判断，包括市场集中度、要素比重等			
微观环境	三察客户	需求与当务之急的挑战，为什么选择公司的产品与服务		②内部优势和劣势	
	四察竞争对手	在整个竞争市场上正在发生什么变化主要竞争对手是谁客户的主要竞争对手是谁			
	五察企业自身	通过市场洞察，辨识产业发展趋势，确立自己的机会点和威胁点，同时也认识到自己的优劣势	—		

上述洞察的各种工具很多，在此不再赘述。业务机会洞察的结果是形成企业的业务选项，最终落脚点是形成企业新的业务组合。

业务组合的分析工具最近几十年来并没有什么创新，常用的工具包括SWOT 分析、波士顿矩阵、GE 矩阵、SPAN 分析等。

SPAN 分析从分析细分市场的吸引力和企业的竞争力出发对各个细分市场进行深入分析，为企业最终选定细分市场并在此基础上进行产品规划提供决策依据。

图 5-10 为 TY 旅游公司的 SPAN 业务评估结果，通过评估，TY 旅游公司未来要形成爱情文化品类、水上运动体育品类、文化教育素质研学品类（＋亲子游业务）的新业务组合。

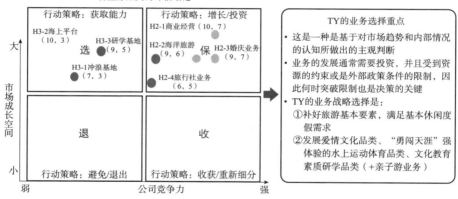

图 5-10　TY 旅游公司的 SPAN 业务评估结果

3. 建立清晰的业务组合

企业若要持续增长，必须保持充足的发展"后劲"，即拥有处于不同发展阶段的有效的业务组合，我们常用"吃在嘴里的、锅里煮着的、地里种着的"来比喻企业要形成的三个不同层次的有序的业务组合。

业务机会洞察与业务评估工作，目的就是实现有效的业务组合。

根据知名战略咨询公司麦肯锡的三层次业务组合模型（见图 5-11），企业的业务组合按业务发展阶段（利润贡献度）分为三个层次：

第一层次业务为核心业务，是公司利润贡献的核心来源，是需要努力延伸并且捍卫其已有市场地位的业务；

第二层次业务为成长业务，也就是经过一段时间的培育后，业务已经趋向成熟，营业收入规模扩大，开始产生利润或是实现可观的利润；

第三层次业务为种子业务，即通过市场洞察不断发现业务机会，投入资源积极培育的业务。

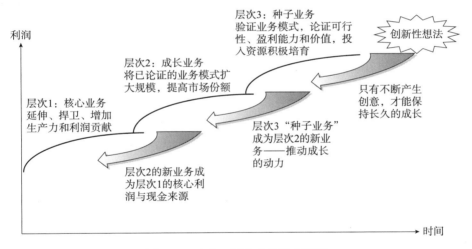

图 5-11　企业三层次业务组合模型

润建股份最近几年通过精心战略布局，形成了以通信网络管维为第一层次业务，信息网络管维、能源网络管维为第二层次业务，算力网络业务为第三层次业务的业务组合形态（见图 5-12）。自 2018 年上市以来，润建股份的营业收入由 2018 年的 32.32 亿元增长到 2022 年的 81.59 亿元，年均复合增速达到 25%，形成了较为合理的多层次业务组合。

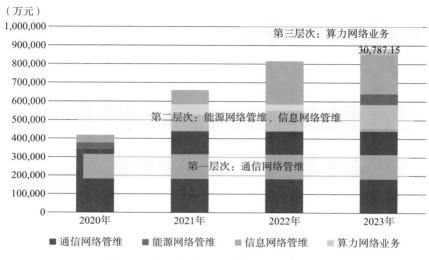

（万元）

第三层次：算力网络业务

30,787.15

第二层次：能源网络管维、信息网络管维

第一层次：通信网络管维

2020年   2021年   2022年   2023年

■ 通信网络管维   ■ 能源网络管维   ■ 信息网络管维   ■ 算力网络业务

图 5-12   润建股份的三层次业务组合形态

企业战略管理的任务是不断发现新机会，通过图 5-8 所示的业务选择决策流程确定其成为企业的战略新兴业务后，投入资源进行孵化、培育，使之成为成长型业务，之后经过持续的运营进一步壮大成为企业的成熟业务，如此不断实现螺旋式的上升，形成企业有效实施战略闭环管理的良性状态。

小米集团为什么要进入电动汽车领域？其实我们也可以从企业三层次业务组合模型角度分析其背后的原因。经过 10 年发展，小米集团形成了智能手机、IoT 与生活消费产品、互联网服务三大业务，其过去 5 年三大业务的营业收入如图 5-13 所示。很明显，智能手机是小米集团的第一层次业务，而 IoT 与生活消费产品和互联网服务则是其第二层次的成长型业务。

在万物互联时代，什么业务可以成为已经有 2,000 多亿元规模的小米集团的新增长极？2021 年初，雷军的答案已经很清楚——智能电动汽车。

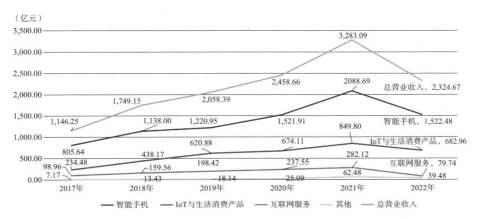

图 5-13　小米集团 2017～2022 年各类业务营业收入情况

数据来源：小米年报。

这一年智能电动汽车正式成为小米集团的第三层次的种子业务。根据小米集团公开的信息资料，可以对小米汽车如何递进为小米集团的第一层次业务进行基本的推演（见图 5-14）。这种推演结果是业务进展顺利的情形，成与败，一切只能交给时间来验证。

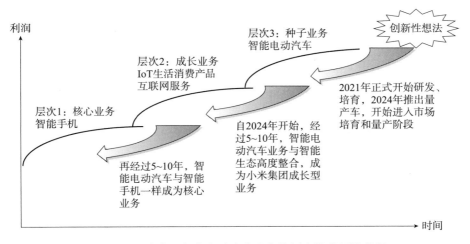

图 5-14　小米集团智能电动汽车业务的层次推进预设进程

战略业务选择中的问题审视

企业在经营中，可运用企业三层次业务组合模型，对公司的战略业务做进一步的审视，进而在未来努力避免以下几方面的问题：

1. 初始就缺乏核心业务，因此无法为第二层次和第三层次业务提供资金支持，导致企业根本无力去发展第二、三层次的业务。

2. 过分重视核心业务，而没有新业务。企业在经营过程中，如果缺乏对创新业务组合的战略性思考，不能有效洞察战略性市场机会，长期忽视新业务机会的发掘，一旦核心业务的市场大环境发生重大变化，企业就会无力招架。

3. 以牺牲核心业务为代价，过于强调增长。过于强调当前的快速增长，在核心业务根基还不牢固的时候拔苗助长，最终反而毁了核心业务。

4. 核心业务受到严重威胁，又没有新业务能够接续成长。面临业务下滑趋势，企业没有"痛定思痛"的长期规划。

5. 企业虽然规划了不少令人激动的未来业务选择，但都没能转变为新业务，不能为企业贡献营业收入和利润。

6. 企业虽然有自己的核心业务，也努力发展第二层次业务，但对第三层次的种子业务缺少积极的思考和规划，不能未雨绸缪。

7. 在发展新业务，特别是不相关多元化业务时，对自身的能力认知不足，贸然进入新业务后掉入能力陷阱。

三、开展具体的业务设计

业务选择最终要落到具体的业务实施上，业务实施需要进行详细的业务设计，其中的核心点是识别关键成功因素，并着力在关键成功因素上确立自己的核心竞争力，以期未来在关键成功因素上形成企业的战略控制点。

1．业务设计概述

所谓业务设计也可以称为商业模式设计或是业务模式设计，它是业务级的，而非企业级的。对单一业务类型的企业，一个业务设计可以满足整体战略制定的需要，但有不同类型的业务就需要有不同的业务设计。

在进行具体的业务设计时，商业模式画布是一个比较直观的工具，可以帮助企业从整体框架的角度去审视各项业务的关键要素和逻辑。商业模式画布通过5W2H组合形成九大业务要素模块，其对企业盈利逻辑的展示如图5-15所示。

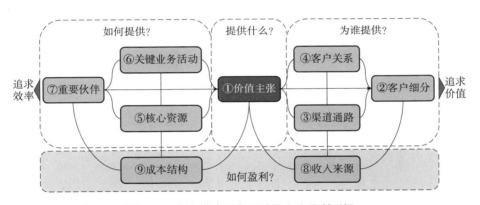

图 5-15　商业模式画布展示的企业盈利逻辑

提供什么？——①价值主张这一模块描述的是为某一客户群体提供能为其创造价值的产品和服务的特征，例如创新、性能、定制、设计、品牌 / 地位、价格、缩减成本、风险控制等。

为谁提供？——包括②客户细分、③渠道通路、④客户关系三个模块。客户细分模块描述了一家企业想要服务的不同的目标人群和机构，是确定商业模式的核心要素；渠道通路模块描述的是一家企业如何同它的客户群体达成沟通并建立联系，以向对方传递自身的价值主张；客户关系模块描述的是一家企业针对某一客户群体所建立的客户关系的类型，例如私人服务、专属私人服务、自助服务、自动化服务等。

如何提供？——包括了⑤核心资源、⑥关键业务活动、⑦重要伙伴三个模块。核心资源模块描述的是保证一个商业模式顺利运行所需要的最重要的资产，包括实物资产、人力资源、知识产权、金融资源等。不同类型的商业模式需要不同的核心资源，例如芯片制造商需要的是资本密集型的生产设备，芯片设计商则更需要的是人力资源。

关键业务活动模块描述的是保障其商业模式正常运行所需要做的最重要的事情，主要从企业价值链角度审视，例如研发、生产、搭建网络平台等。

重要伙伴模块描述的是保证一个商业模式顺利运行所需要的合作伙伴网络，其类型包括：为保证可靠的供应而建立的供应商和采购商关系、非竞争者之间的战略联盟、竞争者之间的战略合作、为新业务建立合资企业等。

如何盈利？——讲的是收入从何来，成本在哪里，包括⑧收入来源、⑨成本结构两个模块。每一家企业基本上都有相对固定的收入来源，大体来说，收入来源主要有实物销售、使用费、会员费、租赁、许可使用费、广告费等。成本结构是指为获得收入所要消耗的投入是由哪些项目构成，其中最主要的消耗又在哪些地方。

商业模式画布的具体内容如图5-16所示。

如表5-4所示，我们以某景区旅游公司为例，用商业模式画布开展婚庆业务设计。

重要伙伴 🔗	关键业务活动 ✅	价值主张 🎁	客户关系 ❤	客户细分 👥
描绘与其他公司的合作协议关系网络	为实现交付和供给，要开展哪些关键的活动？	对公司的系列产品和服务给出一个总的看法	通过什么方式与客户保持更好的关系，以维系、增加客户？	确定我们的产品/服务提供给哪一类客户（是大众客户还是细分的某一类客户）？

重要伙伴	关键业务活动	价值主张	客户关系	客户细分
• 他们参与了哪些关键业务？ • 我们的业务顺畅运作需要哪些重要的外部伙伴（包括供应商、其他合作伙伴网络）？ • 谁是重要伙伴？ • 谁是关键供应商？ • 从他们获得哪些核心资源？	**核心资源** 👤🔧 为实现这些要素的供给和交付需要什么样的资源或是建立什么样的能力？	• 用一句话概括我们的业务（提供的产品/服务）是如何满足目标客户的需求的，或是解决客户的问题的 • 建立产品/服务品类结构	**渠道通路** 通过什么渠道可以获得我们的目标客户？🚚	

成本结构	收入来源
• 为实现有效的运作，会有哪些成本支出？ • 最重要的固定成本是什么？ • 最贵的核心资源是什么？ • 最贵的关键业务活动是什么？ 🏷	• 我们的收入结构是什么，也就是哪一种价值（对应的产品/服务）让我们的客户更愿意购买？ • 客户的支付方式如何（预付、现付、信用支付）？ • 哪一种产品/服务是最赚钱的？ • 现有收入结构是否合理？如何调整？ 💰

图 5-16　商业模式画布

表 5-4　用商业模式画布描绘的某景区旅游公司的婚庆业务设计

重要伙伴	关键业务活动	价值主张	客户关系	客户细分
1）行业机构 2）婚礼用品销售公司 3）婚礼用品定制公司	1）线上产品宣传、推广、售卖 2）景区婚拍、婚礼场景建设 3）婚纱摄影大赛 4）行业论坛 5）客户需求调查	打造亚洲最大的婚庆产业基地和中国的爱情圣地，为客户提供专业的一站式婚庆服务 产品/服务（略）	可通过以下途径拓展和维护客户关系： 1）电话、邮件 2）微信、微信群、QQ 3）线下商家座谈会 4）行业沙龙 5）社区/聊天室	想在海南举办婚礼的客户 1）婚纱拍摄机构 2）婚礼策划机构 3）举办求爱、求婚仪式的客户 4）新婚、纪念婚情侣 5）个人写真客户 6）家庭全家福、亲子照客户 7）婚庆蜜月游客户
	核心资源 1）TY品牌 2）景区爱情文化 3）景区自然景观 4）景区配套设施（场景设施、婚礼蜜月房、餐饮配套等，待建）		**渠道通路** 1）线上平台 2）线下： • 婚博会/旅博会、婚纱拍摄机构/婚礼策划机构/婚庆行业沙龙 • 婚姻登记处 • 婚礼用品经销商	

（续）

成本结构	收入来源
1）婚庆产业基地配套设施资产折旧 2）基地场景维护及维修费用 3）运营费用（员工工资福利、财务费用、宣传推广费用、差旅交通费用、产品促销费用等）	1）产品收入（入园婚拍门票、婚礼场地使用费） 2）合作分成收入（纪念快照、旅游跟拍、婚纱代拍、家庭亲子照、个人写真拍摄、婚礼策划执行） 3）婚拍场景道具使用费收入 4）零星售卖和租赁等收入

2．确认战略控制点与核心竞争力目标

在完成了业务设计之后，接下来要做的一个核心工作是确认战略控制点，寻找其关键成功因素，通过关键成功因素，确定未来的核心竞争力目标，再将此转化为企业的关键战略举措，如图 5-17 所示。

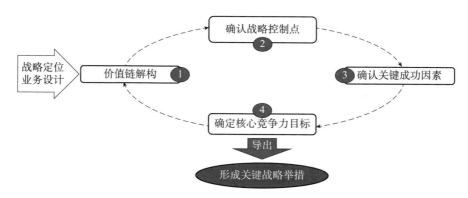

图 5-17　战略控制点与核心竞争力目标确认路径图

（1）确认战略控制点

战略控制点是指能对整个行业产生重大影响的关键环节（如手机中的芯片环节，零售商的信息系统、网点分布等），这些关键环节来自价值链

上的关键活动。

　　"价值链"是由美国哈佛大学教授迈克尔·波特于 1985 年提出来的战略分析工具。

　　所谓价值链，是企业为客户创造价值所进行的一系列经济活动的总称，企业也可以说就是这些活动的集合。价值链在经济活动中无处不在，可分为三个层面：上下游关联的企业之间存在行业价值链，企业内部各业务单元的联系构成了企业的价值链，企业内部各业务单元之间存在着运作价值链，如图 5-18 所示。

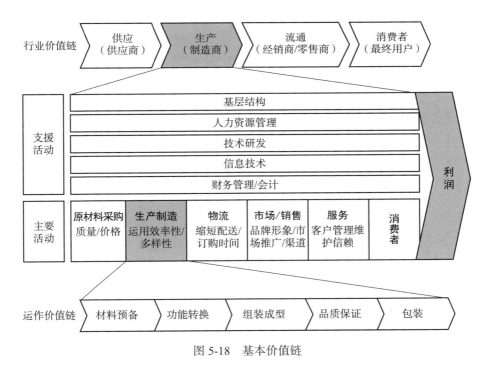

图 5-18　基本价值链

　　基于波特的价值链，我们可以按照下面的逻辑来考虑行业的战略控制点。

首先，所在的行业中，消费者在各个竞争品牌之间进行选择的基础是什么？是品牌号召力，还是品质、价格、节约时间等？

其次，基于消费者的需求，价值链上的哪些环节是最关键的？

最后，同行业的领先者过去靠什么取胜？它们当前在做什么？例如领先者一的成本特别低，领先者二的品质特别好等。

企业应能够增强自身价值活动中的独特性，应能够控制价值链上有战略意义的关键环节。

例如，零售商的战略控制点包括了供应链、开店成本、店址分布等，制造商的战略控制点是满足品质要求的制造成本等。

再如，线上购买电脑，为什么选京东而不选其他电商？因为京东在品牌声誉、货品保证、物流三个战略控制点上建立了优势。

如果可以的话，企业应使其经营范围覆盖战略控制点，或与相关企业结成战略同盟，以此来巩固其在业内的优势地位。

京东商城为什么打败了苏宁、国美

大家知道，苏宁和国美是21世纪初头十几年里的两大家电零售商巨头，但最近10年，它们被以京东商城为代表的线上电商严重冲击，陷入困境。这是为什么？根本原因是，京东商城在家电分销价值链的战略控制点上建立了无可比拟的竞争优势，如图5-19所示。

从20世纪90年代末开始，大型家电传统零售连锁店开始规模发展，满足了消费者能够有更多选择、比价等的需求，大型零售商有更强的采购议价能力，因此能获得比小零售商更便宜的采购价格，进而让利给消费者，大型零售连锁商实现了规模效应。在这个阶段，大型传统家电零售商在战略控制点上与其他小零售商相比取得了竞争优势，从而获得了胜利。

互联网技术的兴起和应用，使以京东商城为代表的新零售商在家电分销价值链的战略控制点上又取得了比苏宁、国美更大的竞争优势，更好地满足了终端消费者的需求，整体运营成本降低，运营效率提升，于是在最近 10 年左右逐渐打败了苏宁、国美等传统线下零售商。

　　无论在传统零售时代，还是在新零售时代，优胜者的获胜原因都是通过创新在战略控制点上取得竞争优势，一方面更好地满足了消费者的需求，另一方面又获得了比竞争对手更高的运营效率和更低的运营成本。

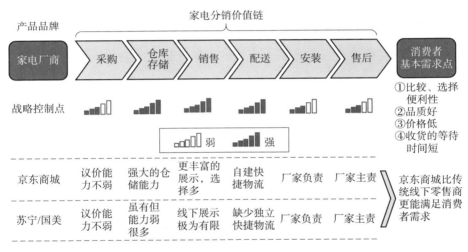

图 5-19　家电分销价值链战略控制点分析

资料来源：锐哲顾问。

（2）通过战略控制点确认关键成功因素

　　任何战略业务都应以驱动企业成长的关键成功因素作为制定关键战略举措的决策依据，并且在主业的产业链（主航道）上着力。

　　所谓关键成功因素是指最能决定行业成员（企业）能不能在市场上持续成功的因素，它可以是特定的战略因素、产品属性、竞争能力，以及影响企业盈亏的业务成果等。

从根本上说，关键成功因素的寻找要从价值链角度进行全局性的审视。核心的工作要点是，以价值链为基本要素框架进行解构和重构，确认价值链上的战略控制点，并以此确认企业自身的关键成功因素，具体步骤如下。

第一步：在波特三种基本战略上进行竞争路径选择

迈克尔·波特认为，定位决定了企业在行业竞争中的利润水平。要长期获得高于行业平均水平的利润，基本的前提是获得可持续的竞争优势。取得竞争优势是所有战略的核心，若要取得竞争优势，企业就必须选择能够取得竞争优势的目标和范围。企业的竞争优势最终会体现在两个方面：低成本和差异化。

波特由此提出了企业可选择的三种基本战略模式：成本领先战略、差异化战略、集中化战略。这三种基本战略模式为企业在产业链上的关键成功因素确认提供了方向性的框架（见表5-5）。

表5-5　三种基本战略模式

战略类型	要求	举例
成本领先战略	努力成为行业中成本最低的生产商，通过低成本取得竞争优势。降低成本并不意味着要牺牲差异化，成本领先战略也必须在差异化基础上实现价值平等，而不是价值低下	牧原股份（生猪养殖）、格兰仕（微波炉）、美的集团（空调）
差异化战略	在客户重视的方面做出优秀的成绩，成为行业领先者。只有确立自身在行业内满足客户需求方面独一无二的地位，企业才可以因自身的独特性向客户提供更高价格的产品，实现销售商品的溢价	格力电器（空调）、百润股份（调制鸡尾酒）
集中化战略	在某行业细分领域取得竞争优势，可以是成本优势，也可以是差异化优势，但前提是必须在满足该细分领域客户的特定需求上具有显著的优势，即充分挖掘差异化因素	三元生物（专业的赤藓糖醇生产）、兴森科技（印刷电路板小批量快捷制造）

第二步：基于基本战略模式的选择，在战略控制点上评估并确认关键成功因素

行业的战略控制点不会只有一个而是有多个，相应地，企业的关键成功因素也不会是唯一的。仅凭一个关键成功因素所建立起来的竞争优势可能还不足以让企业真正建立牢固的优势地位，而是要在两个或两个以上的关键成功因素上占据优势才能够让自己获得行业的领先位置并取得优良业绩。

此外，在一个行业中，不同的企业所掌握的关键成功因素可能并不相同。因为在一个行业中通常都会有几个成功者，而不是只有一个成功者，而这几个成功者都或多或少地掌握了各自不同的关键成功因素。例如在传统汽车行业，奔驰、宝马、丰田、大众等都是成功者，但它们所掌握的关键成功因素各有不同，实际上对应了全球汽车客户的不同需求。再如在空调领域，格力电器通过技术、制造品质和营销体系等关键成功因素赢得市场竞争地位，而美的空调则是以产业链一体化的总成本控制和营销等关键因素获得成功。

同时，企业还必须认识到，在行业竞争的不同阶段，关键成功因素也会有所不同，例如在供不应求的时候，生产能力可能成为关键成功因素，而在供过于求时，低成本的制造能力则成为关键成功因素。

关键成功因素体现在价值链环节上，通常分布在基本价值链主要活动的生产制造、市场销售（如分销网络、品牌认知认可度等），支援活动的技术研发、信息技术、人力资源（包括组织能力）等方面。实际上基于过去全球优秀企业成功经验，我们可以得到不同方向的关键成功因素（见表5-6），企业可以根据自身的价值链及所确认的战略控制点和基本模式选择，参考表5-6列举的关键成功因素方向进行选择与评估，最终确定在哪些因素上着力可以帮助企业在未来构建起核心竞争力，获得竞争优势。

表 5-6　关键成功因素列举

关键成功因素方向	关键成功因素	举例
与制造相关的关键成功因素	低成本的产品设计、低成本的生产效率、非常高的劳动生产率、非常娴熟的劳动力等	格兰仕、富士康
与技术相关的关键成功因素	科研能力、产品创新能力、生产工艺技术创新能力、特定技术上的专有技能、运用信息技术（包括互联网）的能力等	苹果、华为
与分销相关的关键成功因素	强大的批发分销能力（包括利用互联网所建立起来的分销能力）、拥有自己的分销渠道和网点、分销成本低、送货很快等	沃尔玛、苏宁电器（传统零售时代）
与市场营销相关的关键成功因素	品牌定位、快速准确的技术支持、礼貌的客户服务、顾客需求的准确满足、很宽的产品线、商品推销技巧、有吸引力的款式 / 包装、精彩的广告等	李宁、安踏等知名运动品牌
与组织能力相关的关键成功因素	组织文化、客户响应速度、高效率运行、员工的技能等	顾家家居、润建股份

（3）在关键成功因素上确立核心竞争力构建目标

从竞争战略角度来说，无论选择哪一种基本战略模式，企业的运营归根结底都是要建立优于竞争对手的能力，尤其是核心能力，通过竞争能力的构建来获得竞争优势，最终实现向客户提供比竞争对手更具有竞争力的使用价值，进而为企业自身创造盈利。

关于企业核心竞争力，美国经济学家普拉哈拉德和哈默尔在 1990 年《哈佛商业评论》上发表的文章中提出，核心竞争力是在某一组织内部经过整合了的知识和技能，是企业在经营过程中形成的不易被竞争对手效仿的、能带来超额利润的、独特的能力。不同的管理专家对核心竞争力的界定有不同的侧重，但本质是相同的，就是核心竞争力是那些最基本的、能使整个企业保持长期稳定的竞争优势和获得稳定超额利润的竞争力。简单地说，核心竞争力是一套独特的、难以模仿的、关键的工作能力，这一套工作能力能够使企业胜过竞争者。

什么是核心竞争力

某位学者关于核心竞争力的描述比较形象——

偷不走： 是指别人很难模仿你。

买不来： 是指这些资源不能从市场上获得。

拆不开： 是指企业的资源、能力有互补性，分开就不值钱，合起来才值钱。

带不走： 是指资源的组织性。个人的技术、才能是可以带走的，因此，拥有身价高的人才也不意味着有核心竞争力。整合企业所有资源形成的竞争力，才是企业的核心竞争力。

溜不掉： 是指提高企业的持久竞争力。今天拆不开、偷不走的资源，明天就可能被拆开、偷走，所以企业家真正的工作不是管理，而是不断创造新的竞争力。

在从关键成功因素通往核心竞争力构建的路上，我们有必要把二者的关系梳理清楚，以便更好地实现核心竞争力构建的战略目标，最终取得竞争优势。总的来说，二者的逻辑关系可以这样理解：把握行业关键成功因素是核心竞争力构建的基础，任何公司在战略上都需要正确把握行业的关键成功因素，并围绕公司所确认的关键成功因素不断创新，突破瓶颈，构筑自己的核心竞争能力。关键成功因素与核心竞争力的关系如表5-7所示。

表 5-7　关键成功因素与核心竞争力的关系

	关键成功因素	核心竞争力
区别	• 基于行业而言 • 是从行业价值链本身得出的关键要素 • 与企业外部有关	• 基于企业而言 • 是与竞争对手相比较得出的核心优势 • 与企业内部有关
联系	• 关键成功因素是前提 • 我们常说的要辨识行业的关键成功因素，是为培育企业的核心竞争力服务的	• 核心竞争力是目的 • 在辨识行业关键成功因素的基础上，结合企业资源，来培育企业的核心竞争力

在核心竞争力构建目标的确立上，公司要重点思考以下三个问题，我们称之为"核心竞争力构建目标确立三要素模型"，如图 5-20 所示。

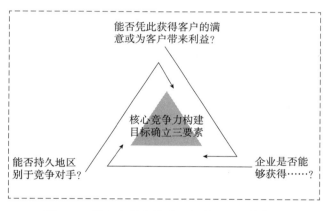

图 5-20　核心竞争力构建目标确立三要素模型

"能否凭此获得客户的满意或为客户带来利益？"——指如果企业在某方面建立核心竞争力（即竞争优势）后，能够获得客户的满意，对客户是有利的，例如在低成本方面的核心竞争力能够降低客户的成本，研发方面的核心竞争力能够为客户提供更新或更超前的产品等。

"能否持久地区别于竞争对手？"——指该能力建立后，竞争对手是不是很容易获得该能力？是不是竞争对手在很长的一段时间里都无法超越甚至根本无法超越你？

"企业是否能够获得……？"——指企业通过持续的努力是不是能够达到构建此方面领先优势的目标。

核心竞争力目标的构建一般有六种模式（见表5-8），基本涵盖了前述表5-6所列举的关键成功因素方向。在前述思考的指导下，企业应对未来所应构建的核心竞争力进行分析、甄别。具体的做法是，在企业内部组织专门的管理人员、专家根据核心竞争力构建目标确立三要素模型（见图5-20）的思路进行评估打分，确定适合企业的核心竞争力构建目标。

表 5-8　核心竞争力目标构建的模式

模式	对组织的要求
模式一：以研发与技术为核心竞争力	建立强有力的研发与技术组织，并加大激励力度，实行政策倾斜
模式二：以营销体系为核心竞争力	建立强有力的营销体系，营销组织非常完善，能力强
模式三：以品牌为核心竞争力	要有完善的品牌运作组织体系，组织对品牌的运作能力极强
模式四：以生产与成本管理为核心竞争力	建立强大的生产运营体系，并表现出出色的控制能力
模式五：以产业链一体化为核心竞争力	控制产业链的上下游环节，获得协同优势
模式六：整合的核心竞争力	有极高的综合组织能力

四、制定战略目标蓝图

在完成业务选择、核心竞争力目标确认之后，接下来的工作是将所有业务、核心竞争力建设全部予以目标化。但是，目标的实现与否是不是只看利润、营业收入等财务指标就够了？答案当然是否定的。

1. 正确理解目标体系

企业目标，不是单一、孤立的，而是一个系统的组合，要形成一套目标体系。

如何构建目标体系？从管理的角度来说，目标体系是目标在空间、时间和内容三个属性上的有机组合（见图 5-21）。目标体系的空间属性是指在不同业务模块和层面的组合与分解，例如公司目标、部门目标、个人目标等；时间属性是指目标在不同时间周期的自上而下的分解，例如三年目标、年度目标、季度目标、月度目标等；内容属性主要是指各个层级、各个时间段的目标到底包含哪些指标，例如利润、销售收入等财务指标，市场份额、客户满意度、产品质量合格率、员工学习成长等非财务指标。

通过目标的空间、时间和内容组合，也就形成了目标体系的矩阵。

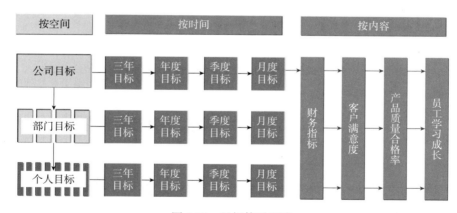

图 5-21　目标体系矩阵

2. 运用平衡计分卡完成战略目标确定

平衡计分卡正如其名，能够很好地把结果指标和过程指标、长期与短期目标、财务指标与非财务指标完美地结合起来，形成一套完整的逻辑自洽的目标体系。

关于平衡计分卡的书很多，而且经过近 30 年的应用，平衡计分卡已经广为人知。在第二章第四节初步介绍了平衡计分卡的概念，现在再用两张图（见图 5-22、图 5-23）来强调其结果和过程管理的关系：企业经营要结硕果，必须让客户满意，让客户满意的内部因素是建立良好的运营体系，良好的运营体系来自内部的不断学习与成长。

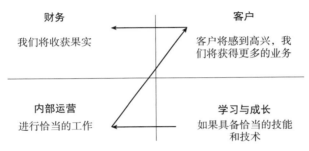

图 5-22 平衡计分卡"Z 理论"

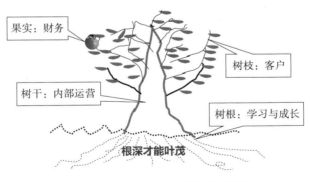

图 5-23 平衡计分卡"果树"逻辑

根据平衡计分卡的四层面果因关系逻辑，战略目标的确定按以下步骤进行（见图 5-24）。

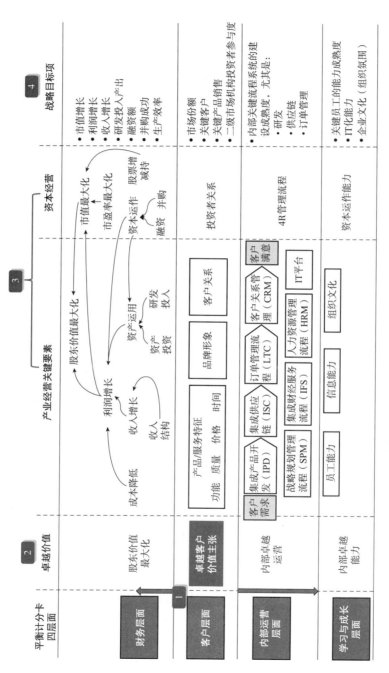

图 5-24 平衡计分卡四层面的关键战略目标

第一，抓住三个关键项——一是确认业务设计中的客户层面"满足目标客户需求"的价值主张，二是向"上"要财务结果，三是向"下"要内部流程系统建设成熟度和组织能力。

第二，树立追求"卓越价值"的思维——基于企业的战略雄心，在财务层面追求卓越的股东价值（股东价值最大化）；在客户层面追求卓越客户价值主张；在内部运营层面追求内部卓越运营；在学习与成长层面追求内部卓越能力。

第三，厘清四个层面经营的果因逻辑——追求市值最大化，需要利润增长，而利润增长来自收入增长和成本降低，收入增长来自满足目标客户的需求，目标客户需求的满足来自内部的高效运营，而内部高效运营的基础在于业务流程系统稳定成熟和合格的员工能力，以及内部良好的组织氛围。

追求市值最大化，在资本市场上表现为市盈率最大化，除了利润增速支撑外，需要获得资本市场上的目标客户（投资者）认可，而获得投资者的认可需要在内部建立成熟的投资者关系运作流程，而投资者关系的建立与维护需要有具备资本运作能力的员工队伍。

第四，从四个层面确定关键的战略目标。

财务层面：①市值增长；②利润增长；③收入增长；④研发投入产出；⑤融资额；⑥并购成功；⑦生产效率。

客户层面：①市场份额（提升）；②关键客户（获得数量与销售额）；③关键产品销售（比重与销售额）；④二级市场机构投资者参与度（机构数和持股数量）。

内部运营层面：①集成产品开发系统建设；②集成供应链系统建设；③订单管理流程系统建设；④客户关系管理系统建设；⑤战略规划管理流程系统建设；⑥人力资源管理流程系统建设；⑦集成财经服务流程

系统建设；⑧ IT 平台建设。面向资本市场，上市公司还要建立 4R 管理流程。

学习与成长层面：①关键员工的能力成熟度；② IT 化能力；③企业文化等。

上述战略目标项中，财务层面、客户层面的主要为定量目标，而内部流程、学习与成长层面的则主要为定性目标。但是定性目标仍可以采取定量方式衡量。

公司在基于价值链确立核心竞争力构建目标后，就需要将核心竞争力构建目标落实到内部运营和学习与成长两个层面的工作目标上来，成为企业战略目标的组成部分。

利用平衡计分卡四层面确定战略目标，实际上是给企业的未来发展绘制了一张战略蓝图。

使用平衡计分卡绘制战略地图，需要进行定期更新和维护，不断进行迭代升级。企业在不同的阶段的战略目标、战略重心都会有所不同，需要根据具体情况来进行确定。

例如华为的流程系统建设，从 20 世纪 90 年代完成集成产品开发流程系统建设后，紧接着完成集成供应链流程系统建设，2007 年开始又开始了持续超过 5 年的集成财经服务流程系统建设，在不同的阶段推进不同的流程系统建设，一步步将华为打造成全流程化高效运作的超大型全球化企业。

第三节　战略推进力——执行三组合

21 世纪初，《执行》一书在中国特别流行，作者拉姆·查兰在书中写道："战略之所以失败，其原因在于它们没有得到很好的执行。"

战略方向力决定了企业是否能够做出前瞻性的战略决策与战略规划。在战略确定之后，接下来面临的挑战是：战略如何真正执行？这就涉及企业的战略推进力问题，即如何建立强大的战略执行力。

二八原理告诉我们，20%的关键工作决定80%的工作成果（见图5-25），因此如果在战略执行中抓住了关键项，执行到位，战略目标的实现也就不难了。

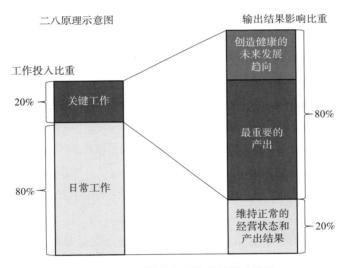

图 5-25　二八原理在工作中的影响比重

打造战略推进力，实际上是打造一种任务导向的内部强力执行的组织机制和组织执行文化。

战略推进力的打造遵循如下的思路：在保障日常经营的基础上，根据战略目标明确关键举措并将其转化为关键工作任务；关键工作任务的落地实施需要组织机制保障，需要合格的人才去执行，企业在内部需建立"对事不对人"的任务导向文化氛围。

关键举措任务化、组织机制、合格人才以及组织氛围的共同作用将形

成强大的战略推进力，最终保障战略目标的达成。战略推进力的整体结构
如图 5-26 右侧所示。战略方向力体现为日常管理工作中的战略制定活动，
而战略推进力则体现为战略执行活动，二者共同构成了日常战略管理工作
的两个核心活动组合。

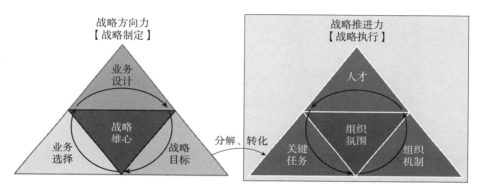

图 5-26　战略方向力和战略推进力

一、制定关键战略举措

制定关键战略举措是战略规划的核心内容，更是战略实施成功的根本
保证。关键战略举措决定着企业在未来的增长战略中资源的投放和能力建
设的方向。由于关键战略举措的付诸实施意味着资源的巨大投入，能否成
功产生效益也具有极大的不确定，因此在关键战略举措的制定上尤其要审
慎，要反复推敲，评估其中可能存在的风险。

1．如何理解关键战略举措

关键战略举措是指企业为实现未来中长期战略目标而决定要进行的持
续的重点投入，直接表现为各种资源和时间要素，也包括机会成本。具体
来说，关键战略举措有以下两个方面的重点要把握。

1）关键战略举措是企业未来 3～5 年长期性支持战略的组织行动，是举企业之力所要打造的体系，例如建立优秀的产品研发体系、建立可持续的低成本运营体系等。关键战略举措会对企业未来 3～5 年的发展起到决定性的作用。

2023 年 4 月 6 日，联想集团董事长杨元庆在联想集团 2023～2024 财年誓师大会上表示，联想集团在过去三年取得的骄人业绩，源于采取了四大关键性战略举措：①持续推动从设备 / 硬件厂商到解决方案和服务提供商的转型；②实施"端—边—云—网—智"的"新 IT"技术架构；③全球资源，本地交付，即充分利用全球优质资源，吸引人才，创造广泛的合作伙伴关系，更接近市场，保持敏捷性和灵活性，更好地为各地客户服务；④"同一个联想"——秉承同一个愿景，执行同一个战略，运营于同一个平台，践行同一个文化，把"同一个联想"的理念融入各个业务、各个区域、各个团队的行动中。

2）关键战略举措一般不要超过五个，每一个举措都要基于对价值主张、核心竞争力的建设、推动战略目标达成的资源等的梳理和确认。

2．如何制定关键战略举措

企业制定关键战略举措需要考虑决策程序、内容来源两个维度。

（1）制定关键战略举措的决策程序有两条路径

路径一：企业家基于对自家企业的了解、对市场需求及变化的判断提出具体的战略举措或战略举措思路，交由内部专责团队进行补充论证、评估，提出系统方案，交由董事会审议、决策通过或进一步修改。

例如 2007 年刘强东力排众议提出自建物流的战略举措，后来不仅帮京东商城建立了独特的竞争优势，还打造出了一个物流上市公司。京东物流就是刘强东作为优秀企业家所制定的战略举措。

　　路径二：组建内部专责团队或联合外部专家组成专责团队开展战略规划，在战略规划方案中提出匹配的战略举措，提交董事会审议、决策通过。

　　例如很多有实力的大企业重金聘请麦肯锡、IBM 等知名咨询公司帮助开展战略规划工作，为实现宏伟的战略目标提出相应的战略举措。

　　（2）关键战略举措的内容来源

　　关键战略举措的来源，详见表 5-9。表中关键战略举措的来源并不是完全割裂的，只是角度或使用的模型不同而已。

表 5-9　关键战略举措来源

来源	说明	举例
领导层直接提出	公司的领导层基于自己的判断，直接提出某项具体的战略举措	1999 年时任招商银行行长的马蔚华在"一卡通"基础上提出推行网上银行的战略举措，为招商银行后来的零售银行领导者品牌地位奠定了基础
核心竞争力目标	直接将核心竞争力目标转化为关键战略举措	格兰仕将低成本作为核心竞争力，对内部的支出进行了严格控制，甚至高管的办公空间都非常狭窄
关键成功因素	将关键成功因素直接转化为关键战略举措	迪阿股份将在全国一二线城市区域开设足够的线下门店作为未来几年的关键战略举措，以建立覆盖全国的自营零售连锁系统
价值链	从解构的企业价值链中识别关键战略举措	京东将分销价值链中的仓储、配送环节的能力建设作为关键战略举措，持续投入，最终形成了强大的智能化仓储物流体系
商业模式画布	应用商业模式画布整体把握商业模式后识别关键战略举措	很多科技型创业公司都将商业模式画布作为进行商业活动设计的基本工具，着重在渠道通路、客户关系、关键活动、重要伙伴等几个要素上确立关键战略举措

（续）

来源	说明	举例
平衡计分卡或战略地图	应用已完成的平衡计分卡或战略地图，从中识别出关键战略举措	在图5-24中，将打造集成产品开发流程系统作为关键战略举措

招商银行一个战略举措奠定了全国第五大银行地位

大家知道，招商银行是国内最优秀的零售银行，按市值排名位列全国银行第五位，前四位是具有优秀传统的四大国有银行。但又有谁知道，创立于1987年的招商银行在最初的10多年时间里，只不过是一个总部在深圳的区域性小银行，名不见经传，没多少名气，体量也很小，也没什么影响力。但2009年，它已经成为全国第六大银行，而到2023年，招商银行已稳稳地占据全国市值规模第五大行的位置。为什么招商银行能有如今的规模？这与早期招商银行原行长王世桢、马蔚华的突破性战略举措有直接的关系。

在20世纪90年代，国内多数银行尚未联网，要实现全国范围内的通存通兑几乎是天方夜谭。1995年，时任招商银行行长的王世桢带领招商银行在国内率先推出了"一卡通"业务。"一卡通"是招商银行最初的零售基因，这为其后来零售业务的腾飞、私人银行初始高净值客户的积累奠定了十分深厚的基础。

1999年初马蔚华由中国人民银行海南省分行行长位置上调任招商银行行长。上任后立即全面启动招商银行网上银行的建设。1999年11月，经中国人民银行正式批准，招商银行成为国内首家提供在线金融服务的商业银行，并被中央电视台列为1999年中国互联网十件大事之一。招商银行借助科技的力量开拓全国市场，网银业务的开通成为其零售业务起飞的原点。

招商银行做出一项重大举措，这意味着不仅要投入巨资进行 IT 基础设施建设，还要组织庞大的市场力量进行"一卡通"的推广、销售工作。"一卡通"最早实现了全国银行的通存通兑，在当时具有"安全、快捷、方便、灵活"的特点，几乎"革了存折的命"，极大地便利了储户。正是这样的创造性战略举措，让招商银行不仅吸引到了大批高端个人客户，还树立了技术领先型银行的品牌形象，也从此拉开了招商银行在四大国有银行的夹缝中"跑马圈地"的大幕。到 2005 年，招商银行通过几千万张"一卡通"不仅轻松锁定几千亿元的低息储蓄存款，更解决了客户基础问题。招商银行保有大量的高端个人客户，为其后续开展诸如理财服务等业务奠定了坚实的基础。

浦发银行是比招商银行更早上市的股份制银行，如图 5-27 所示，招商银行 2002 年上市时，招商银行的市值是浦发银行的 1.49 倍，到 2006 年最高倍数达到了 3.54 倍，招商银行的市值增长明显远超浦发银行，这说明招商银行在此期间的发展远胜浦发银行，这无疑得益于招商银行"一卡通"网上银行战略举措的发力。

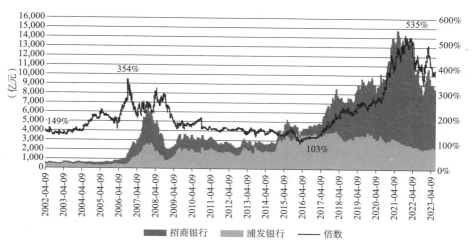

图 5-27   招商银行与浦发银行市值比较

3.将关键战略举措转化为关键工作任务

关键战略举措是否能够顺利推进直接影响企业未来几年的战略实施结果。关键战略举措常常是一个系统性的大工程，相当于一个项目集群，企业规模越大越是如此，因此关键战略举措往往需要细化、分解为具体的工作任务，并且将工作任务转化为项目化的 PDCA 闭环管理，最终落实到各业务单位、部门乃至岗位及个人的关键任务和绩效考核指标中。

（1）合理分解关键战略举措

一般情况下，一项关键战略举措是一个高度概括性的工作方向与领域，内容比较笼统，需要按一定的方法进行合理的二、三级分解，即每一项战略举措都要向下分解，如表 5-10 所示。

表 5-10　关键战略举措分解示例

关键战略举措 （一级）	二级分解	三级分解
客户管理	决策链识别	客户组织架构及岗位识别
		决策链信息库的建立与完善
		客户信息获取
	客户沟通管理	年度客户沟通专项行动
		客户管理办法
		客户拜访频次
		客户沟通风控
		客户沟通分析
	客户信息管理	关键时点提醒
		异动信息获取

RK 的关键战略举措分解

A 股上市公司 RK 是一家以研发、生产和销售连接系统、微波组件等产品为主的国家高新技术企业。该公司的愿景是成为全球连接器行业领先者之一。

　　在上市前RK拟订了发展战略，提出了5项关键战略举措，并且对其进行了二、三级分解。通过表5-11可以看到，RK的第3项举措大部分只进行了二级分解，并没有分解到三级，原因是RK认为对应的举措分解到二级即可。

　　在完成二、三级分解后，RK根据内部的组织设置将二、三级任务全部落实到对应的部门和具体的岗位及个人，使5项关键战略举措实现了真正落地，并且在每年进行复盘，滚动执行。

表 5-11　RK 5 项关键战略举措

关键战略举措	二级分解	三级分解
1. 积极完善业务布局	（1）深耕通信设备行业	①强化公司与现有通信设备制造客户的合作关系 ②开拓新通信客户
	（2）强化新能源汽车领域	①强化新能源汽车领域的产品研发及产品供应能力 ②开发培育换电、快充等新技术路径业务
	（3）拓展其他工业领域	①开发轨道交通领域业务 ②开发防务装备领域业务 ③开发机器人领域业务 ④开发医疗设备领域业务
2. 加强技术研发实力	（1）创建国家级企业技术中心，以有效实施技术创新计划	①基础材料研究 ②关键技术研究 ③特殊制造工艺和技术诀窍研究 ④自动化组装研究 ⑤钻研连接器前沿技术课题
	（2）积极进行知识产权保护	建立知识产权申请流程

（续）

关键战略举措	二级分解	三级分解
3．丰富市场开发渠道	（1）加大品牌推广	
	（2）国内营销网络建设	①对国内区域及客户的全面覆盖 ②扩大公司产品信息辐射力
	（3）拓展国际市场	
	（4）推行客户项目管理	
	（5）培养营销精英团队	
4．加强人才培养和储备	（1）加快人才引进和储备	①针对性地招聘专业化人才和高校毕业生 ②引进行业内技术带头人和专家型优秀人才 ③建立人才库，以培养技术和管理骨干为重点
	（2）强化人才储备	①加强人才培训体系的建设 ②推行"导师制""学徒制"和"讲师制"
	（3）科学绩效管理	①制定具有市场竞争力的薪酬结构 ②完善绩效考核机制 ③持续推进企业文化建设
5．完善管理体系	（1）完善财务核算及财务管理体系	①加强财务核算的基础工作 ②升级全面预算管理体系
	（2）建立有效的内部控制及风险防范制度	①完善公司内部审计制度、出资人监督机制、责任追究制度、风险预防和保障体系 ②建立并完善公司内部各类经济合同管理体系

（2）将分解后的二三级任务落实到具体的部门、岗位及个人

无论什么样的战略举措，都必须进行有效分解，落实到具体的岗位及个人，只有这样工作才能真正落地，才能实现对最高战略目标的有力承接。

例如，某公司未来三年将供应链管理和投标管理体系建设作为关键战略举措，之后该公司对这两项举措进行了二级分解，确定了任务目标及完成时间与对应的责任人（见表 5-12）。

表 5-12　某公司的关键工作任务分解举例

一级举措项	一级举措目标	二级任务项	二级任务目标	是否为第一年的重点突破项	是否与成本强相关	完成时间	责任人
供应链管理	物资到位及时率达到70%	1）采购策略确定	物资覆盖率达到90%	否	是		张三
		2）物资供应商管理	供应商信息完整率达到100%	否	是		
			价格更新及时率达到90%	否	是		
		3）采购实施与监督	采购审计覆盖率达到70%	否	否		李四
	账实相符率达到95%	1）资产管理	资产完好率达到95%	否	是		王五
		2）仓库管理	账实相符率达到95%	是	是		
	成本控制	供应链全流程成本管控	年均成本降低10%	是	是		
投标管理体系	投标中标率较2020年提升2%	1）组织建设	组织建设成熟度达到100%	是	是		马六
		2）投标管理IT化	使用满意率达到80%	是	是		刘七
		3）投标支撑能力提升	能力100%达标	是	否		吴八

每一项战略举措都应有目标界定，在目标、完成时间、责任人都明确后，从所有的工作任务中导出关键绩效指标（KPI），纳入企业的年度绩效管理中，与激励机制挂钩，最终形成管理上的闭环。

二、打造一套战略执行的组织机制

企业的使命、愿景为企业确立未来很长一段时间的奋斗大方向和目标，而3～5年战略则为企业明确了中短期的发展目标与实施路径。但很多企业要么只是把它当成了口号而不是发自内心的追求，要么就是无法为之提供强有力的推进支持，从而变成了墙上的摆设，甚至成为员工、合作伙伴乃至客户心里的笑话。

为什么很多企业的战略很清晰，但最终实施的效果并不是很好？根本原因在于企业缺乏一套基于战略执行的组织机制。

1．基于战略执行的组织机制

企业需要塑造内部进取型的组织机制，从根本上形成对使命、愿景、战略强有力的支撑。基于愿景、战略的进取型组织机制至少包含四个关键方面，即：权责机制、绩效机制、能力机制、创新机制。

这四个机制中，企业的能力机制＋创新机制对应着外部适应性，权责机制＋绩效机制对应着内部整合性，而创新机制＋绩效机制对应着组织的灵活性，权责机制＋能力机制对应着组织的稳定性，由此形成了图5-28所展示的基于愿景、战略的进取型组织机制模型。

基于愿景、战略的进取型组织机制模型其实也表明了一个基本的道理，即一个企业要走向成功需要具备这几个方面的要素，具体阐释如下：

第一，企业确立明确的愿景、战略，并且在内部建立广泛的共识，这是企业"以终为始"走向高峰的出发点。

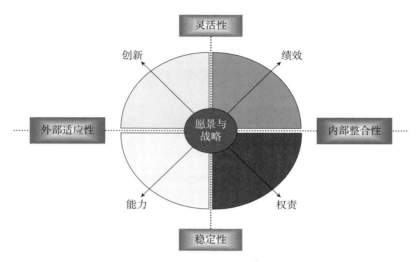

图 5-28　基于愿景与战略的进取型组织机制模型

　　第二，拥有良好的创新机制并注重能力建设的企业，对外部市场竞争环境也会有良好的适应性。为此，企业基于愿景，应明确为适应外部竞争所需要的创新关键要素（例如技术创新、流程创新等）、关键战略能力要素及相应的建设目标；通过建立强有力的创新体系和战略能力共同推动企业更好地适应市场竞争环境。

　　第三，基于愿景、战略和外部竞争的适应性，为了实现良好的内部资源整合利用，发挥有限资源的最大化效应，企业要在内部管理上建立责、权、利匹配的目标绩效与权责体系管理机制。

　　第四，能够不断地进行创新，并以最终绩效为衡量工作好坏的准则，由此保持相当好的灵活性。市场竞争讲究优胜劣汰、适者生存，不断自我超越和越超竞争对手，是企业保持最大灵活性的根本要求。

　　第五，以授权赋责为基础的团队合作及有效的能力建设使企业在面对激烈的市场竞争时能够保持相应的稳定性，"以最大的确定性应对不确定的挑战"。明晰的权责体系、有效的团队合作以及持续推进的能力提升，使整个企业更加坚实有力，更能从容应对激烈的市场竞争并获胜。

美的集团素以机制优良为其最大的软实力，在成为白色家电龙头并且大步向科技型企业转型的二十多年进程中，非常好地展现出了该组织机制的四个要素。

在权责机制方面，美的集团自 1997 年事业部制组织变革后，通过制定系统的分权手册详细规定了从董事会到总裁、副总裁、各事业部总经理的权限，将经营权放开给事业部，真正做到赋责授权，何享健也被业界誉为中国"最敢放权"的老板。迄今为止，美的集团已经形成了极为细致的权责体系，该体系甚至已经成为美的集团的核心软实力之一，其各层级的分权手册最近二十多年来也成为国内大量企业效仿的样本。

在绩效机制方面，美的集团的绩效导向非常清晰，执行果断，例如自 1997 年笔者设计第一版美的集团与各事业部的三年目标责任书以来，通过不断的优化、进化，美的集团已经形成了层层严密分解，覆盖各个层级团队的目标责任制体系。"绩效为王，结果说话，干不好就下"的用人考核机制早已内化为美的集团各层级干部的潜意识。强有力的绩效机制推动着美的集团各层组织单元在竞争中力争上游，为完成目标而努力拼搏。

在能力机制方面，美的集团一贯注重核心竞争力的构建，例如早在 20 世纪末就开始着力构建空调产业链一体化竞争优势，随后把产业链一体化能力延伸至其他诸如微波炉、电饭煲等产品领域。美的集团多年来始终在信息化建设上舍得投入，1996 年就投入近 2,000 万元成为国内第一家引进 Oracle（甲骨文）ERP 系统的企业。20 多年来美的集团在信息化建设上已投入超过百亿元，通过信息化实现业务模式、流程优化，企业效率得到极大提升，形成了巨大的行业竞争优势。

在创新机制方面，正是持续的创新行为支撑推动美的集团适应激烈的家电市场竞争环境，不断超越竞争对手，成为行业领导品牌。长期以来，美的集团致力于构建具有全球竞争力的研发体系，成立了三级技术委员会来制定和执行技术战略，完善四级研发体系，形成全球顶尖研发能力。根据美的集团 2022 年年报介绍，截至 2022 年底，美的集团在全球 12 个国家设立了 35 个研究中心，研发人员超过 2 万人。2023 年，美的集团进一步提出，将以科技领先为立身之本，建立健全研发组织，加大数字化与研发投入，持续改善人才结构，做好科技创新、产品创新、技术创新、业务模式创新、流程创新，构建支撑"科技领先"的体系机制。

2. 通过有效的经营企划与全面预算管理确保战略落地

企业在战略执行中，企业的战略推进力体现在哪里？什么工作最能直接体现战略执行的效果，让企业的价值创造从蓝图变成现实？毫无疑问，经营企划与全面预算管理是最核心的工作。我们认为，有效的经营企划与全面预算管理是最大的战略实施推进器，也可称为最大的战略执行力。

经营企划与全面预算管理是对年度经营目标的 PDCA 闭环管理，它们既是战略落地的抓手，更是战略目标的直接载体。

战略实施，需要以整体经营计划方案为统筹工具，将由关键战略举措分解的关键工作任务落实到年度工作计划中。

战略实施能否实现价值创造首先体现在企业的全面预算上，因此企业战略实施也应以全面预算为核心抓手，围绕全面预算实现企业战略目标落地、绩效提升和资源合理分配。

更进一步说，企业实现卓越价值创造需要通过价值活动来实现，全面预算管理就是对企业价值活动的全面、精细化管理。图 5-29 呈现了从企业使命、愿景、战略到年度目标落地执行的闭环管理关系：企业战略分解为年度目标，而年度目标从经营计划和财务预算两个方面着手，实施 PDCA 闭环管理，通过闭环的滚动管理最终推动战略绩效的取得。

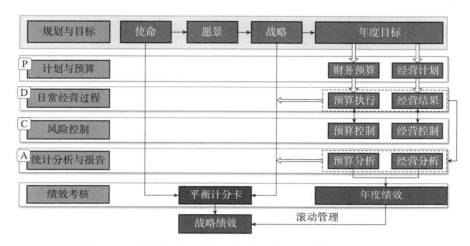

图 5-29   战略实施是年度经营计划与全面预算的闭环管理

（1）经营企划

所谓经营企划，是指基于公司的战略以及对外部竞争环境、内部经营状况分析所进行的年度经营整体规划，直至形成完整的年度经营计划方案的过程。最终输出的成果是公司年度经营企划书。

经营企划书的逻辑是"总结过去，分析当下，安排未来"，即对过去一年的经营状况进行基本总结，分析存在的问题，提出对应的改进之道，然后根据企业战略规划以及内外部环境提出下一年的经营目标、策略以及具体的重点措施。其中，经营目标是战略目标的滚动分解安排，策略与措施是对关键战略举措与关键工作任务的承接。

由于企业每年都会进行年度总结，各部门都会有专门的总结报告及下一步工作设想和建议等，因此年度经营企划书主要针对主要经营指标和重点工作进行总结，内容的重心还在于下一年的经营目标与工作安排。以下为一份完整的经营企划书框架，可供读者参考。

A 公司 ×××× 年经营企划书

目　录

第一部分：公司使命与战略

1. 公司使命

2. 公司战略

3. 公司战略实施计划

第二部分：上年经营总结

1. 上年经营指标达成情况

2. 上年推进的重点工作及总结

第三部分：年度环境分析

1. SWOT 分析

2. 策略选择

第四部分：本年度经营目标与策略地图

1. 本年度经营目标

2. 本年度策略地图

第五部分：公司 KPI

第六部分：策略重点与全年行动计划

第七部分：人力资源计划

1. 组织架构图

2. 人员配置计划

3. 人员开发计划

第八部分：年度投资计划

第九部分：风险控制

（2）全面预算管理

全面预算管理做得好，企业的经营管理水平一定差不了。可以说，全面预算管理水平直接反映了企业的战略决策执行力、内部各单元协同力和各要素集成力。

战略实施如果不能落实到全面预算管理上来，则将成为"无本之木"。通过全面预算管理，能够贯彻价值最大化的目标，实现企业最终的价值创造。

全面预算管理是指企业通过制定和执行全面的预算来实现有效的资源管理和控制，以保证全年经营目标的达成。

从内容上看，全面预算管理覆盖了从利润（乃至经济增加值等价值创造指标）到销售收入及各项成本控制等所有经营管理内容。通过全面预算管理，企业可以有效地管理和控制资源的使用，确保资源的合理分配，提高经营效率和效益，有效地支持价值创造目标的达成。

1997 年，笔者当时作为美的集团财务部的一名预算主管，直接参与了第 1 版《预算管理办法》的拟定工作。美的集团从 1997 年开始实施全面预算管理后，经过 10 多年的努力，年度预算与最终实际结果的误差率已经控制在 5% 以内。时至今日，经过 20 多年的不断优化升级，在 IT 系统的加持下，美的集团的全面预算管理体系已经非常完善，与其分权体系一样，成为组织软实力的核心组成部分。

具体来说，开展全面预算管理，需要从两个方面着力，一是建立完善的全面预算管理系统，二是实施标准化的年度闭环全面预算管理流程，全面预算管理框架如图 5-30 所示。

建立完善的全面预算管理系统

全球四大会计师事务所之一的德勤提出了一个全面预算管理框架（见图 5-30），它包括了各项核心要素。

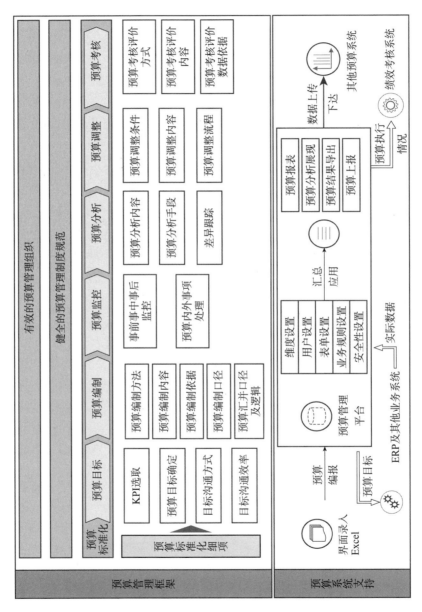

图 5-30　德勤全面预算管理框架

资料来源：德勤管理咨询。

一个完善的全面预算管理系统主要包括以下内容。

建立清晰的责任中心：包括责任中心的定义、责任中心之间的关系、责任中心 KPI、预算 KPI 与薪酬体系的协调配合等。

建立预算管理组织体系：明确各预算组织职责归属，保障全员参与全面预算。预算组织包含董事会、预算管理委员会、预算管理部门（财务部下设的预算科）、预算归口管理部门及预算管理执行机构等。

建立健全预算管理制度：明确统一预算编制、分析、调整和考核等环节的流程和管理要求，确保将预算单位纳入企业的统一管理范畴，提高预算管理工作的完整性。

预算标准化：包括会计科目、产品、口径等预算内容的标准化，通过标准化管理可以使整个企业产出口径一致的管理报表，对各下属单位进行横向对比时具备可比性。

预算系统支持：预算系统能够支撑多家单位的预算体系化编制和管理，通过系统后台逻辑可以实现复杂的分摊规则，提高预算编制的效率；并通过与外围系统的衔接，实现自动化接入实际数据，完成预算对比分析。

实现闭环的全面预算管理

闭环的全面预算管理主要包括以下工作。

确定预算目标：基于企业的中长期规划，细化并测算年度执行目标。将企业的关键价值驱动因素作为年度目标，是实现战略落地的必要手段，也有助于企业有效推动目标的达成。

预算编制：预算编制内容不仅包括财务预算的收入、成本、费用等经营性内容，还包括人工预算、投资预算、融资预算、资产预算等，即将所有的价值活动都纳入进来。

预算监控：实现从预算目标到预算控制的有效衔接，实现流程约束

（即预算内事项、超预算事项和预算外事项预警）、系统约束（即事前事后的预警机制）、考核约束（将超预算事项纳入考核）。

预算分析：在智能化时代，现有的预算系统功能基本都很强大，可以实现分析的智能化、可视化，通过预算分析，使预算与实际费用分析的对比更清晰，从而更有效地展现管理洞察。

预算调整：在预算执行过程中，根据宏观经济情况和外部环境变化，对企业各类资源进行合理调配，并适时地对年度预算进行调整。

预算考核：通过对预算目标和预算工作的考核，并将考核结果与业绩考核和薪酬激励挂钩，可以保证预算目标的有效实现。其中预算目标考核指对主要经营指标完成情况的考核，以最大限度地确保预算目标的实现；预算工作考核指对预算管理各环节工作质量的评价，以促进预算管理水平的提高。

推行全面预算管理是一个系统工程，它对企业管理水平的提升、对企业实现价值创造最大化是最直接的推动，因此建议所有上市公司都高度重视这项工作，引进专业人才或是外部专业力量来协助完成全面预算管理体系的建立并有效运行。

推行全面预算管理是在公司实施以全面财务预算为核心的 PDCA 闭环管理过程，其中全面预算管理是最核心的"P"环节。图 5-31 是企业全面预算编制流程图，较为完整地呈现了企业经营预算、投资预算、资金预算的内在钩稽关系。试想一下，如果企业基于战略规划，将规划目标分解至每一年，将其作为预算目标，然后再从经营要求、投资需求、资金需求等方面展开全面预算，并且在月度、季度和半年实施执行监控，那么是不是就意味着战略得到实实在在的实施了？答案是不言而喻的。

如图 5-32 所示，大型企业的预算编制的输入端分为经营预算、投资预算、财务预算三大模块，通过系统处理后，对应输出至经营单位、事业

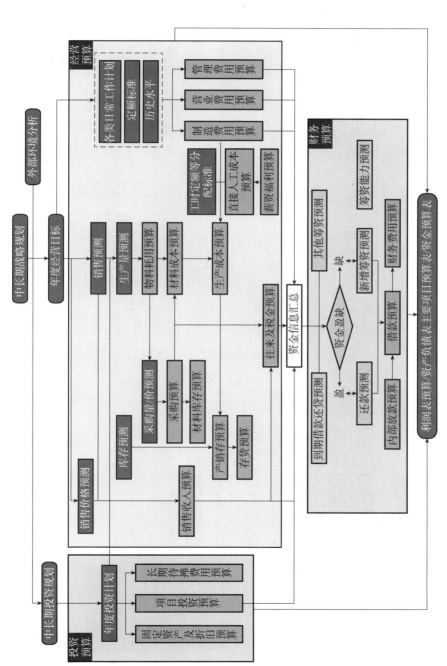

图 5-31 企业全面预算编制流程图

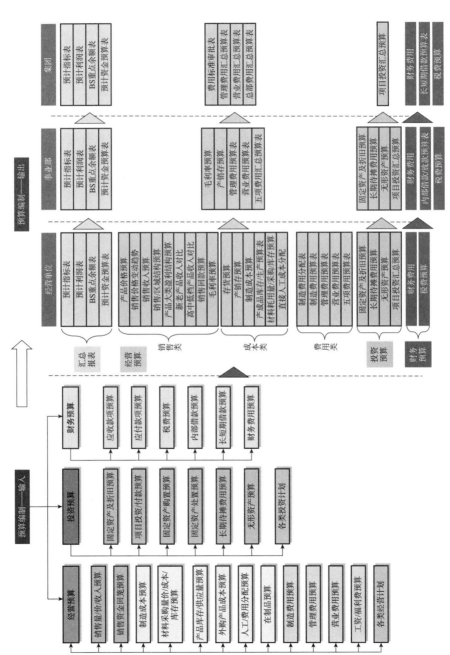

图 5-32　大型企业预算输入输出模型

部、集团三大层级，形成预算报告，从而形成一个多层次的全集团全面预算数据。整个企业借助系统工具将预算结果进行可视化呈现，极大方便了各级管理层的使用。有效的全面预算管理使整个企业实际经营数据能够很方便地与预算进行对比分析，输出分析报告，成为整个企业战略执行管理的最重要手段之一。

上市公司导入全面预算管理是一项系统工程，不仅是财务一把手工程，也是企业一把手工程。美的集团自 1997 年出台第一版全面预算管理办法开始，由一把手亲自推动，财务部具体组织，历经多年建设，已经形成了非常完善、精准的运行体系，通过全面预算管理和系统的加持真正实现了业财一体化。

根据美的集团二十多年来实施全面预算管理工作的经验，一个集团型企业的全面预算管理可以按以下九个步骤推进，如图 5-33 所示。

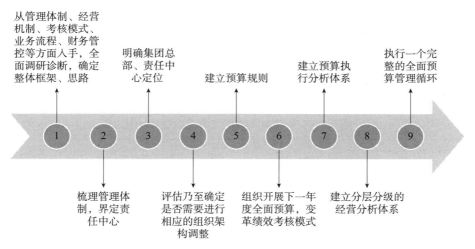

图 5-33　集团型企业的全面预算管理步骤

（3）经营分析会

年度经营企划、预算都完成后，为了保证所有的工作都在控制中，除了日常的信息反馈外，每个月的经营分析会是非常重要的执行管理机制。

以美的集团为例，集团、事业部、各公司，每个不同层面都有自己的月度经营分析会，集团层面的经营分析会一般由事业部及集团职能部门负责人以上级别的人员参加。经营分析会主要就上月的经营、重点工作推进情况、存在的问题、应对措施、需要协调的事项进行汇报，会议主持者（通常是 CEO）给予点评、指示，对完成得不理想、有问题的单位提出批评，对需要协调的相关资源给予明确的指示。会后，总裁办公室会专门撰写会议纪要，列出会议决定需要解决的问题且明确责任部门，然后由总裁办人员专责跟进解决。

通过会前总结、分析，会中讨论、指示、领受，会后协调、跟进，形成一套完整的以月度经营分析会为核心的执行机制，保证了年度经营规划的有力执行与预算目标的实现。

事实上，美的集团的战略执行会议机制并不是只有月度经营分析会一项，而是很早就形成了一系列会议机制以解决各领域的执行问题。表 5-13 为美的集团自 20 世纪末事业部制组织变革后就执行的定期综合会议清单，从一个侧面反映了美的集团在执行上的系统安排。

表 5-13　美的集团早期定期综合会议一览

会议分类	会议名称	时间	参会单位	会议组织单位
月度会议	经营计划与预算分析会	每月 23 日	各经营单位、集团有关部门	总裁办
	各经营单位经营工作汇报会	每月根据实际安排	各经营单位	总裁办
	总务系统咨询工作会	每月底	各单位	总务部
	各经营单位管委会会议	每月至少1 次	各经营单位	各经营单位
	新产品、新事业拓展汇报会	每月 25 日	各经营单位 / 研究所	企划部

（续）

会议分类	会议名称	时间	参会单位	会议组织单位
季度会议	战略与投资管理工作汇报会	每季度第1个月	各经营单位、集团有关部门	企划部
	市场系统工作汇报会	每季度第3个月	各产品经营单位、集团有关部门	市场部
	人事系统工作汇报会	每季度第1个月	各单位	人资部
	科研系统工作汇报会	每季度第2个月	各单位	科技部
	监察系统工作汇报会	每季度第3个月	有关指定单位	监察室
	集团董事会会议	每季度1次	集团董事会及有关部长	董秘室
年度会议	集团总结计划大会	每年7月、12月	各单位	总裁办
	集团投资总结大会	每年12月	各经营单位	企划部
	集团人才科技大会	每年4月下旬	各单位	人资部、科技部
	集团年度产品订货会	每年11月初	各产品经营单位、集团有关部门	市场部
	战略管理委员会会议	每年2次	各委员会成员	企划部
	人力资源管理委员会会议			人资部
	审计委员会会议			审计部
	监察委员会会议			监察办
	技术委员会会议			科技部
	安全委员会会议			总务部
	股东大会	每年5月	高层干部、股东代表	董秘室
	团年晚会	春节前几日	各单位	总务部
	春茗酒会	春节后几日	各单位	总务部
其他	各职能部门不定期专业工作会议由各部门自行决定			

三、建立战略执行的人才梯队与组织氛围

人才与组织氛围是企业核心竞争力的主要体现。战略确定了，如果组织能力不匹配，组织氛围不是以客户为中心、以奋斗者为本，那么战略最终执行起来将大打折扣。

1．建立战略执行的人才梯队

在公司的战略确定后，核心人才的质量就是战略能否顺利实施和实现的决定因素。

核心干部是企业发展的最核心力量，只有全面提升其与组织的战略匹配度、能力匹配度、意愿度，使其最大限度地发挥能动性，在为企业创造价值的同时也实现个人自我价值，才能最终实现战略共赢。

任正非认为，人是企业的财富，而企业最大的财富是对人的能力的管理。企业对核心人才的管理，应是基于战略需求的，因为战略决定核心人才的建设方向与结构。核心人才策略应能驱动战略执行。

例如一家上市公司当前的营业收入规模为30亿元，未来5年要实现100亿元营业收入，基于此战略目标，在人才方面必须有前瞻性的布局，包括现有核心人才的能力提升，以及核心人才方面的储备与培养。因此，该上市公司就需要"以终为始"，以100亿元规模对应的组织要求作为基本思考出发点，采取自上而下的方式逐层逐岗考虑梯队建设问题。具体来说，该公司在向100亿元营业收入目标努力时，需要开发更多的新产品，提高新产品的市场份额，相应地对研发能力的要求就大大提高了，因此加强研发人才的培养就成为人才建设的重要方向，并且在整体人才建设中占更大的比重。

上市公司如何开展基于自身战略执行需求的人才梯队建设？我们可以

按以下的思路推进：以企业文化建设、组织能力提升、企业战略需求为主轴，以企业关键人才识别与界定为出发点，对关键人才实施赋能行动（见图 5-34）。

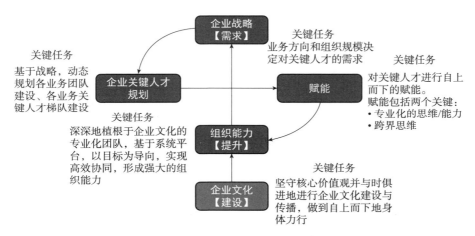

图 5-34　战略导向的人才梯队建设

　　更进一步地说，以价值观为核心的企业文化是人才梯队建设的基础支撑，凡是不符合企业价值观的人不应该进入企业的人才梯队；人才梯队建设以战略需求为导向，以实现组织能力提升为基本落脚点，以识别企业的关键岗位和人才评价为工作抓手，以赋能为主要工作内容，实施系统的战略导向人才梯队建设，最终匹配战略执行。

　　进行人才梯队建设时，需要对企业关键岗位进行合理的梯次划分，并且明确上下的梯队接应关系。例如，一家设有二级子公司的企业，将关键岗位根据战略影响力（岗位重要性）划分为四个层次（见图 5-35），通过明确整个企业不同层级的关键岗位及其递进关系，企业的人才梯队建设路径也就一目了然、相对"简单"了。

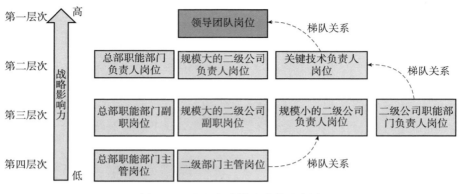

图 5-35   企业人才梯队递进示意图

建设满足战略需求的人才梯队，意味着企业要自上而下地进行现有员工队伍能力的审视，评估现有人才是否能够匹配战略需求。

对核心人才的评估可以从表 5-14 所列的四个维度进行：①"敢不敢让他做？"是评估职业操守，解决信任度问题；②"他有没能力做？"是评估岗位所需的专业能力，越往高层，其战略思维、领导力越重要；③"他愿不愿意做？"是评估其任职的意愿度，例如愿不愿意到落后的艰苦地区任职，愿不愿意接受难度大的岗位等；④"他做事的方式是什么？"是评估其个性、行为风格，例如情绪控制力如何，与团队其他成员是否在个性上互补等。

表 5-14   人才任用评估四维度方法

人才任用四问 （维度）	解释	主要内容	评价方式
敢不敢让他做？ （信任度）	考察其品德，即职业操守，实质是与组织匹配度，或者叫组织信任度	确保被任用者的品行是没问题的，符合企业要求，与企业的价值观高度匹配，具体为以下五方面： ①有良好的职业操守 ②有胸怀（气度／大格局） ③忠诚度高 ④团队磨合度高 ⑤是经过时间验证的，知根知底	在企业内的长期工作观察 • 关键事件评价 • 家庭背景

（续）

人才任用四问 （维度）	解释	主要内容	评价方式
他有没能 力做？ （能力度）	考察其专业技能与知识，主要是考察其能力与岗位职责要求的匹配度	对高层领导者主要考察其思维能力和领导力，主要包括： ①前瞻思维 ②系统思维 ③关键思维（对问题的把握能力） ④团队领导能力（目标引领、部属激励、辅导、能力提升） ⑤高层关系建立与沟通能力（外部关键客户的关系与沟通）	• 绩效评价 • 行为评价
他愿不愿 意做？ （意愿度）	考察其接受更大挑战工作的意愿度，涉及内在动机的因素	①评价其是否具有强烈的使命感／责任感、主动担当的精神 ②评价其家庭支持度（作为核心领导者，对工作的投入度要高，家庭支持与否会影响其正常发挥）	• 面谈 • 家庭面谈
他做事的方式 是什么？ （团队匹配度）	考察其个性	①情绪控制能力（情绪的稳定性、遇阻时的抗压性） ②自律性（能不能在工作中以身作则，持续地自我学习与成长） ③与其成员的匹配度（性格匹配度）	• 心理测评 • 行为观察

　　如果经过评估，企业现有人才不足以有效满足战略发展需求，那么就要基于短期外聘、长期内部培养的思路着手人才的补齐工作。

　　成功企业的人才梯队建设通常都采取"内部培养为主，外部招聘为辅"的策略，内部培养对象又主要以校园招聘的毕业生为主。

2. 营造支持战略的组织氛围

　　组织氛围是企业文化的一个组成部分，表现为企业所呈现出来的一种整体性气氛。这种气氛从隐性的角度来说是企业中员工内心对所在组织相关的人与事的认知。从显性角度来说，是员工整体表现出来的对人与事的态度，例如同事之间是积极互动、互帮互助还是互不理睬、漠不关心的；对公司所号召的事是热烈响应、孜孜以求的还是反应冷淡、无动于衷的，等等。

一个组织的领导者对组织氛围有直接的影响甚至起决定作用。例如，一个性格外向、开朗的领导者，他可能比较善于调节组织内的气氛，愿意花时间去与下属沟通，善于组织一些集体活动，这样使得整个组织充满了轻松的气氛；而一个性格内向的领导者，他比较沉闷，更习惯于独立思考，因此在组织氛围的营造方面会显得比较缺乏主动性和言语方面的表现，并且可能会让下属觉得该领导者比较无趣甚至可怕。

几年前，笔者有一个杭州客户，他是一家公司的董事长，他性格比较内敛，平时不苟言笑，对人和事的批评远远多过赞许，整个公司形成一种惴惴不安的氛围。在与员工的访谈中，笔者发现从公司的副总经理到基层员工都反映了这个问题。在笔者的建议下，这个客户调整了一些行为，首先是在一次中高层会议上坦承自己性格上存在不善于活跃气氛的弱点，但强调自己的行为通常对事不对人，同时提出由性格比较开朗的营销副总经理指导人力资源部着力改善公司的气氛，并且决定拨出专门资金支持此项工作，自己也会全力配合。于是营销副总经理扮演起"工会主席"的角色，指导人力资源部组织开展不同形式的团建活动，慢慢地公司的氛围变得活跃不少，员工感觉轻松许多。

良好的组织氛围能够激发员工的工作积极性和创造力，相反，沉闷的组织氛围不仅会让员工觉得非常压抑，而且不利于员工能动性的发挥。

如何在企业营造支持战略执行的组织氛围？可以参考以下几点。

第一，构建简单、清晰的人际工作关系，这是基本原则，企业整体氛围应是任务导向的而不应是人际关系导向的。

第二，在战略制定后，在内部进行广泛的宣传贯彻，让员工对企业战略有更好的了解和理解，只有理解了才能更好地接受。

第三，选择适当时机，举办具有强烈仪式感的宣告、宣誓大会，公开的宣誓活动能够极大地增强员工特别是直接相关人员的使命感、责任感。

第四，将战略目标、关键战略举措分解到各业务职能团队，在不涉及商业秘密的情况下可以挂墙上榜，彰显团队责任，增强团队的目标意识。也可以在内部 OA 系统上开辟专门的栏目，进行及时的进展情况通报或是报道，这样可以让所有员工把心思都聚焦到公司的战略上来。

第五，设置围绕战略实施进展成果的相关奖项，对有贡献的人员和团队给予不同等级的战略贡献荣誉乃至物质奖励，以更大地激发团队战斗动力。

第六，每年在半年度、年度总结中进行战略实施进展对标，与行业最优标杆、内部最优标杆进行对比，强化追求卓越的"顶尖"意识。

第四节　战略变革力——不断刷新增长曲线

前面我们说过，上市公司的市值增长短期看业绩，中期看业务布局，长期看能力。这句话的背后，其实对应着业绩增长、业务增长、能力增长三条不同的增长曲线，进一步说，业绩的增长或是下降带来市值的波动曲线，业务布局是否成功将带来业绩增长或是下降，形成业绩增长曲线；而业务布局是否成功则看企业能力的成长情况，企业是否能延伸自己的能力带，是否能应业务布局需要培育新的能力。这一逻辑关系，读者也可以结合第二章图 2-2 进行理解。

一、变革驱动增长

美的集团、比亚迪、招商银行等在完全市场化机制下发展起来的企业，它们的成长在于能够不断克服成功路径依赖的束缚，克服组织惰性，以"零基"思维思考企业的增长曲线，推动战略导向的组织变革，从而最大限度地降低宏观经济周期、产业周期等周期因素的影响，让企业增长曲线保持向上的趋势。

是否能够把握时机、适时变革是企业能否持续健康发展，"画好"增长曲线的核心变量。这需要企业领导者展示强大的战略变革力，领导企业持续推进变革。

1．战略变革力

战略领导力和战略变革力都是企业卓越领导力的核心组成部分。如果说战略领导力主要是对企业发展方向的前瞻性认知与判断，以及对战略方向和业务选择的果断决策，那么战略变革力就是为了实现战略目标发起组织变革，引领关键资源投入、关键人事改变、关键过程建立，以及摒弃"旧思维、旧势力"和构建新思维、新格局的气魄。

卓越战略变革力体现为领导者对高度不确定的未来的敏捷应变和善于克服恐惧的全局思考能力与心理素质。

例如，美的集团自 2012 年开始的数字化转型就充分展示了方洪波优秀的战略变革力。面对数字化转型巨大的不确定性，方洪波克服了内心的焦虑甚至恐惧，选择了坚定投入。方洪波 2021 年在接受中欧国际工商学院原飞利浦人力资源管理教席教授杨国安访谈时就坦言："最艰难、焦虑的决策，是转型数字化的投入，当年搞'632'⊖投 20 亿元，数字化每年都要投几十亿元。每到这个时候，这种抉择很迷茫。""我最重要的角色就是推动、决策，不断往前推。""面对数字化挑战，首先一把手要坚定地展现出推动的决心和精力，其次整个企业的所有资源、人力、维护都要投入进去参与转型。"

⊖ 美的集团为实现对 IT 系统的重构启动了"632"战略，即在集团层面打造 6 个运营系统，3 个管理平台，2 个门户网站和集成技术平台。

如今，经过 10 年的努力和超过百亿元的投入，美的集团的数字化转型现已成为企业界的一个标杆，基于美的数字化转型成功经验而成立的数字化转型咨询服务企业——美云智数近几年为大量的大中型企业输出了数字化转型方法论和具体的系统解决方案，获得了业界认可。

再如，微软现任印度裔 CEO 萨提亚·纳德拉同样表现出了卓越的战略变革力。

比尔·盖茨自 1975 年创立微软后，凭借独一无二的创新性产品建立了 PC 软件的垄断帝国。2000 年史蒂夫·鲍尔默接过了微软 CEO 职位，14 年间，鲍尔默领导微软艰难地探索互联网转型之路，希望取得新的突破，却始终跳脱不出 PC 软件的旧思维。2014 年 2 月主管云计算与企业事业部的萨提亚·纳德拉成为微软第三任 CEO。

担任 CEO 后，纳德拉确立了微软的新使命和愿景，领导重塑微软文化并进行了领导团队的重构，确立"移动为先，云为先"的核心战略，并将混合现实、人工智能和量子计算列为微软的关键战略举措。

在纳德拉的领导下，微软改变了过去完全以 Windows（视窗）为中心的策略，他赋予了微软大胆的新使命，在诸如人工智能、云计算等关键技术上加大投入，建立起世界上规模最大的云基础架构来支持 Bing、Xbox、Office 和其他服务，实现了向云计算业务转型的质的飞跃，打造出了一个全新的微软。在萨提亚的领导下，微软的股价在 9 年里上涨了近 10 倍，获得巨大成功。微软在鲍尔默、萨提亚领导下的股价表现如图 5-36 所示。

2. 让变革持续推动增长

企业保持快速向上的增长曲线的原因一定是在每个阶段都采取了正确的战略举措，例如开创新的商业模式、开发新产品、进入新的市场、建立新能力等。变革往往是实施战略举措的"孪生兄弟"，二者"相伴而生"，

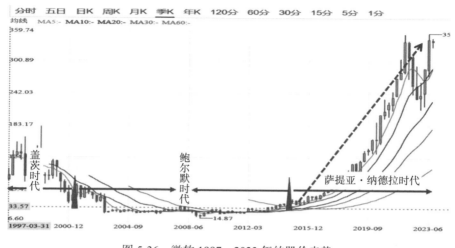

图 5-36 微软 1997～2023 年的股价走势

准确地说变革是战略举措推进的重要手段。战略规划也意味着变革规划，战略执行的过程同时也是变革实施的过程。

如何更好地认识变革？我们从业务变革和组织变革两个维度对变革进行分类，形成了图 5-37 的四个模块。通过这样的分类能够让我们更好地把握变革的方向与实施路径，提高变革成功率。

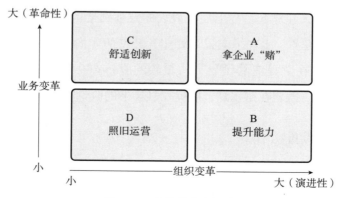

图 5-37 变革的分类矩阵

引用自《组织变革管理实践指南》，美国项目管理协会，中国电力出版社，2014。

A 模块：拿企业"赌"。业务变革、组织变革都非常大，表示企业不仅改变业务，也要重组整个组织结构，这意味着企业可能获得很高的投资回报，也可能遭受很大的损失，所谓"大赌大赢，大赌大输，二者皆有可能"。微软 CEO 萨提亚在 2014 年所领导的微软转型就属于这类的变革。

B 模块：提升能力。很大的组织变革与很小的业务变革，表示企业的业务品类没有太大的改变，但组织变革力度较大，以大幅提升组织能力。例如美的集团自 1997 年事业部制变革以来的多次组织变革，华为最近 20 多年不断进行的持续性组织变革都属于此类变革。

C 模块：舒适创新。意味着企业实施很大的业务变革与较小的组织变革，表示企业要进入新的市场，而企业现有的体系能够支持进入新市场的运作，不需要做大的组织变革。例如小米集团进入智能电动车业务，并不需要对其整个集团进行重大的组织变革，而是需要根据电动车领域的业务要求建立研发、生产及供应链能力。

D 模块：照旧运营。业务变革与组织变革都很小，甚至不需要做什么改变，按部就班开展运营工作就行。

当企业家怀抱远大梦想的时候，他总能以终为始，思考企业的战略发展问题，思考企业如何通过图 5-37 所示的 A、B、C 三种变革实现业绩的增长。

萨提亚在其所著的《刷新：重新发现商业与未来》中说："每一个人、每一个组织乃至每一个社会，在到达某一个点时，都应点击刷新——重新注入活力、重新激发生命力、重新组织并重新思考自己存在的意义。"这既是萨提亚卓越领导力的本质，更是企业不断刷新自己的增长曲线的深层逻辑所在。

二、比亚迪与美的集团的增长曲线

比亚迪和美的集团是中国民营企业的优秀代表，二者的市值在Ａ股上市公司中均排在前列，虽然它们创立的时间不同，但它们所取得的增长都具有代表性，非常值得还在成长中的中小市值上市公司学习借鉴。

1．市值与业绩曲线

比亚迪的市值自2011年6月30日在Ａ股上市后的前9年时间整体涨幅并不是特别显著，不过最高时也有2倍多。它从2020年6月开始呈现加速上涨态势，不到两年时间市值增长近7倍（见图5-38）。而美的集团自2013年9月18日整体上市后，最高市值超过7,000亿元，不到10年上涨了超过9倍（见图5-39）。

该两家企业的市值增长背后是其业务的增长，单纯从营业收入角度看，比亚迪的营业收入从2011年的488.82亿元增长到2023年的6023.15亿元，增长超过11倍；美的集团的营业收入从2013年整体上市的第一年1212.65亿元增长到2022年的3,457.09亿元，保持了稳健增长的态势。这两家公司的业务持续增长推动了市值的增长。

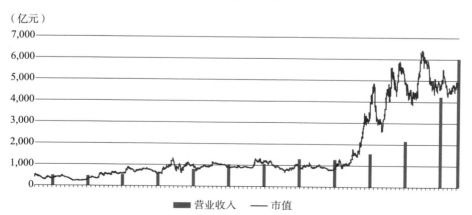

图 5-38　比亚迪Ａ股上市以来市值与业绩曲线

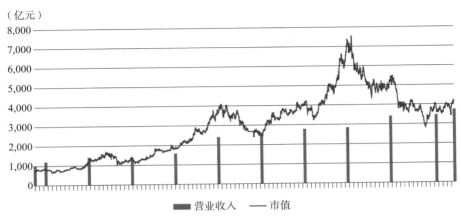

（亿元）

图 5-39　美的集团整体上市以来市值与业绩曲线

2．能力曲线

无论比亚迪还是美的集团，营业收入持续增长的背后是其多年的前瞻性战略布局与布局之后的战略执行力。

从美的集团 2013 年以来的业务品类与结构来看，2013 年美的集团的业务主要是白色家电及为家电配套的电机、物流等业务，到 2017 年，其业务结构发生了较大的改变，首先是业务品类的归类上进行了较大的调整，将冰箱、洗衣机、厨房电器和其他小家电合并归类为消费电器，这样更有利于对 C 端业务的管理；其次，新增加了面向 B 端的机器人及自动化系统业务品类，主要是将收购的德国机器人公司库卡进行了并表，也将电机业务归入这一品类。经过业务品类的调整，美的集团自 2017 年开始很明确地将业务区分为 C 端与 B 端，在继续发展好 C 端业务的同时，着力发展 B 端业务。如表 5-15 所示，2021～2023 年，美的集团的 B 端业务稳步发展。

表 5-15　美的集团 2021～2023 年的主营业务收入结构

单元：亿元

业务类别	2021 年		2022 年		2023 年	
	金额	占比	金额	占比	金额	占比
营业收入合计	3,412.33	100%	3,439.18	100%	3,720.37	100%
其中：制造业	3,010.27	88.22%	3,058.47	88.93%	3,330.60	89.52%
分产品						
暖通空调	1,418.79	41.58%	1,506.35	43.80%	1,611.11	43.31%
消费电器	1,318.66	38.64%	1,252.85	36.43%	1,346.92	36.20%
机器人、自动化系统及其他制造业	272.81	7.99%	299.28	8.70%	372.58	10.01%

数据来源：美的集团年报。

　　再来看比亚迪的主营业务收入结构，比亚迪最早的业务是二次充电电池，作为发家业务最近 10 年处于持续增长状态，其手机部件及组装业务同样也呈快速增长趋势，汽车业务更随着新能源汽车渗透率的提高在 10 年间获得了超过 10 倍的增长。

　　值得一提的是，2020 年比亚迪调整了业务统计的归类，将"汽车及相关产品"变更为"汽车、汽车相关产品及其他产品"，原因是其进一步扩展了新能源汽车产业一体化业务，例如所生产的新能源汽车部件不仅自用还向外部厂商供货，这体现了比亚迪在新能源汽车产业链上的纵深布局。如表 5-16 所示，比亚迪汽车类业务增长迅猛。

　　比亚迪和美的集团虽然分属不同的行业，但它们的市值增长背后都有一个共同的特征：都能够不断扩展自己的能力曲线，让整个组织在适应外部竞争环境的过程中不断实现能力的增长，不断进行自我超越。例如，比亚迪和美的集团在大规模经营能力、对产业趋势的辨识及产业链整合能力、创新业务能力等方面都形成了独特的能力曲线，如图 5-40 所示。

表 5-16　比亚迪 2021～2023 年的主营业务收入结构

单位：亿元

业务类别	2021 年		2022 年		2023 年	
	金额	占比	金额	占比	金额	占比
营业收入合计	2,161.42	100%	4,240.61	100%	6,023.15	100%
分产品						
手机部件、组装及其他产品	864.54	40.00%	988.15	23.30%	1185.77	19.68%
汽车、汽车相关产品及其他产品	1,289.60	59.66%	3,246.91	76.57%	4,834.53	80.27%
其他	7.27	0.34%	5.54	0.13%	2.85	0.05%

数据来源：公司年报。

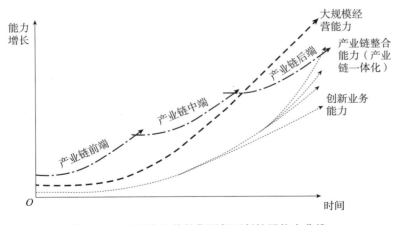

图 5-40　比亚迪和美的集团都不断扩展能力曲线

市值曲线只是企业经营业绩在资本市场上的最终反映，能力曲线则是企业参与市场竞争所取得的比较优势，对经营业绩起决定性作用。

做大做强是企业的"天然"追求，而不断自我变革、自我进化，铸就能力曲线，是让追求成为现实的必由之路。

三、招商银行通过变革刷新增长曲线

招商银行创立 30 多年来，已成长为中国最优秀的股份制银行。招商银行在 2021 年、2022 年年度报告中连续提出要打造自己的马利克曲线，引发了投资者的极大关注。

1．马利克曲线

马利克曲线是由欧洲管理学家弗雷德蒙德·马利克提出并以他的名字命名的旨在帮助企业实现持续增长的管理工具。

通俗地说，马利克曲线旨在告诉企业决策者，企业要保持持续的增长，必须抓住合适的机会，适时发起变革，通过变革获得新的成长路径，从而跨越经济周期，不断实现突破与成长，如图 5-41 所示。

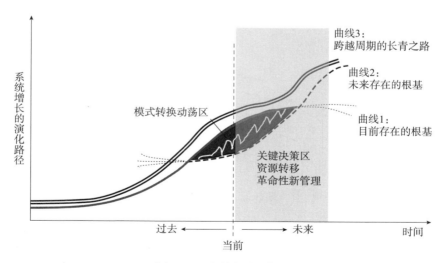

图 5-41　马利克增长曲线

曲线 1 代表企业当前正在开展的业务；曲线 2 代表新的业务，它通常在存量业务蒸蒸日上时就已萌芽，虽然此时它的增长并没有存量业务那么快、那么好，但未来会有更大的发展空间。一个理想的增长状态是通过企业的转型变革，实现曲线 1 与曲线 2 的顺畅衔接，形成曲线 3。

马利克曲线阐释了企业通过转型变革获得新发展空间的理念：一是如果不及时转型变革就会逐步走向平庸甚至消失；二是在战略转型窗口期果断做出关键战略决策；三是做出关键战略决策需要具备强烈的危机感和战略眼光，因为站在当前看未来，永远都充满着极大的不确定性和决策风险（如图 5-41 所示的关键决策区）；四是需要长期、坚定的战略执行。

马利克认为，对企业而言，未来和过去的发展路径（曲线）是截然不同的。身处战略转型窗口期，面对包括资源、环境、气候、老龄化等在内的一个加速变化、不断动荡的"超复杂环境"，需要整合系统论、控制论和仿生学的方法，以创新精神寻求新的市场定位和竞争力，也就是找到未来发展的马利克曲线。

企业家需要能够站在今天看明天，做到敏锐地洞察机会，一次次在合适的时机抓住新的机会，并以明天的视角看今天，适时地发起变革，通过引入新的管理模式和机制，把曲线 2 和曲线 1 做一个拟合，使企业成长发展之路符合曲线 3，最终实现基业长青。这时候企业家既要有力排众议的勇气，又要有对变革时机的准确判断。

发起管理变革最好的"时间窗口"是马利克曲线图中树叶区（曲线 1 与曲线 2 围成的区域）的"当前"或之前的某个时间，因为此时进行资源投入，抓住机会，进行改变的综合代价比较小，转型成功的概率更高。

然而，当企业还正处在曲线 1 "繁花似锦、如火如荼"的繁荣阶段时，大多数企业的中、基层员工都沉浸在成功的喜悦中，享受着企业高速发展的红利。企业中的大多数人，甚至包括中高层管理者，都还囿于过往的成功路径思维，无法意识到未来可能会遇到的问题，更不愿意在当下为管理变革所带来的"阵痛"买单。

企业还在繁荣时期就未雨绸缪，意味着企业家如果想要发起变革，要有足够的决心和勇气。但是，针对变革，企业领导者也要审时度势，客观地对变革的紧迫性、组织及资源的准备度做出评估，选择最合适的时间和路径发起变革。

华为之所以能在不到 40 年时间从无到有，成长为全球通信行业领导者，其中很重要的一个原因就在于任正非始终坚持批判与自我批判精神，不断开展组织变革，持续优化组织系统，使华为形成了高效的业务机会洞察力和推进力，绘制出一条优秀的马利克曲线。

2. 招商银行的马利克曲线

招商银行自 1987 年创立以来，在率先推出"一卡通""一网通"获得早期的快速发展和积累后，又经历了两次大的转型，成就了其作为中国银行业"零售之王"的独特市场地位和在资本市场上的股票溢价。

招商银行的第一次转型主要是通过实施零售银行战略实现了业务结构调整，第二次转型则是调整经营路线，在继续推进零售银行战略的同时，加快从主要依靠增加资本、资源消耗的外延粗放型经营方式向主要依靠管理提升、科技进步和员工效能提高的内涵集约型经营方式转变，根本目标是实现资源消耗最小化、收益最大化，保证盈利的持续稳定增长，具体见表 5-17。

通过不断的转型，招商银行建立了庞大的零售客户基础，不仅净利息收入持续增长，非息收入的比重也逐年增加，招商银行的主要营业收入构成变化如图 5-42 所示。

表 5-17 招商银行两次转型的战略目标

第一次转型（业务结构调整）	第二次转型（管理优化）
战略目标为发展以下业务： 1）零售业务 2）中间业务 3）中小企业业务	战略目标为： 1）降低资本消耗 2）提高贷款风险定价 3）控制财务成本 4）增加价值客户 5）确保风险可控

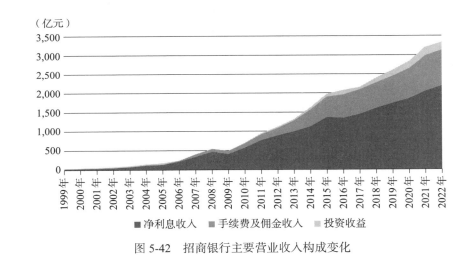

图 5-42 招商银行主要营业收入构成变化

根据 2021 年年报的披露，2021 年招商银行制定了企业"十四五"战略规划，明确了"创新驱动、模式领先、特色鲜明的最佳价值创造银行"的战略愿景；提出了"大财富管理、数字化运营和开放融合"的招商银行 3.0 模式；聚焦"财富管理、金融科技、风险管理"三个能力建设，在战略转型窗口期做出了关键战略决策，打造招商银行在新时代的马利克曲线。战略目标是"依托 3.0 发展模式，打造最好财富管理银行、最强金融科技银行、最优风险管理银行、最佳客户体验银行和最具社会责任银行"。

在招商银行董事长缪建民看来，财富管理、金融科技、风险管理是打造招商银行在新时代的马利克曲线的"三驾马车"。图 5-43 是结合招商银行 2014 年以来所进行的变革绘制的其在"十四五"期间的马利克曲线，供企业管理层参考。

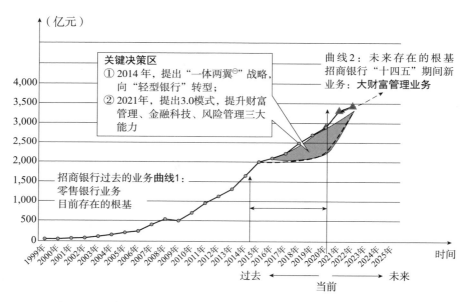

图 5-43　招商银行的"十四五"期间的马利克曲线（锐哲顾问绘制）

曲线 1（目前存在的根基）：一直以来，招商银行的业务增长主要来自零售银行业务，包括净利息收入、手续费及佣金收入以及其他非息收入。

曲线 2（未来存在的根基）：以零售业务为基础，大力发展大财富管理业务，做强重资本业务，做大轻资本业务。

缪建民在招商银行 2022 年年报董事长致辞中强调："面对周期波动，我们保持战略定力，打造转型发展的'马利克曲线'，坚定做大轻资本业

———————————

　⊖　指以零售业务为主体，公司金融和同业金融为两翼。

务、做强重资本业务。"为此，招商银行加快模式转型。通过改善资产结构、优化资产配置、提升资产定价能力做强重资本业务，推动科技金融、绿色金融、普惠金融的快速发展；通过发展大财富管理做大轻资本业务，强化准入和风险管理，形成"财富管理—资产管理—投资银行"的高价值业务循环链；强调"重为轻根"，通过轻重均衡实现经营模式的领先。

作为市值规模仅次于国有四大行的股份制商业银行，招商银行通过变革打造出了转型发展的"马利克曲线"。在2023年3月27日举办的招商银行2022年度业绩发布会上，缪建民指出，重资本业务要做强，主要体现在质量方面，即强调信贷不良率相对较低；而轻资本业务要做大，主要体现在数量上，即强调资产管理规模（AUM）的增长。

关键决策区：在2014年开始实施的"一体两翼"战略基础上，构建"大财富管理、数字化运营模式和开放融合"的招商银行3.0模式，提升财富管理、风险管理、金融科技三大能力。

具体的发展策略包括：①以客户为中心推进向大财富管理业务模式转型；②以全面数字化促进运营模式升级；③以开放融合推动组织模式进化；④构建适应3.0模式的全面风险与合规管理体系。

2023年7月12日，招商银行在北京举办"新时代·新财富·新价值——2023财富合作伙伴论坛"，超70家基金、理财、保险机构参会。会上，招商银行宣布，其公募基金保有规模已突破10,000亿元大关。这标志着招商银行正朝着既定的增长战略目标不断迈进。

第六章

他山之石
案例研究

    本章选取美的集团、比亚迪、迈瑞医疗进行深度研究，分别从美的集团的组织变革、比亚迪的技术创新、迈瑞医疗的价值创造行为进行案例解读，希望能给还在成长期的上市公司提供一些借鉴。

    美的集团在过去30年的发展进程中，有效穿越了家电产业周期，正大踏步走在发展B端业务的科技转型进程中；而比亚迪坚定地走在新能源汽车产业链的完整构建之路上，通过技术创新取得了丰硕成果，正快速向全球化企业迈进；迈瑞医疗则充分发挥创始团队独特的资源禀赋，把握中国医疗行业发展脉搏，在医疗器械的国产替代上取得了巨大的成功。

案例1：美的集团通过组织变革实现30年的持续增长

1968年创立至今，美的集团已经走过50多年的风风雨雨。改革开放以来，我国家电行业经历了大规模制造和消费升级的高速发展期，美的集团营业收入规模从1992年的不足5亿元，到2022年营业收入达到3,457亿元，规模增长近700倍，其间经历了多次大跨度的转型和几番组织变迁，最终从一个生产瓶盖的小厂成长为世界级的家电集团，并向着科技集团的方向迈进。

2012年，美的集团顺利完成了领导班子的更替，何享健将美的集团董事长的职位交给了职业经理人方洪波。此后的10多年里，方洪波领导美的集团又实现了新的飞跃。

作为民营企业家，何享健把如此庞大的产业交由职业经理人方洪波掌管，而不是让自己的儿子接班，这在中国民营企业的40年发展历史上还是非常少见的。事实上，何享健及方洪波正是以不断成为"第一个吃螃蟹者"，推进美的集团的组织变革创新，而使美的集团30年来茁壮成长，成为中国白色家电的领军企业，成为世界500强企业。

一、格力电器和美的集团效能与效率比较分析

我们以白色家电两大巨头美的集团、格力电器为分析对象，进行综合对比，以说明这两家公司在战略效能与运营效率方面的差异。

之所以选取格力电器与美的集团进行对比分析，有三个方面的原因：第一，家电行业走过了完整的产业发展周期，现在已经处于平衡与联盟阶段，即寡头竞争阶段；第二，格力电器、美的集团都是中国最成功的白

色家电企业，是空调行业的两个寡头，是经过了多轮产业竞争淘汰赛后的"剩者"；第三，这两家企业在具体的业务结构上又存在较大的差异，格力电器的空调业务占比超过 70%，而美的集团的空调业务占比不到 45%，两家企业都在积极寻求业务转型，但最近 10 多年来最终体现出来的战略效能差异很大。

我们先从盈利能力、营运能力、成长能力、偿债能力四个方面对比分析两个家电龙头企业的运营效率表现，然后再从公司的市值、市盈率（估值水平）利润、经济增加值等角度分析二者的效能差异。

1．盈利能力分析

在盈利能力方面，格力电器整体上优于美的集团。

（1）销售利润率表现

销售毛利率上，除 2017 年、2018 年美的集团与格力电器存在较大差距外，2019 年美的集团略超格力电器，而 2020 年开始二者较为接近，格力电器略超美的集团（见图 6-1）。通过两家龙头家电企业销售毛利率的比较，大体上可以看出家电行业的销售毛利率基本上保持在一个相对稳定的

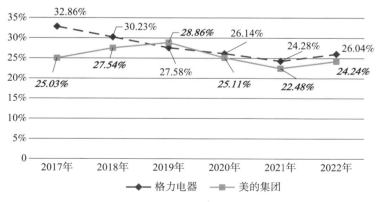

图 6-1　格力电器、美的集团销售毛利率表现

水平上，没有剧烈的波动。通常情况下，产业发展进入平衡与联盟阶段，形成寡头竞争的局面，竞争者都相对理性，消费者的品牌认知已经形成，不需要再采取激烈的价格战来争夺市场份额。

如图6-2所示，格力电器的销售净利率几乎碾压美的集团，二者有很大的差距。销售毛利率差不多，销售净利率却有较大差距，这说明美的集团在费用控制方面逊于格力电器。

图 6-2　格力电器、美的集团销售净利率表现

（2）净资产收益率表现

通过美的集团、格力电器的净资产收益率在2017~2022年的曲线变化（见图6-3），可以看到整个家电行业的净资产收益率呈下降趋势，这与行业由成熟期渐入衰退期有关。

在两家企业的比较中，2017年格力电器的净资产收益率最高，远超美的集团，但其后续3年下降幅度非常明显，2020年见底后开始提升，在2022年又重新超过美的集团。美的集团的净资产收益率在25%上下波动，但自2019年到了高点后又呈逐年下降态势，这可能与美的集团最近几年培育to B业务影响了利润有关。

格力电器与美的集团盈利能力比较小结：总体上格力电器的盈利能力强于美的集团，特别是其市场销售端的盈利能力优于美的集团。

图 6-3　格力电器、美的集团净资产收益率比较

2. 营运能力分析

企业营运能力主要是指营运资产的效率，而营运资产的效率主要是通过周转速度来衡量。

在资产的运转效率上，格力电器远低于美的集团。流动资产周转率（次）方面（见图 6-4），格力电器多数年份一年还不到 1 次，而美的集团

图 6-4　格力电器、美的集团流动资产周转率（次）

则都在 1 次以上，运转效率平均高过格力 50%；在总资产周转率（次）方面（见图 6-5），格力电器的效率基本上只达到美的集团的百分之六七十。

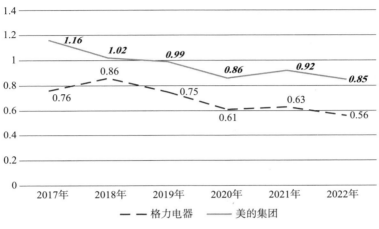

图 6-5　格力电器、美的集团总资产周转率（次）

　　无论格力电器还是美的集团，在资产的周转率方面都呈现逐年下降的趋势，也就是说白色家电两大巨头的资产运转效率都在不断下降，这说明资产的投入产出速度一年不如一年，家电行业的两家巨头的表现基本上也代表了家电行业的整体资产运营效率。这或许也是家电行业步入行业生命周期中停滞乃至衰退阶段的重要标志。

　　在应收账款周转率方面，美的集团逐年上升，说明其应收账款的管理效率在不断提高；而格力电器在 2020 年之前的应收账款周转率一直远低于美的集团，有时只有美的集团的一半，但在 2020 年突然巨幅提升，应收账款周转率竟然达到了 19.5 次，其变化可谓"一鸣惊人"，其在 2021 年达到 16.64 次，2022 年仍高于美的集团。这说明格力电器在 2019 年底实施了控制权转让之后，管理层加强了对应收账款的管理，销售回款的时间周期大幅缩短。格力电器、美的集团 2014 年到 2022 年的应收账款周转率表现如图 6-6 所示。

图 6-6　格力电器、美的集团应收账款周转率（次）

如图 6-7 所示，在存货周转率方面，格力电器自 2014 年以来总体上处于不断下降趋势，由 2014 年的 8.1 次下降到 2021 年的只有 4.03 次，存货资产运转效率大幅下降；而美的集团在存货周转率方面一直保持相对稳定的状态，最低的 2022 年也达到 5.2 次，仍高于格力电器。

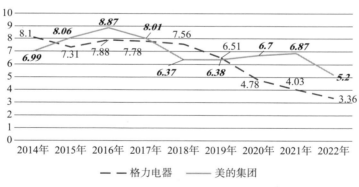

图 6-7　格力电器、美的集团存货周转率（次）

格力电器的存货周转率与美的集团有较大的差距，从二者的存销比[⊖]数据上看表现得特别明显（见图 6-8）。2020 年以来格力电器的存销比急剧

⊖　存销比＝年末存货额 ÷ 营业收入 ×100%。

攀升，而美的集团 2021 年存货同样急剧增加，说明市场销售没有过去那么顺畅了，未来存货跌价损失风险极大。

图 6-8　格力电器、美的集团期末存货及存销比

注：左侧坐标为期末存货，右侧坐标为存销比。

格力电器、美的集团营运能力比较小结：根据上述营运资产周转率数据对比，可以明显看到美的集团的营运能力强于格力电器。格力电器最近两年急剧增加的存货正成为其未来经营的沉重包袱，如果不能够及时、妥当地消化掉，将可能遭受巨额跌价损失。

3．成长能力分析

企业的成长能力主要是从营业收入、利润、资产等方面的增长来考察。我们分别从营业收入增长率、净利润增长率、净资产收益率增长率三个增长指标来对比格力电器、美的集团的表现。

从营业收入增长率来看，格力电器在 2017 年、2018 年取得高增长后，随即进入低增长状态，2020 年甚至负增长。格力电器 2020 年的负增长或与其在 2019 年完成混改后加强内部财务管控有关。美的集团自 2019

年以来营业收入的增长表现一直好于格力，特别是在 2020 年其空调产品的营业收入超过格力后，整体营业收入规模上格力电器更是无法与其相提并论。

格力电器和美的集团在 2022 年均陷入停滞状态，而另一个家电巨头海尔智家在 2022 年取得了 7.25% 的营业收入增长，这或许与海尔智家在高端家电市场取得远胜于其他竞争对手的增长有关，详见图 6-9。

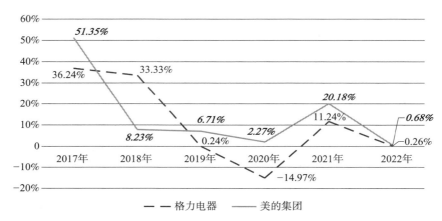

图 6-9　格力电器、美的集团营业收入增长率

过去多年，格力电器一直是中国空调行业的绝对的第一名，即使排在第二名的美的集团也落后甚多，例如 2018 年美的集团空调的销售收入仅为格力的 70%。但 2020 年情况发生了重大改变，这一年，格力电器空调的营业收入下降高达 14.99%，而美的集团空调则略微增长 1.34%，由此美的集团空调不仅在销售数量上超过格力电器，还在销售收入上实现反超，从而改变了持续 10 多年的"行业老二"的竞争地位，成为空调行业领先者。2022 年，美的集团空调的营业收入甚至超过格力电器空调 11.7%，二者规模反差越来越大（见图 6-10）。

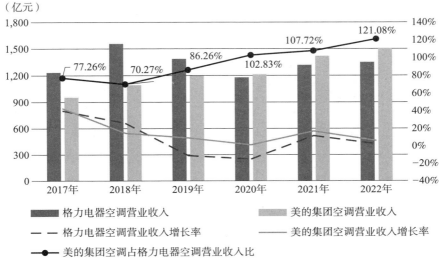

图 6-10　格力、美的空调业务营业收入增长表现

从净利润增长率来看，格力电器过去几年经历了巨大的起伏，从 2017 年的高增长到 2020 年的净利润下滑见底后，于 2021 年重回增长状态，2022 年增幅远超美的集团；而美的集团这几年的净利润增长率比较稳定，始终保持正增长状态，但 2020 年开始增长率明显下降，2022 年的净利润增长率甚至已经跌到了 3.43%，这或许可以说明美的集团大力发展的 B 端业务要带来利润贡献还需努力（见图 6-11）。

从净资产收益率增长率来看，过去 5 年格力走出了一个非常典型的高位回落再回升的盆底形态，直到 2021 年开始恢复增长；而美的集团则总体呈现负增长状态，特别是 2022 年增长率为 -7.8%，其净资产收益质量下降趋势明显（见图 6-12）。

格力电器、美的集团成长能力分析小结：格力电器在 2017 年、2018 年两年的高增长几乎也可以说是中国空调行业 30 多年快速发展历程中最后的"高光"时刻。空调行业的景气程度与房地产发展息息相关，而中国

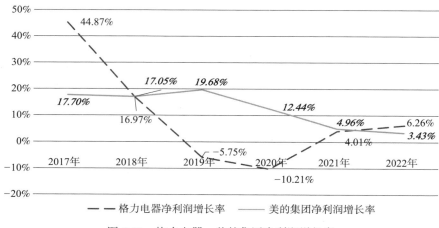

图 6-11　格力电器、美的集团净利润增长率

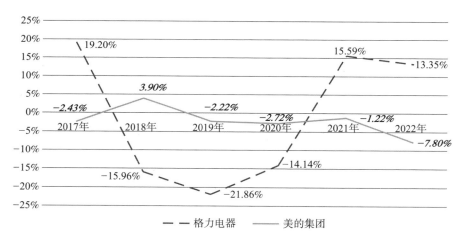

图 6-12　格力电器、美的集团净资产收益率增长率

的房地产行业已经明显进入产业生命周期的下行阶段，空调行业早已进入
寡头竞争的平衡与联盟阶段，低速增长甚至负增长或许将成为空调行业的
常态。格力电器和美的集团都需要在家电行业之外找到新的增长点。

4．偿债能力分析

在偿债能力上，格力电器明显弱于美的集团。

资产负债率方面，格力电器自 2020 年降到 58.14% 低点后，负债又连续增加，2022 年高达 71.3%，不到两年时间增加了超过 13%，负债增长幅度可谓"惊人"。美的集团反而努力把资产负债率控制在 65% 左右，体现了它在控制负债水平上的"小心翼翼"。二者的资产负债率如图 6-13 所示。

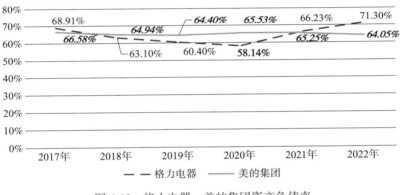

图 6-13　格力电器、美的集团资产负债率

权益乘数[⊖]方面，通过图 6-14 可以看出，过去 5 年，格力电器经历了一个降杠杆又加杠杆的过程，2022 年权益乘数创了历史新高，达到 3.48，也就是说，每 1 元的股东权益要背负着 2.48 元的债务。格力电器的负债总额从 2017 年的 1,481.33 亿元，上升到 2022 年的 2,531.95 亿元，可谓"债台高筑"，结合其 2022 年存货高达 383 亿元的情形，如果格力电器不能尽

⊖　权益乘数是资产总额除以股东权益总额的比率。权益乘数越大，说明股东投入的资本在资产中所占的比重越小，财务杠杆越大。计算公式为：权益乘数＝资产总额／股东权益总额。它反映公司对财务杠杆的使用程度，权益乘数越大，表明股东权益占全部资产比重越小，上市公司负债程度越高；反之，表明上市公司负债程度越低，债权人权益受保护程度越高。

快改变高负债、高库存的资产结构，格力电器的经营风险无疑将会加剧。再来看看美的集团的权益乘数情况，过去 5 年，权益乘数保持在 2.8～3.0 之间，一直比较平稳。虽然其负债总额从 2017 年的 1,651.82 亿元增加到 2022 年的 2,706.31 亿元，但杠杆率基本没有增加。

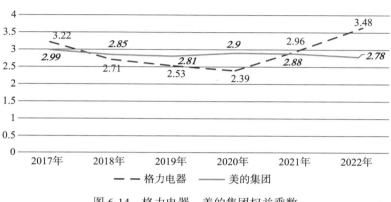

图 6-14 格力电器、美的集团权益乘数

流动比率 ⊖ 方面，通过图 6-15 可以看到，格力电器与美的集团的数值大体上保持在同一个水平，二者相差不大。一般认为，流动比率保持在 2 以上，其偿债能力是比较充足的，因为即使流动资产只能变现 50%，也可以满足企业的短期偿债需要。按此标准，格力电器和美的集团的流动比率均属于偏低水平，过去 5 年均未达到 1.5 以上。作为家电龙头企业，两家企业的流动比率均低于 1.5，很大程度上可以理解为这是行业基本状态。

图 6-16 显示了格力电器和美的集团过去 5 年速动比率 ⊖ 情况，整体

⊖ 流动比率是流动资产对流动负债的比率，用来衡量企业流动资产在短期债务到期以前，可以变为现金用于偿还债务的能力。一般说来，比率越高，说明企业资产的变现能力越强，短期偿债能力亦越强；反之则弱。一般认为流动比率应在 2 以上。

⊖ 速动比率是指企业速动资产与流动负债的比率，速动资产是企业的流动资产减去存货和预付费用后的余额，主要包括现金、短期投资、应收票据、应收账款等。速动比率＝速动资产／流动负债。

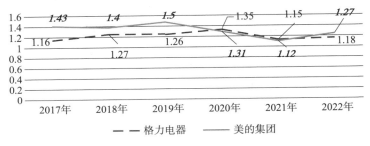

图 6-15　格力电器、美的集团流动比率

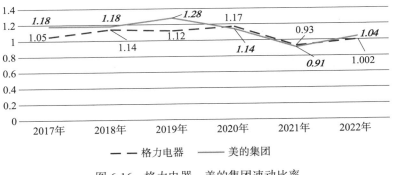

图 6-16　格力电器、美的集团速动比率

上，美的集团略优于格力电器，但两家公司的差距不显著。通常认为，企业的速动比率保持在 1 以上意味着它的短期偿债能力比较健康。从这个角度来说，格力电器和美的集团均有较强的短期偿债能力。

　　现金比率方面，图 6-17 显示出格力电器和美的集团的现金比率差异巨大。现金比率＝企业持有货币资金 / 流动负债，现金比率高说明格力电器习惯于持有巨额现金资产在手，其 2020 年的现金比率竟高达 86.08%，也就是说，这一年期末格力每 100 元流动负债有 86.08 元是现金资产。现金比率高表明企业的绝对偿债能力强，但如果过高则说明企业的资金并未得到更加有效的利用。

图 6-17   格力电器、美的集团现金比率

格力电器、美的集团偿债能力分析小结：总体来说，两家白色家电巨头的偿债能力都比较强。不过，2022 年格力电器的资产负债率比美的集团高出 7 个多百分点，但其现金比率又远高于美的集团，说明格力电器的资金使用水平有待提升。

5．格力电器、美的集团在战略效能上的差异

（1）市值表现

2014 年以来，两家企业都经历了一个市值增长然后见顶回落的过程，其中美的集团的市值在 2021 年 2 月曾经超过 7,500 亿元。在 2020 年 1 月之前，两家企业的市值可谓并驾齐驱，其中格力电器市值曾经在较短的时间里一度追平甚至超过美的集团，但从 2020 年开始，格力电器就与美的集团逐步拉开了差距。两家企业市值曲线如图 6-18 所示。

通过市值曲线可以看到，在 2021 年年初市值见顶后，两家企业的市值就开始走下坡路，形成明显的下降趋势。市值的下降一方面是盈利增速的下降所致，另一方面是估值水平的降低所致。两家白色家电巨头的市值走势其实也代表了整个家电行业的变化。

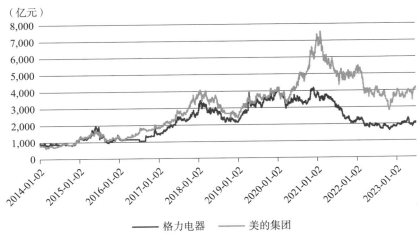

图 6-18 格力电器、美的集团市值比较（一）

图 6-19 中，我们以美的集团为参照，比较两家公司的市值差距，2020 年 2 月之前，格力的市值有一半时间在美的集团市值 80% 以上，甚至还曾超过美的集团；但 2020 年以来，格力电器与美的集团的市值差距逐渐拉大，只有美的集团的 50% 左右了。从市值规模角度而言，美的集团是当之无愧的白色家电王者。

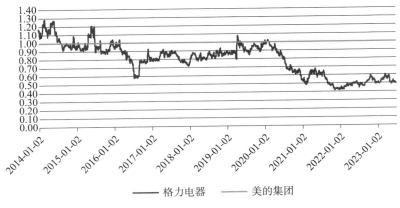

图 6-19 格力电器、美的集团市值比较（二）

（2）市盈率表现

从市盈率表现来看，总体上两家企业的市盈率呈现较为一致的波动（见图 6-20），这实际上也可以理解为市场对白色家电板块的一致估值，也体现为市场对未来白色家电发展趋势不乐观。2021 年以前，两家企业的市盈率水平差不多，但 2021 年两家公司市盈率见顶回落后，格力电器的市盈率与美的集团的差距拉大。

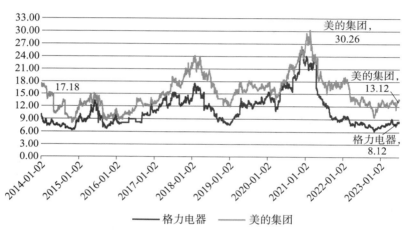

图 6-20　格力电器、美的集团市盈率表现

我们还是以美的集团为参照对象，2021 年以来格力电器的市盈率开始明显低于美的集团（见图 6-21），市盈率是市场的估值水平，这说明投资者愿意给美的集团更高的价格。

（3）利润表现

通过图 6-22 可以看到，美的集团过去几年归母净利润呈稳步增长态势，而格力电器的归母净利润在 2018 年达到峰值后开始下降。在具体金额上，美的集团的归母净利润在 2020 年超越格力电器，成为归母净利润最高的白色家电企业。

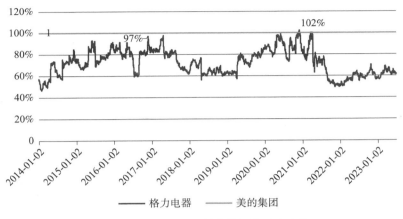

图 6-21　格力电器、美的集团市盈率比较

图 6-22　格力电器、美的集团 2014 年到 2022 年的归母净利润

（4）营业收入表现

格力电器与美的集团的战略效能同样也体现在营业收入的变化上，2013 年、2014 年二者的营业收入差距并不大，但 2015 年开始拉开差距，2022 年格力电器的营业收入仅占美的集团的 54.95%（见图 6-23）。

图 6-23　格力电器与美的集团 2013～2022 年营业收入比较

格力电器、美的集团战略效能分析小结：虽然格力电器的净资产收益率、销售利润率都比美的集团高，而且其归母净利润超过美的集团的80%，但美的集团的市值却高出格力电器近一倍，二者在市值、市盈率上的反差是资本市场给出的选择，其背后是投资者对美的集团战略效能，即其未来成长性的认可。

二、美的集团的外延式发展历程

可以说，美的集团过去 20 多年的发展历程就是一个不断收购兼并的外延式扩张史。

美的集团过去走相关多元化发展道路，主要在白色家电领域深耕，是国内大小家电品类最多的企业之一。如果深入研究美的集团的增长，会发现超过半数的品类不是通过自建工厂进入或做大的，而是通过并购、合资进入或做大的。

早在 1997 年，美的集团就已经开始了对外并购扩张的发展历程，最早的案例是这一年开始筹划收购安徽芜湖的丽光空调厂，美的集团由此迈出了异地扩张的第一步。紧接着美的集团又在 1998 年开始筹划收购日本东芝在华的最大合资企业——东芝万家乐压缩机，由此进入空调压缩机领域。

根据不完全统计，在过去 20 多年中，美的集团进行了如下的收购、合资动作。

大家电：

- 家用空调，1998 年收购芜湖丽光空调厂；2004 年，从与东芝开利成立合资公司开始，先后与东芝开利在广东、埃及、拉美等地区进行深度合资合作。
- 中央空调，2004 年收购重庆通用，2016 年收购意大利 Clivet 80% 的股权。
- 进入冰箱行业，2004 年收购华凌，收购合肥荣事达。
- 进入洗衣机行业，2008 年收购小天鹅。

小家电：

- 进入洗碗机行业，2000 年与意大利梅洛尼成立合资公司。
- 进入吸尘器行业，2005 年收购江苏春花。
- 进入净水设备行业，2006 年与韩国清湖 NAIS、韩国 MICRO 成立合资公司。
- 进入照明行业，2010 年收购江西贵雅照明。

中间产品：

- 进入空调压缩机行业，1998 年收购东芝万家乐，之后收购动作不断，2002 年收购广州越胜，2007 年收购广东正力，2008 年收购山西华翔。
- 进入洗衣机电机行业，1996 年与意大利梅洛尼、西达公司成立合资公司。
- 进入微波炉磁控管行业，2001 年收购日本三洋磁控管工厂。

- 进入新能源行业，2021 年收购合康新能。

智能制造：

- 2015 年，与安川成立机器人合资公司。
- 2017 年，收购德国库卡和以色列高创。

综合或其他类：

- 2016 年，收购东芝白色家电，涵盖大小家电多个品类。
- 2020 年，收购菱王电梯。
- 2021 年收购万东医疗。
- 2022 年收购科陆电子。

通过连续的并购、合资，美的集团的营业收入由 1997 年前的不到 30 亿元，增长到 2021 年超过 3,400 亿元，增长幅度超过 100 倍。美的集团的并购式发展可谓是中国最为成功的外延式发展案例。

三、美的集团如何通过组织创新实现不断超越

在美的集团，"永远不变的是变"这一组织创新理念已经深入骨髓。总的来说，美的集团过去 30 年的发展经历了五个增长波，而这五个增长波都是在实施了内部组织变革创新之后实现的。

1．成为乡镇企业中第一家上市公司后迎来第一个增长波

20 世纪 80 年代中期，在到香港的一次考察中，何享健发现全塑料风扇非常轻便、漂亮，于是大胆引进全塑料风扇生产线，成为国内"第一个吃螃蟹的人"。全塑料风扇的引进，让美的集团一举成为国内最大的风扇生产企业。1989 年美的开始引进东芝技术生产家用空调。

1992 年 3 月，经广东省人民政府办公厅批准，广东美的电器企业集团成立，美的正式成为集团性企业。同年 5 月，经广东省企业股份制试点联

审小组、广东省经济体制改革委员会粤体改（1992)11号文批准，广东美
的电器企业集团改制为股份有限公司。1992年8月，广东美的集团股份有
限公司经广东省工商行政管理局核准注册，标志着美的集团完成了法律意
义上的股份制改造。

　　1993年11月12日，粤美的（000527，SZ）在深交所挂牌上市，成为
当时乡镇企业中的第一家上市公司。

　　上市为美的集团募集了1.844亿元，为其后续的发展提供了极为宝贵
的资金支持。通过图6-24，我们可以看到美的集团在完成股份制改造后的
营业收入增长情况，1992年美的集团的营业收入仅4.87亿元，完成股份
制改造后的1993年增长率达到92.2%；到1996年，仅仅5年时间，美的
集团的营业收入就达到了24.99亿元，比1992年增长了4倍多。

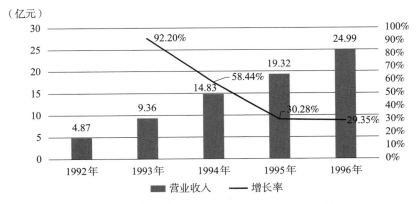

图6-24　美的集团股份制改造后的营业收入增长情况

数据来源：美的电器年报。

2. 事业部制组织变革激发第二个增长波

　　在经历了自1992年开始的5年快速增长后，美的集团已经由一个原
来以电风扇为主导产品的小规模企业发展成在当时拥有电风扇、空调、电

饭煲、电暖器、空调电机等多品类产品且拥有出口自营权的大型企业。原有高度集权、无论大事小事通通都要老板一个人签字的管理模式严重不适应新时期的经营管理。

当时的美的集团员工有 1 万多人，所有部门事无巨细，都向何享健一人汇报，等待何享健一人指示。集团总部既是决策中心，还要直管生产、经营及全面协调。何享健事事亲力亲为，但下面人不担责，不主动解决问题，各部门相互推诿，整个责权体系失灵。虽然事事都由老板决策、签字，但老板根本无力承担所有的责任，内部责任不清、决策扯皮现象严重，是典型的责、权、利不匹配状态，整个企业明显遇到了一个新的发展瓶颈。

美的集团组织体系责权不清带来的直接的结果是业绩的严重下滑。1996 年销售收入仍然有较大的增长，但由于内部管理粗放，生产经营浪费严重，效率很低，各部门、各层级管理者均感到问题重重。到了 1997 年，由于销售收入下滑，库存高企，企业资金出现严重的周转困难，甚至需要靠贷款发工资，而且管理人员工资每月只能发标准工资的百分之六七十。彼时，同城的科龙集团因为其主营业务冰箱的发展如日中天，甚至一度传闻要收购美的集团。作为美的集团掌舵人的何享健顶着巨大的内外压力，也在苦苦思索如何改变严重不利的局面。

何享健找到了要害所在，"企业大了，整个体制不适应，有大企业病，高度集权，却没效率，下面没动力、没压力、没激情"。

受美国通用电气、日本松下等全球知名企业的组织变革管理经验启发，何享健痛定思痛，下定决心，要对内部组织架构进行彻底的改变。于是一场后来闻名国内企业界的事业部制改革在 1996 年下半年酝酿、筹划，在 1997 年正式实施。事业部制改革下，美的集团从原来的集权统合模式，形成以产品为中心的空调、风扇、电饭煲、小家电、电机五大事业部运营模式。美的集团事业部制改革前后的组织架构如图 6-25 所示。

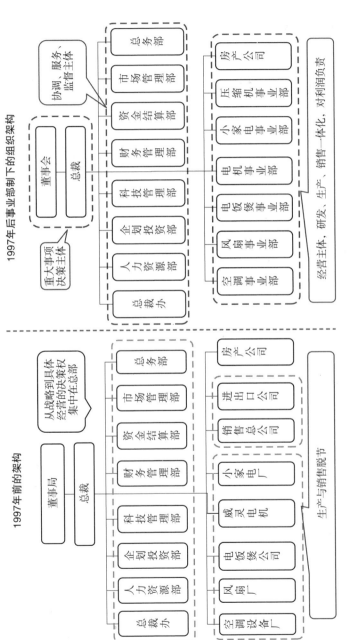

图 6-25 美的集团事业部制改革前后的组织架构

在事业部制改革前，美的集团的生产与销售分属于两个部门，需要通过总部的部门和管理层进行协调。在此情形下，研发忽略市场需求，生产不关注销售，销售不关注生产，研、产、销严重脱节。

事业部制改革后，两个层面的组织功能界定明确：各事业部为内部独立的经营单位，拥有研、产、销一体化的经营自主权。而集团总部则主要起着重大事项决策、战略制定、统筹、协调、沟通和监管的功能。

1998年下半年，在事业部实施了一段时间后，美的集团根据运行中出现的问题，由总裁办拟定出台了《美的集团经营分权规范手册》，详细规范了各层级各项经营管理事务的权限。

美的集团事业部制组织变革，可以归结为以下几个核心内容：十六字基本方针、一个结合、十个放开、四个强化、七个管住。

美的集团事业部制核心内容

十六字基本方针：集权有道、分权有序、授权有章、用权有度。

一个结合：与责权利相统一的集权与分权相结合。

十个放开：机构设置权、基层干部的考核任免权、劳动用工权、专业技术人员聘用权、员工分配权、预算内和标准内费用开支权、计划内生产性投资项目实施权、生产组织权、采购供应权、销售权十项基础权力下放。

四个强化：强化预算管理，强化考核，强化审计监督，强化服务。

七个管住：管住目标，管住资金，管住资产，管住投资，管住发展战略，管住政策，管住事业部正副总经理和财务负责人。

美的集团的事业部制改革从内部组织来说，首先分清了责任主体，其次明确了各层级的权力，最后使激励机制更加清晰，而且激励力度也加大了。其实，美的集团事业部制改革的核心，说到底还是责权利对等。美的集团的责权利对等关系的主要内涵如下。

责：事业部负责经营指标的完成，集团总部负责关键重大事项管理。

权：通过《美的集团经营分权规范手册》详细规定从董事会、董事长到事业部之间的权力范围，事业部内部各自再拟订更加详细的内部分权事项。

利：集团与事业部签订《三年目标经营责任书》，事业部经营管理团队的收入与目标完成度紧密挂钩，多收多得；集团总部的员工收入与集团整体效益挂钩。

事业部制组织变革给美的集团带来的影响是非常直接且显著的：1998年，美的集团的整体营业收入较上一年增长了67.37%，达到36.42亿元。美的集团能够有如此大幅增长，可谓"天时、地利、人和"齐助力。

1998年，恰逢夏季异常高温，国内空调市场迎来了第一轮的需求大爆发，这是"天时"。

也是这一年，当时的空调行业领导者春兰空调由于渠道变革失败而失去大量的经销商，让出了市场份额，也失去了中国空调市场占有率第一的宝座；此外，当时空调市场的第二名——与美的集团同在顺德的国有企业华宝空调被卖给了科龙集团，而科龙集团选择了"雪藏"华宝空调这个品牌，于是华宝空调的市场份额又被让出了，这是"地利"。

事业部制改革后，美的集团各事业部的经营活力被大大激发，特别是空调事业部的销售业务由美的集团现任董事长方洪波接任后，销售部门与研发部门紧密合作，推出了数款适销对路的新产品，大获市场认可。例如一款"冷静星"分体壁挂式空调当年就卖出了40多万台，成为当年的爆款产品。这是"人和"。

事业部制改革后，美的集团开启了连续四年的增长历程，在2001年

整体营业收入突破 100 亿元大关（见图 6-26），奠定了在白色家电尤其是
空调领域的优势地位。

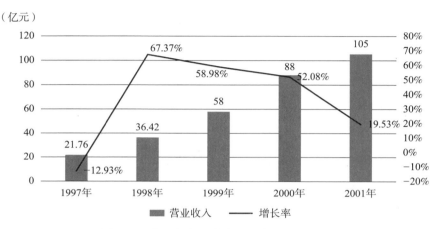

图 6-26   事业部制改革前后的营业收入增长

资料来源：美的电器年报。

　　美的集团是国内当时的大型企业中率先实施事业部制的企业，也是民
营企业中分权最为彻底的企业，在行业内具有标杆性的指导意义。事业部
制改革重塑了美的集团的组织文化基因，非常完整的分权体系成为美的集
团的最大软实力。

3．破除"大企业病"推进四个结构调整迎来第三波大增长

　　美的集团营业收入规模突破 100 亿元大关后，内部滋生了大量不良习
气。有一位已经离职的员工将美的内部存在的种种问题以匿名信的方式交
给了何享健。该名离职员工将企业存在的问题归纳为十二大点。何享健对
该离职员工陈述的问题高度重视，指示将该信全文刊登在《美的报》上，
引导全体干部员工进行充分的检讨与反思。

2002年美的集团离职员工给何享健的匿名信

1. 官僚主义盛行。

2. 部门本位主义严重。

3. 企业的核心竞争力在哪里?

4. 企业管理能管理到高层吗?

5. 集团对事业部负责人的考核由量变到质变。

6. 集团一直没有好的管理模式来平衡规模和效益。

7. 管理部门机构重叠臃肿,冗员过多,官僚作风严重,行政管理部门成为衙门。

8. 帮派主义、山头主义盛行,企业内部单位之间、上下级之间拉帮结派,大批企业政客出现和横行。

9. 高层管理人员薪资过高而基层人员报酬过低。

10. 营销费用高的原因在哪里?——各事业部营销系统兵强马壮,分公司动辄十几人。人多了就人浮于事;外设仓库太多,库存大,费用大;各地分公司办公场所租金居高不下,费用太大,而且养了一批闲人;推广费用及资源没有整合,浪费严重;各自建立售后服务体系,一元钱能做的事非要花两元钱。

11. 集团及各事业部管理部门人员大手大脚,出差都是坐飞机、打的、住星级酒店,吃喝玩乐找发票回来报销。

12. 集团对投资项目缺乏谨慎调研,盲目投资。

事实上,何享健对企业发展过程中的问题是有清醒认识的,2002年初开始他就一直在酝酿着如何进行新的变革,以在发展中解决组织问题。恰巧在这一年的6月,离职员工所写的这封信成为启动组织变革的契机。何享健亲自组织召开中高层管理人员会议检讨过去多年经营管理中的得失,各事业部和总部各部门也都从各自角度反思问题。

　　经过一段时间的酝酿，何享健提出了美的集团改革目标是四个战略性结构调整：一是管理结构调整，要重组组织体系、业务流程，理顺企业与市场的关系和内部管理关系；二是经营结构调整，要利用美的集团的优势资源，发挥美的集团在品牌、资本、市场和技术开发等方面的优势，优化结构，将经营效益最大化；三是市场结构调整，加大出口，要走出去；四是区域结构调整，因为生产具有区域性，要寻找一个符合美的集团生产工艺的区域，能够在更广阔的范围内进行生产。在结构调整过程中，美的集团进一步把已经做大的以小家电业务为主的家庭电器事业部进行分拆，分为风扇、电饭煲、微波炉、饮水机四个事业部，以实现更加专业化的运营。

　　美的集团通过四个战略性结构调整实现了规模的进一步增长，年营业收入由 2002 年的 109 亿元增长到 2005 年的 213 亿元，整体规模又迈上了新台阶，如图 6-27 所示。

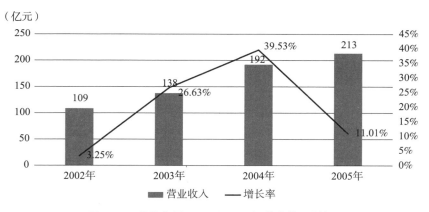

图 6-27　美的集团 2002～2005 年营业收入增长

资料来源：美的电器年报。

4. 平台型组织建设推动美的集团实现千亿规模

分权的事业部制改革，使美的集团突破了组织管理瓶颈，一路高歌猛进。然而，事业部制并不是万能的，同样会有相应的弊端。

虽然美的集团由于非常重视机制与文化建设，内部并没有出现明显的"山头主义""藩镇割据"等不良文化，但是主体众多、资源分散、协调困难、管理复杂等情况日益严重，集团管理成本远超从前。在保持事业部继续扩张增长的同时，解决综合统筹、产业规划、资源共享等横向管理问题，成为组织变革的方向。

2004 年，在集团层面，美的集团做了大范围的组织变革，按照产业发展的思路，设立了 4 个二级产业集团，分别是制冷集团、日用家电集团、电机事业本部、房产事业本部，将下属经营单位重新划分至各个二级产业集团之下。二级产业集团成为企业下设的管理平台。之后，进一步演变并命名为制冷家电集团、日用家电集团、机电装备集团、地产发展集团，如图 6-28 所示。

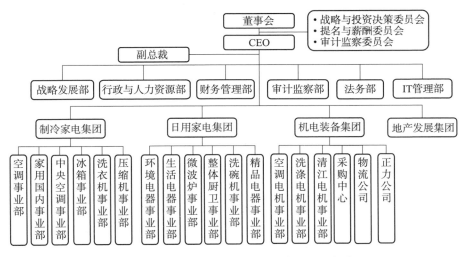

图 6-28　2005 年开始运行的美的集团组织架构

2004～2011 年，在集团层面进行产业整合的同时，每个二级集团之下的事业部，依然保持了分拆扩张、持续做大的态势。例如，制冷家电集团通过收购小天鹅，形成洗衣机事业部；日用家电集团从生活电器事业部中，分拆成立精品电器事业部；机电装备集团按照电机品类形成空调电机事业部、洗涤电机事业部、清江电机事业部等。这一阶段的企业规模，继续实现高速增长，2007 年突破 300 亿元，2010 年突破 1,000 亿元 ⊖，企业整体实力再次上升到一个全新的台阶，如图 6-29 所示。

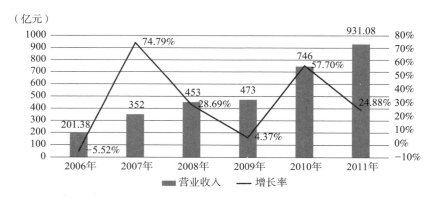

图 6-29　美的集团 2006～2011 年营业收入增长

资料来源：美的电器年报。

5. 整体上市铸就白色家电规模第一地位

由于历史原因，美的集团小家电等业务并未完全在上市公司体系内，从 2012 年开始，何享健逐步把企业领导权交给方洪波，为了更加高效地管理核心资产，何享健考虑要让美的集团实现核心资产的整体上市。

同时，在管理上，美的集团的二级产业集团这种管理平台的组织设

⊖　说明：彼时美的集团尚未整体上市，上市公司的营业收入未达千亿元，但整个集团的营业收入规模已达千亿元。

置，从 2004 到 2011 年走过了 7 个年头，为美的集团产业扩张和发展做出了巨大贡献，实现了千亿元规模的突破。但是这种产业管理平台，到后期又开始出现较为严重的新问题：一是产业集团间的资源共享、横向协同出现割裂；二是二级产业集团的管理负担变得越来越重，四个二级产业集团再加上一级企业集团，仅是集团级的管理班子就有五套人马。内耗变大，管理成本急剧上升，而不断分拆增加的事业部，又让各自为政的情况日益严重。从外部来看，虽然 2010 年美的集团规模突破千亿元，2011 年更是达到 1,380 亿元，但实际上家电行业跑马圈地的时代结束了，野蛮增长的模式开始失效，美的集团面临着利润率不断下降的局面。为了应对外部环境的变化，为了改变原有的发展模式，方洪波在 2012 年正式执掌美的集团之后，推动了前所未有的战略转型，从追求规模转向追求利润、追求经营质量。

在"一个美的、一个体系、一个标准"的原则下，美的集团做了有史以来最大规模的组织变革，整体方向是扁平整合。具体操作上，取消了二级产业集团，大幅缩减集团总部职能部门，合并甚至裁撤下属经营单位，建立以产品和用户为中心的"小集团、大事业部"的组织方式。为强化资源共享与协同，除了保持原有的物流、采购、国际平台以外，成立了不同性质的统一业务平台，如金融、电商、客服、创新平台，形成了"789"的组织架构：7 个业务平台、8 个职能部门、9 个事业部，如图 6-30 所示。

扁平整合的组织变革，一方面是要压缩管理层级，加快管理效率，降低管理成本；另一方面，打破形成已久的事业部壁垒，消除各自为政的亚文化管理方式，真正形成一体化的管控、协同与合作。这一阶段，为保证扁平整合的组织架构能够发挥作用，美的集团在流程管理、干部管理、数字化建设、考核激励、文化再造等多个方面，同步做了艰苦的努力和转型。

在这次"一个美的、一个体系、一个标准"组织变革中，美的集团斥

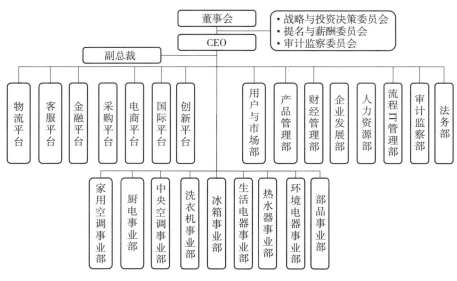

图 6-30   美的集团整体上市后的组织架构

巨资开展了代号为"632"项目的全面流程 IT 化改造。该项目以"统一流程、统一主数据、统一 IT 系统"为工作目标，致力于建立 PLM（产品生命周期管理）、APS（高级计划排程）、SRM（供应商关系管理）、ERP（企业资源计划）、MES（制造执行系统）、CRM（客户关系管理）六大核心运营系统，BI（企业决策系统）、FMS（财务管理系统）、HRMS（人力资源管理系统）三大管理支持平台，MIP（统一门户平台）、MDP（集成开发平台）两大技术平台（见图 6-31）。

美的集团整体上市后，在"产品领先、效率驱动、全球经营"战略引领下，借助"632"项目，完成了适应更大规模全球化运营的组织改造。

图 6-32 是美的集团在整体上市后的 9 年间营业总收入增长情况，虽然期间也有负增长，但整体的增长趋势是明显的，美的集团营业收入从 2012 年的 1,027 亿元增长到了 2021 年的 3,434 亿元，9 年里增长了 2 倍多，成为中国当之无愧的白色家电规模第一品牌。

美的集团 全球一体化 运营系统框架		MIP						M D P
		六大核心运营系统：支持集团端到端的核心价值链高效运作						
		产品研发平台	供应链运营平台				营销管理平台	
		PLM	APS	SRM	ERP	MES	CRM	
三大管理 支持平台： 提高集团 管控能力， 确保集团 分权模式 下的高效 运作	FMS	财务一体化：深化财务一体化系统建设，提供更多增值服务和决策分析支持						
	HRMS	战略型人才布局：推进国际化人才、高级管理人才的管理						
	BI	建立集团级的风险管控机制：支持内控管理，建立经营分析系统、仪表盘						

图 6-31　美的集团通过 "632" 项目构建全球一体化运营系统

图 6-32　美的集团 2012 年到 2022 年营业总收入变化

总结

美的集团的组织变革一直没有停止。

业务增长层面，在 C 端市场饱和后，面对家电业务增速明确放缓的情况，美的集团积极开拓 B 端市场，相应实施了适应性的组织变革。而为了让美的集团向科技型企业转变，美的集团除了加大对科技的投入外，2020 年更进一步把业务分为 5 大业务板块：智能家居、工业技术、楼宇科技、机器人与自动化、创新型业务。

5 大业务板块中，原来以 To C 为主体的家电品类，全都放进智能家居业务，其他新形成的 4 大板块，则全部为重点开拓的 To B 领域。同时，在协同平台上，通过研究院、软件工程院等组织的设立，进一步加强了数字化和科技属性。

组织体系层面，美的集团努力通过数字化转型构建全球一体化的运营系统。通过全面数字化、全面智能化组织转型，在内部，运用数字化技术提升企业效率，实现全价值链卓越运营；在外部，通过数字化工具紧紧抓住用户，直达用户，全链路提升用户体验。

"永远不变的就是变！"美的集团通过不断的组织变革让企业保持持久的经营活力，并不断实现更大的价值创造。美的集团的组织变革一直在路上！

案例 2：比亚迪通过技术创新成为电动汽车领先品牌 ⊖

2019 年底，新冠疫情突袭，口罩需求爆发，市场供给被打了个措手不及，出现"一罩难求"的情况。而比亚迪，这个跟医疗健康用品几乎八竿子打不着的汽车、电池、电子产品制造商，短短一个月时间不到，就摸索、设计出一整套口罩生产线方案并迅速完成设备的制造、生产线安装工作，快速形成了强大的口罩生产能力，一天的产能超过一亿只，进而成为全球最大的口罩生产商。

口罩并非比亚迪的主业，甚至只是比亚迪为了应急而做的"小插曲"业务。但在极短时间里形成如此强大的产能，充分展示了比亚迪强大的工

⊖　注：本案例综合开源证券、东吴证券、中信建投等券商分析师研究报告及公司公告信息撰写。

业制造能力。比亚迪已经成为中国汽车乃至工业发展的一面旗帜。

一、比亚迪公司概况

比亚迪由本科毕业于中南大学、硕士毕业于北京有色金属研究总院的王传福创办于1995年2月，其最初的业务主要是从事手机电池的研发生产制造。比亚迪创立后短短几年时间，就发展成为中国第一、全球第二的充电电池制造商。如此快速的发展，源于王传福所坚持的自主研发之路。

比亚迪一开始就走了自主研发的道路，也因此在所有的产品上取得了巨大的成本优势。在镍镉电池市场，比亚迪只用了3年时间，便抢占了全球近40%的市场份额，成为镍镉电池行业当之无愧的龙头企业。

在镍镉电池领域站稳脚跟之后，比亚迪紧接着抓住了第二次机会，开始研发蓄电池市场具有核心技术的产品镍氢电池和锂电池。为此，比亚迪投入了大量资金，购买最先进的设备，引进最前沿的人才，并建立了中央研究院。当时锂离子电池领域是日本人的天下，国内同行不相信比亚迪能成功，据说王传福当时在业内受到了嘲笑，但他相信这是机会。

随后，王传福专门成立了比亚迪锂离子电池公司，这一决定不仅取得了极大的成功，也奠定了比亚迪后来更大规模发展的雄厚基础。2000年，比亚迪成为摩托罗拉公司第一个中国锂离子电池供应商，一跃成为当时中国手机电池行业的佼佼者。

登顶电池宝座之后，王传福并没有懈怠，而是筹划进军汽车制造。2003年，比亚迪以2.7亿元的价格跨界收购了西安秦川汽车有限责任公司77%的股权，成立比亚迪汽车有限公司。王传福一开始就想做电动汽车。在第二年的北京车展上，比亚迪就着急地推出了纯电动概念车ET，这是中国举办的国际性车展上首次出现新能源汽车的身影。但是工程师的理性告诉他，纯电动车的时机未到。于是比亚迪还是先做起了燃油车。2008年，比亚迪 F3DM（双模）正式上市，这是全球首款量产插电式混合动力新能源汽车。至此，比亚迪的新能源汽车之路开启。

　　从整体来说，比亚迪经过 20 多年的高速发展，已在全球设立 30 多个工业园，实现了全球六大洲的战略布局。比亚迪业务布局涵盖电子、汽车、新能源和轨道交通等领域，并在这些领域发挥着举足轻重的作用，从能源的获取、存储，再到应用，全方位构建零排放的新能源整体解决方案。比亚迪的产品线体系如表 6-1 所示。

表 6-1　比亚迪产品线体系

产品线	产品类型	主要产品 / 主要应用领域	客户
汽车业务	插电混动汽车	王朝系列、军舰系列等	终端消费者
	纯电汽车	王朝系列、海洋生物系列等	终端消费者
手机部件及组装业务	携带式电子产品	智能手机及笔记本电脑、新型智能产品、汽车智能系统、医疗健康设备、无人机、机器人、电子雾化设备等	华为、三星、苹果、小米、VIVO 等智能移动终端领导厂商
二次充电电池及光伏业务	电池	三元电池、磷酸铁锂电池、功率刀片、能量刀片、镍氢电池、钴酸锂电池	自用为主
	储能、光伏	850MW 多晶硅片、1.5GW 电池片、2GW 组件	
轨道交通	中小运量轨道交通	云轨、云巴	市政部门、海外国家或地区

　　在规模上，最近 10 年间，比亚迪的营业总收入也从 2012 年的 469 亿元发展到 2023 年的 6023.2 亿元（见图 6-33）。在收入构成上，2022 年比亚迪的汽车业务营业收入已经超过 80%。

图 6-33　比亚迪营业总收入增长表现

王传福的目标是比亚迪要成为国内乃至全球最大的电动汽车企业。通过持续的技术研发投入，比亚迪在新能源汽车的道路上越走越宽。自 2021 年以来，比亚迪的新能源汽车销售量几乎获得了持续的逐月增长，2021 年比亚迪新能源汽车销售量达到 72.1328 万辆，同比增长 82.80%；而 2022 年，更实现了惊人的 180.2426 万辆销售量，同比增长高达 149.88%，雄居全球榜首。迄今为止，比亚迪已然成为中国乃至全球新能源汽车的领跑者。

二、比亚迪的技术创新之路

1. 比亚迪的技术创新历程

比亚迪自 1995 年创立至今，其发展历程可大致分为五大阶段（见表 6-2）。

无论最早期的镍镉电池还是后来的锂电池，比亚迪都坚持以独立自主研发为主要技术思维进行供应链的整合，形成完整的供应链体系。这得益于其创始人王传福深厚的专业背景和技术研发能力。比亚迪在充电电池领

表 6-2　比亚迪发展阶段划分

阶段	阶段描述
消费电池阶段（1995~2003 年）	以消费电池起家，在消费电池领域以低成本优势进入国际巨头摩托罗拉与诺基亚的供应链，2002 年成功在香港上市
汽车发展早期阶段（2003~2010 年）	2003 年通过收购西安秦川汽车初入汽车行业，2005 年首款轿车 F3 上市后凭借性价比优势销量迅速增长，2008 年收购宁波中纬开拓电驱电机研发生产，布局新能源全产业链
新能源汽车夯实基础阶段（2010~2019 年）	轿车市场合资车企产品价格下探，错过国内 SUV 行业发展红利，自主品牌进入平台期，同时坚定新能源发展路线
新能源汽车发力阶段（2019~2021 年）	"鲶鱼"特斯拉进入中国市场，比亚迪把握市场变化，2020 年 3 月比亚迪正式推出第三代电池系统刀片电池，以首搭车型"汉"助力品牌破茧重生
大步领先阶段（2021 年至今）	推出第四代混动系统 DM-i/DM-p，及全新纯电平台 E 平台 3.0，混动/纯电双发力 2024 年 5 月 28 日，比亚迪发布第五代 DM 技术。王传福表示，这一技术实现发动机热效率 46.06%、百公里亏电油耗 2.9L 和综合续航 2100 公里。这几项数据均刷新了行业记录，再一次改写了全球汽车油耗史，开创了"油耗 2 时代"，同时更是重新定义了插混技术天花板

域的成功，不仅为后来进军汽车行业奠定了雄厚的经济基础，更重要的是，也让比亚迪形成了构建独立自主技术研发体系的内部文化基因。

在 2003 年收购秦川汽车进入汽车行业后，王传福的初衷是马上研制并推出电动汽车，但无奈当时还未形成对电动汽车的市场需求，比亚迪只能跟随市场大势生产传统燃油车，但王传福对电动汽车的梦想并没有停止。早期比亚迪推出的燃油车因为在外观造型上整合了其他国际知名品牌的设计，被市场人士贬低为"山寨车"。彼时比亚迪的市场形象并不是很好。但实际上，比亚迪在电动车的研发上一刻也没有停止。

比亚迪在电动汽车的发展路径上，选择了插电混动、纯电两条技术路径并行的战略。

2006年，比亚迪第一款搭载磷酸铁锂电池的F3e电动车研发成功；2008年12月，比亚迪首创插电混动技术DM1.0，推出首款双模电动车F3DM，打开新能源汽车赛道；2013年比亚迪迎来了比较重要的阶段，随着比亚迪秦的上市，第二代DM技术被推向市场。时至今日，比亚迪的插电混动技术已经发展为DM-i平台技术。

比亚迪DM平台小知识

比亚迪DM-i是比亚迪DM（双模）战略下的平台之一。其中i代表intelligence（智能），迄今为止，比亚迪一共发布了五代混动系统。

- 2008年，第一代DM技术推出，采用双电机串并联结构。
- 2013年，第二代DM技术推出，动力系统由1.5T发动机、变速箱（DT35）、驱动电机构成，百公里加速突破5秒。
- 2018年，第三代DM技术推出，增加了PSG辅助电机（P0），使动力和性价比大幅提升。
- 2021年，重磅推出第四代混动技术DM-i，搭载秦PLUS、宋PLUS和唐等车型上市。DM-i技术主打节能省油，一反传统，走上"以电为主，以油为辅"路线，实现超低油耗，核心部件为骁云－插混专用高效发动机、EHS电混系统、DM-i超级混动专用刀片电池。

2024年，第五代DM技术推出，以"快、省、静、顺、绿"的优势再次刷新了插混技术的高度。

比亚迪的纯电车技术经历了三个典型的技术发展阶段。

第一阶段：2010年e平台1.0实现了从0到1的突破。第一代DM技

术的设计理念完全以节能为技术导向，通过双电机与单速减速器的结构搭配
1.0 升自吸三缸发动机，实现了纯电、增程、混动（包括直驱）三种驱动方
式，取得了纯电百公里电耗 16kWh，综合工况油耗 2.7L/100km 的成绩。

第二阶段：2019 年 e 平台 2.0 推出，提出"33111"的概念。第一个
"3"指驱动三合一，包括驱动电机、电机控制器、减速器；第二个"3"
指高压三合一，包括高压系统的 DC-DC、车载充电器、高压配电箱；后面
三个"1"分别指 1 块强大的 PCB 板（把智能钥匙、蓝牙模块、胎压监测、
倒车雷达、空调控制器等一系列功能控制器集成在一起）、1 块智慧的屏幕
（Dilink 智能网联系统）、1 块高性能安全电池。

第三阶段：2021 年 9 月，比亚迪正式发布 e 平台 3.0。新平台全面采
用架构化、模块化设计，实现整车架构平台化，成为下一代纯电平台的技
术标杆（见表 6-3）。

表 6-3　比亚迪纯电车 e 平台 3.0 特点

特点	简介
智能	拥有全新电子电气架构下的四大域控制器和自主研发的车用操作系统 BYDOS，实现软硬件分层解耦，并且可拓展、可升级、充分开放。基于这套电子电气架构和 BYDOS，电动车将能实现更强大的自动驾驶能力，同时新功能的迭代周期从两个月缩短至两周，功能迭代周期缩短 70% 以上
高效	关键模块体积更小、重量更轻、性能更强、能耗更低，标配全新热泵技术，电驱动系统升级为八合一模块，综合效率从 86% 提升至 89%，标配宽温域热泵。搭载 e 平台 3.0 的电动车，零至百公里加速可快至 2.9 秒，综合续航里程最大突破 1000 公里。百公里电耗比同级别车型降低 10%，冬季续航里程至少提升 10%
安全	全系搭载比亚迪独创的刀片电池技术，并将其作为结构件融入车身一体化设计，车身扭转刚度可提升一倍。e 平台 3.0 打造的车型全部按照"超五星"碰撞安全标准开发
美学	车型前悬更短，轴长比更大，重心更低，空间更大，风阻系数（Cd）可低至 0.21

2．比亚迪在新能源汽车上的技术优势

"技术为王，创新为本"是比亚迪创业以来一直坚持的发展理念。在新能源汽车的技术创新上，比亚迪是全球率先同时拥有电池、电机、电控三大新能源汽车核心技术的车企。

（1）比亚迪动力电池引领新能源产业发展

比亚迪电池完成了全产业链布局，形成了从矿产资源开发、材料研发制造、工艺研发、电芯研发制造、BMS研发制造、模组研发制造、电池包开发制造到梯级利用回收的动力电池完整的研发及生产体系。

2020年3月，比亚迪正式推出刀片电池。比亚迪刀片电池创新了结构设计：将单体电池通过阵列的方式排布，像"刀片"一样插入电池包，在成组时跳过模组和梁，减少了冗余零部件，形成类似蜂窝铝板的结构。通过结构创新，刀片电池的体积利用率相较于传统的有模组电池包提升50%以上，利用率达到60%左右。

比亚迪刀片电池的安全性也非常好，可通过针刺测试。据比亚迪刀片电池发布会，测试显示针刺后，无明火、无烟，表面温度仅为30～60℃。相较于传统磷酸铁锂电池，刀片电池的放电倍率大幅提升，充电循环寿命超4500次，寿命长达8年120万公里，成本可以节约30%，电池能量密度提升50%。

（2）电驱动技术实现八合一集成化，技术行业领先

比亚迪电动车的电驱动系统不断升级，已发展至多合一高集成度生产平台。至其第四代已经成为八合一模式，是全球首款量产的集成八大部件的深度集成动力模块。比亚迪八合一电驱总成集成了驱动电机、减速器、驱动电机控制器、高低压直流转换器（DCDC）、双向车载充电机（OBC）、高压配电箱（PDU）、电池管理器（BMS）、整车控制器（VCU）八大模块。

比亚迪第四代八合一电驱动系统基于 e 平台 3.0 开发，目前已搭载 e 平台 3.0 的首款轿车海豚及首款纯电动 SUV 元 PLUS，核心优势为轻量化、小型化、高效率、高智能。动力部件高度集成化使体积减小 16%，重量降低 10%，整车最大功率 270kW，综合效率从 86% 升到 89%。系统零部件的缩减也进一步优化 NVH（Noise、Vibration、Harshness 的缩写，指噪声、振动与声振粗糙度）表现，最大转速为 16000r/min，但系统噪音低于 76 分贝（dB）。

（3）国内唯一可完全自研永磁同步电机的车企

根据电动汽车驱动电机的转子与定子是否同步、是否含有永磁材料（钕铁硼），可将电机主要分为：感应电机（即交流异步电动机）、永磁同步电机。感应电机结构简单、成本低，但尺寸大、质量重、效率低，搭载的代表车型有特斯拉 Model S/X、蔚来 ES8 等。永磁同步电机功率密度高、能量转换效率高（约 90%～95%）、能耗低，但研发制造成本较高，且高温下永磁体有退磁风险，搭载的代表车型有特斯拉 Model 3 等。比亚迪 2008 年即开始自研永磁同步电机，目前为国内唯一可完全自研该电机的主机厂。

比亚迪在其纯电车 E3.0 平台上首次采用永磁同步电机主力、交流异步电机辅助融合架构，两种电机互补，兼顾了电机高效率与空载低损耗。

（4）电控技术独立自主

新能源汽车的电控系统不仅管理电机、电池，还控制整个车辆的部分电器系统，是非常关键的部件之一。

IGBT（绝缘栅双极晶体管）半导体器件又为电控系统的核心组件，在中国 IGBT 市场被英飞凌和三菱等国外厂商主导的背景下，比亚迪于 2005 年入局 IGBT 研发，2018 年推出 IGBT4.0，2021 年升级至 IGBT6.0。截至目前，它是国内唯一拥有 IGBT 完整产业链的车企。

实际上，比亚迪在新能源汽车领域的技术创新非常多，由于过去多年一直坚持独立自主的技术研发道路，比亚迪已成为国内新能源汽车行业综合技术能力最强、技术体系最完整的企业。

三、比亚迪技术创新带来的显著回报

多年的技术创新投入也让比亚迪收获巨大。比亚迪新能源汽车的销量已经连续 24 个月呈单边增长态势。根据乘用车市场信息联席会的统计数据，截至 2022 年 11 月，比亚迪新能源汽车的市场份额高达超过 30%，在总销量上与国内其他新能源汽车企业相比，可谓"一骑绝尘"，遥遥领先。

在新能源汽车领域的突出表现，让比亚迪在资本市场也得到了回报，综合 A 股和港股的数据，其市值从 2014 年初的 800 多亿增长到 2022 年的最高超过 9,000 多亿元（见图 6-34）。

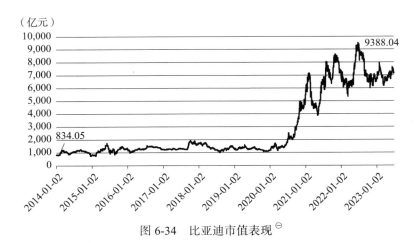

图 6-34　比亚迪市值表现 ⊖

我们再来比较比亚迪与上汽集团、长城汽车、广汽集团三家国内主流传统车企的市盈率水平。通过图 6-35 可以看到，比亚迪的市盈率一直远高

⊖　本图中的数据采用的是证监会算法。

于另三家车企，这说明投资者给了比亚迪更高的估值水平，这也源于投资者对比亚迪未来成长性的看好。虽然 2022 年 6 月以来比亚迪的市盈率有大幅回落，但即便如此，也仍远高于另三家车企。

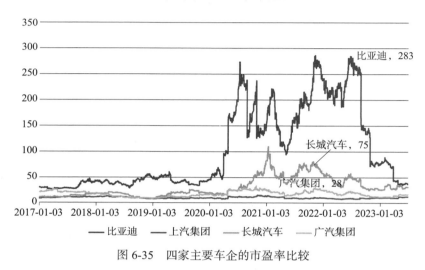

图 6-35　四家主要车企的市盈率比较

汽车行业专家认为，我国拥有全球 28% 的汽车消费市场和 50% 以上的新能源汽车消费市场。经过 25 年的发展，我国建立了比较完善的汽车产业链。受益于完备的产业链、广阔的市场和充足的人才储备，我国未来必然会出现世界级的车企。2022 年，比亚迪新能源汽车在销售量上已经远超特斯拉。

四、王传福的技术型战略领导力

王传福以前瞻性的战略眼光坚定地在新能源汽车上进行巨大投入，形成了强大的竞争力，比亚迪成为新时代新能源汽车的全球龙头企业早已成为业界共识。

比亚迪的成功当然也是王传福的成功，而王传福的成功来自他的技术型战略领导力。王传福从 1995 年创立比亚迪开始不久，就不断展现出他基于前瞻性技术发展思维的战略领导力。在王传福的战略领导力引领下，比亚迪由初创的镍镉电池企业快速成长为全球领先的锂电池巨头，并且前瞻性地看到新能源汽车的未来发展前景而大胆进入汽车领域又全力开发电动汽车，获得更大的成功。

王传福看准日本企业停止生产镍镉电池的机会毅然下海，在亲戚朋友的帮助下，以及借款融资 200 多万元，于 1995 年创立比亚迪。王传福通过自己研发的"自动化＋人工操作"的生产线而获得巨大的成本优势，仅用 8 年时间，2003 年，比亚迪在全部三个充电电池技术领域（锂离子电池、镍镉电池和镍氢电池）就已经成为中国最大、全球第二大的电池制造商之一，快速成为手机电池领域的领导品牌。

当王传福还只是一个初出茅庐的青年时，他就敢于脱离"铁饭碗"下海创业，并以超前的眼光看到成本优势在未来竞争中的关键性作用，叠加其研发工程师技术钻研基因，快速完成了电池领域技术和低成本生产制造的战略性布局，以品质和价格优势打入摩托罗拉、诺基亚等手机品牌供应链，在很短的时间内完成规模扩张，实现资本的第一次大积累。第一阶段的创业经历已经显示出王传福过人的胆识和战略前瞻性及战略决断力。

2003 年比亚迪"出人意料"地以 2.7 亿元代价通过收购秦川汽车进入汽车行业，并且很快推出与丰田花冠在外形上极为相似的 F3 车型，成为国产汽车市场的新玩家。2008 年比亚迪推出全球首款量产的插电式混合动力车型，并开始布局新能源领域，发展太阳能、储能等产品；2008 年后陆续推出了纯电动公交车、纯电动出租车、纯电动叉车等新能源产品。2022 年宣布停止生产燃油汽车，全面转向生产电动车，该年销售电动车180.2464 万辆，较 2021 年增长 149.88%，成为全球电动车销售冠军。

比亚迪从电池领域进入几乎完全陌生的汽车领域，乃至后来推出插电式混合动力车以及纯电动车，都充分体现了王传福的战略前瞻性以及战略决策的果断。作为港股上市公司，当比亚迪宣布进军汽车行业时，资本市场完全不看好王传福的这一决策，比亚迪股价（港股）从 2003 年 1 月 22 日的 18 港元跌到 1 月 27 日的 12.45 港元（均为收盘价）。可想而知，在这几天里王传福及其管理团队要承受多大的压力。

股价的暴跌并没有改变王传福进入汽车领域的决心。王传福很早就看到了汽车尤其是电动汽车的广阔发展前景，此次收购秦川汽车在外界看来是很突然的举动，但实际上是"蓄谋已久"的。比亚迪 2002 年 7 月在香港上市时就已经在招股说明书中明确未来的重点投入包括了电动车（纯电动车、混合电动车）电池项目。2003 年收购秦川汽车只是王传福战略前瞻下全新战略布局中的行动实施而已。

王传福很早就判断汽车电动化会首先从公共交通领域开启，再向出租车、物流车等商用车领域推进，最后是在私家车领域达到汽车电动化的高潮。实际上，比亚迪就是这么发展电动汽车业务的。2011 年，比亚迪先在深圳推出电动公交车，取得了环保、就业和改善民生方面的多赢效果。这之后，比亚迪的电动公交车开始走向全国，后来又成功进入英美日等发达国家。

而自推出 F3 经济型轿车开始，尤其是将发展重心转向电动车后，比亚迪虽经历风雨，但现在的结果再一次证明了王传福的战略决策非常高明。

案例 3：迈瑞医疗的价值创造之路

一、案例背景

迈瑞医疗（深圳迈瑞生物医疗电子股份有限公司）是一家主要从事医疗器械的研发、制造、营销及服务的科技型企业。迈瑞医疗主要产品覆盖三大领域：生命信息与支持、体外诊断以及医学影像，拥有国内同行业中最全的产品线。历经多年的发展，迈瑞医疗已经成为全球领先的医疗器械以及解决方案供应商。

总部设在深圳的迈瑞医疗，在北美、欧洲、亚洲、非洲、拉美等地区设有 60 多家境外子公司；在国内 30 多个省市自治区设有子公司；已建立起基于全球资源配置的研发创新平台，设有 12 个研发中心，形成了庞大的全球化研发、营销及服务网络。

在国内市场，近年来，迈瑞医疗产品持续被国内顶级医疗机构接受，销售的产品已全面覆盖生命信息与支持、体外诊断、医学影像三大业务领域，同时实现从中低端到高端、从科室到全院的整体化、集成化解决方案。迈瑞医疗的产品体系如表 6-4 所示。

表 6-4　迈瑞医疗的产品体系

业务板块	产品分布
生命信息与支持领域	包括监护仪、呼吸机、除颤仪、麻醉机、手术床、手术灯、吊塔吊桥、输注泵、心电图机，以及手术室 / 重症监护室（OR/ICU）整体解决方案等一系列用于生命信息监测与支持的仪器和解决方案的组合，以及包括外科腔镜摄像系统、冷光源、气腹机、光学内窥镜、微创手术器械及手术耗材等产品在内的微创外科系列产品
体外诊断领域	包括化学发光免疫分析仪、血液细胞分析仪、生化分析仪、凝血分析仪、尿液分析仪、微生物诊断系统等及相关试剂
医学影像领域	包括超声诊断系统、数字 X 射线成像系统和 PACS。在超声诊断系统领域，为医院、诊所、影像中心等提供从高端到低端的全系列超声诊断系统，以及逐步细分应用于放射、妇产、介入、急诊、麻醉、重症、肝纤等不同临床专业的专用解决方案。在数字 X 射线成像领域，公司为放射科、ICU、急诊科提供包括移动式、双立柱式和悬吊式在内的多种数字化成像解决方案
智慧医疗领域	满足医院日益凸显的信息化建设需求，搭建院内医疗设备的集成化管理体系，提升医院的管理和运营效率，助力医院构建智慧诊疗生态系统。截至 2022 年 6 月 30 日，"瑞智联" IT 解决方案实现签单医院数量累计近 300 家

　　迈瑞医疗自 1991 年创立以来，坚持走研发创新求发展道路，特别是回归 A 股后，公司价值创造之路走得更加开阔稳健。我们用第二章的图 2-2 对迈瑞医疗的价值创造之路进行深入的剖析，以帮助努力追求成长的上市公司更好地理解价值创造的核心逻辑。

二、迈瑞医疗的价值表现（业绩结果）

1. 核心财务指标表现

　　我们选择市值、净资产收益率、营业总收入、扣非净利润等核心财务指标来看看迈瑞医疗回归 A 股以来的表现。

　　（1）市值表现

　　迈瑞医疗自 2018 年回归 A 股以来，市值从挂牌第一天的 854.27 亿元，最高增长到 2021 年的超过 6,000 亿元，截至 2022 年 11 月 30 日 3,952 亿元，增长近 4 倍。迈瑞医疗 A 股上市以来的市值表现如图 6-36 所示。

图 6-36　迈瑞医疗 A 股上市以来市值表现

（2）净资产收益率表现

从净资产收益率看，2018 年以来，基本保持在 24% 以上（见图 6-37），平均达到 26.58%。根据东方财富 choice 数据，医疗行业的平均净资产收益率为 19.93%，中间值仅为 9.02%，也就是说，迈瑞医疗的净资产收益率远超行业平均水平。

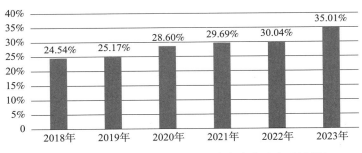

图 6-37　迈瑞医疗 2018～2023 年净资产收益率（摊薄）

（3）营业总收入及利润表现

迈瑞医疗最近几年在营业总收入上一直保持年 20% 以上的稳步增长，从 2017 年的 111.74 亿元增长到 2022 年的 303.66 亿元，增长了近 2 倍。而扣非净利润方面，虽然增长波动较大，但最低的增速也超过 20%，5 年时间扣非净利润增长了近 3 倍，由 2017 年的 25.80 亿元增长到 2022 年的 95.25 亿元（见图 6-38）。

2．迈瑞医疗的市场占有率表现

截至 2022 年，迈瑞医疗的产品覆盖了中国近 11 万家医疗机构和 99% 以上的三甲医院，产品渗透率不断提升。据迈瑞医疗统计，生命信息与支持业务的大部分子产品如监护仪、呼吸机、除颤仪、麻醉机、输注泵、灯床塔等市场份额均成为国内第一，血球业务市场份额已稳居国内第一，超

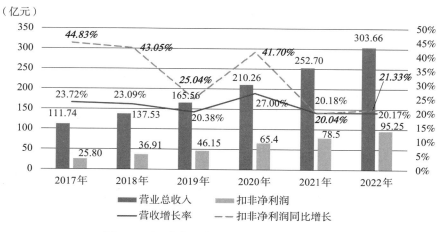

图 6-38　迈瑞营业总收入与扣非净利润表现

声业务市场份额已稳居国内第二。

　　在国际市场上，迈瑞医疗受益于过去 21 年的长期市场耕耘和品牌建设，通过北美、西欧等的全球最顶尖的医院引入迈瑞医疗产品，奠定坚实的客户基础和品牌影响力。在新冠疫情中，凭借优质的质量和完善的服务，迈瑞医疗获取了大量的订单，加快了在各国公立市场及高端客户群的突破。据迈瑞医疗统计，监护仪、麻醉机、呼吸机、血球业务等 2021 年在全球已占据市场份额前三的地位（见表 6-5）。

表 6-5　迈瑞医疗部分产品市场份额

产品线	产品	市场份额
生命信息与支持	监护仪	中国第一，全球第二
	除颤仪	中国第一，全球第四
	麻醉机	中国第二，全球第三
	灯床塔	中国第一，全球第七
	输注泵	中国第一
	呼吸机	中国第一，全球第三

（续）

产品线	产品	市场份额
体外诊断	血细胞检测	中国第二，全球第三
	生化分析检测	中国第一，全球第七
	化学发光	中国第五
医学影像	超声	中国第三，全球第五
	DR	中国第一，全球第三

资料来源：东吴证券研报。

根据迈瑞医疗 2022 年年报显示，在全球医疗器械公司 100 强排行榜上，迈瑞医疗在 2020 年、2021 年和 2022 年的排名分别为第 43 名、第 36 名和第 32 名，名次逐年提升。迈瑞医疗的目标是早日迈进全球前 20 名。

三、迈瑞医疗的经营行为

1. 关键行为之一——创新至上

作为创新型企业，迈瑞医疗 30 多年来，持续保持在研发上的高投入，自 1993 年开始，不断开创中国医疗器械领域的"第一"，例如：

1993 年，中国第一台自主研发的多参数监护仪（MEC-509 监护仪）；

1998 年，中国第一台便携式多参数监护仪（PM 9000 监护仪），中国第一台准全自动三分群血液细胞分析仪（BC-2000 血液细胞分析仪）；

2002，中国第一台自主研发全数字黑白超声诊断系统（DP-9900 超声诊断仪），中国第一台全自动血液细胞分析仪（BC-3000 血液细胞分析仪及配套试剂）；

2004 年，中国第一台全自动生化分析仪（BS-300 生化分析仪，在 2007 年获国家科技进步二等奖）；

2006 年，中国第一台自主研发台式彩色多普勒超声系统（DC-6 台式彩超），中国第一台插件式高端多参数监护仪（BeneView T 系列监护仪）；

2009 年，中国第一台拥有完全自主知识产权的双相波除颤监护仪（BeneHeart D6 除颤监护仪）；

2011 年，中国第一台高速荧光五分类血液细胞分析系统（BC-6800 血液细胞分析仪及荧光检测试剂）、中国第一台自主研发中高端台式彩超（DC-8 台式彩超）；

2012 年，中国第一台超高速全自动生化分析仪（BS-2000 生化分析仪及配套试剂）；

2013 年，亚洲第一台具备全电子流量计的高端麻醉机（A7 麻醉工作站）；

2014 年，中国第一台自主研发高端笔记本彩超（M9 便携彩超）、中国第一套生化免疫模块化流水线、中国第一套拥有完整自主知识产权的血液细胞分析流水线（体外诊断高端流水线系列）；

2015 年，全球第一台大屏幕可旋转的智能监护仪（BeneVision N 系列监护仪）、中国第一台自主研发高端台式彩超（Resona 7 台式彩超）；

2016 年，中国第一台高端移动 DR（MobiEye 700 移动式 X 射线机）；

2020 年，全球第一台实时可视化无创定量肝超仪（Hepatus 肝超仪）；

…………

迈瑞医疗董事长、创始人李西廷始终认为，在医疗器械行业，只有真正掌握自主核心技术，才能拥有长久的竞争力。只有打破技术垄断，才能给中国的医疗器械行业带来新生。

2022 年 4 月 26 日是第 22 个世界知识产权日，国家知识产权局专利检索咨询中心发布了一篇研究报告，展示了我国近 20 年来在超声、监护、体外诊断领域发明专利申请和授权情况。迈瑞医疗在该三大领域的专利申请和授权数量均在中国企业首位。迈瑞医疗不论在对创新的重视程度上，还是在技术的原始积累上，在国内均占据绝对优势。

根据 2022 年年报披露，截至 2022 年 12 月 31 日，迈瑞医疗共计申请专利 8670 件，其中发明专利 6193 件；共计授权专利 3976 件，其中发明专利授权 1847 件。迈瑞医疗不仅实现了医疗设备行业在我国知识产权领域至高荣誉上的零突破，也奠定了自己在全球行业内的领先地位。

多年来，迈瑞医疗每年坚持将营业收入的 10% 左右投入研发，2021 年研发投入金额高达 27.26 亿元。2022 年研发投入 31.91 亿元，同比增长 17.06%。

30 多年积微成著，通过不断的创新，迈瑞医疗已经实现了覆盖高中低端、整体化、智能化的解决方案，12 个研发中心遍布全球。2020 年，由中国科学院深圳先进技术研究院、迈瑞医疗等单位联合牵头组建成立的广东省高性能医疗器械创新中心，获工信部批复同意升级为国家高性能医疗器械创新中心。这是目前全国组建的 26 个国家制造业创新中心之一，是深圳首家国家制造业创新中心。

迈瑞医疗持续保证高研发投入，产品不断丰富，技术持续迭代，尤其在高端不断实现突破。

2．关键行为之二——勇于突破

迈瑞医疗自创立以来就以勇于不断自我突破而著称，也因为勇于突破而抓住了一个又一个发展机会。

例如，1991 年，迈瑞医疗创立之初只是做进口代理商，但无法实现很好的盈利，于是，李西廷果断转头自己做研发。借助深圳对高科技企业无息贷款的支持，迈瑞医疗于 1992 年开发出国内第一台血氧饱和度监护仪，1993 年又研发出国内第一台多参数监护仪，一举跨过了技术产品的高门槛。

由于有了创新的产品，迈瑞医疗也相对很容易地在早期得到了风险投资基金的助力。也由于国外资本的加持，迈瑞医疗于2006年成功登陆美国纽交所，募集资金约2.7亿美元，成为中国首家医疗设备行业海外上市公司。

在纽交所上市后，迈瑞医疗"敢想敢做"，确立了公司业务的国际化战略，迈瑞医疗通过一系列收购布局全球，拓展业务线。2008年，收购了美国Datascope生命信息监护业务，以及瑞典呼吸气体监测领域知名品牌ARTEMA，拓展了海外生命监护业务市场，并获得部分关键技术。2011~2012年，迈瑞医疗密集布局了IVD、输注泵、骨科及内窥镜业务。2013~2014年，公司以1.05亿美元的价格收购ZONARE，布局欧美市场高端超声影像业务，并收购ULCO布局大洋洲经销网络。2021年，迈瑞医疗收购Hytest完善IVD产业链上游。以收购Hytest为例，其在全球IVD原料领域处于领先地位，试剂原料很大程度上决定了试剂质量，迈瑞医疗在收购前自研的试剂原料并未达到行业主流水平，长期通过外购满足生产需求，而通过此次收购，迅速提升了迈瑞医疗核心原料自研能力，从而保障原料供应安全及成本优化。

在美国上市的10年间，迈瑞医疗总体保持着平均20%以上的营业收入增速，但估值却无法获得投资者的认可，与国内A股同行业上市公司估值差异特别大，于是在2016年，迈瑞医疗大股东团队再次借助资本力量以33亿美元完成私有化交易，从美股市场退市。

从美股市场退市后，经过两年多的准备，迈瑞医疗在2018年10月实现了在A股市场的重新上市，开启了新的发展篇章。

迈瑞医疗通过不断的突破性创新获得技术与产品的领先地位，通过不断的全球性并购进入新的细分领域或提高市场份额，这都充分展现了迈瑞医疗勇于突破的创业精神。

四、迈瑞医疗的能力

根据年度业绩报告，迈瑞医疗在医疗器械行业的价值链上形成了五大核心竞争能力。

1. 卓越的体系化研发创新能力

迈瑞医疗始终采取自主研发模式，目前已建立起基于全球资源配置的研发创新平台，设有 12 个研发中心，共有 4400 多名研发专家，分布在深圳、武汉、南京、北京、西安、成都、美国硅谷、美国新泽西、美国西雅图和欧洲等地。

迈瑞医疗通过医疗产品创新（Medical Product Innovation，MPI）体系的建设，建立了完善的业务和产品规划流程、产品构思和用户需求管理流程、基于全面质量管理理念的产品开发流程、技术研究流程、产品平台建设流程和产品生命周期管理（PLM）电子平台系统。MPI 体系上的持续建设优化，成为迈瑞医疗强大创新能力的基石，不仅系统性、规范性地保证了公司拥有源源不断的创新动力，更使迈瑞医疗能够在产品开发中构建成本优势、质量优势、市场和品牌优势，以及合规性优势。这套体系帮助迈瑞医疗能够和敢于进入监管最严格的 FDA 区域竞争并取胜，不惧怕 FDA 的飞行检查，MPI（IPD）体系让迈瑞医疗实现了从偶然开发出成功的产品到必然开发出有竞争力的产品和解决方案的飞跃。

2. 先进的质量管理和智能制造体系

迈瑞医疗的产品能够成功打入欧美等发达国家市场，实现全球化经营，源于其产品质量符合西方发达国家的品质要求，而这背后又得益于其对产品设计、研发、生产控制等价值链环节的持续改造与优化，实现产品质量一致性和全程可追溯，进而形成独特的竞争力。例如，迈瑞医疗早在 1995 年即成为行业内首批通过德国 TÜV 南德意志集团的 ISO13485 医疗器械质量管理体系认证的企业。2000 年以来，公司获得欧盟 CE、美国 FDA 等世界最严格的产品认证，既体现了公司在品质方面的高追求，也证明了公司在产品制造与品质控制方面的卓越能力。

3．全球深度覆盖、专业服务的营销体系

迈瑞医疗建立了较为庞大的营销队伍，根据其 2022 年年报，营销人员达 4017 人。公司在国内超过 30 个省市自治区均设有分公司，在境外约 40 个国家拥有子公司，产品远销 190 多个国家及地区。迈瑞医疗已成为美国、英国、意大利、西班牙、德国、法国等国家的领先医疗机构的长期合作伙伴。在北美，迈瑞医疗拥有专业直销团队，已与美国四大集团采购组织 Vizient（原美国五大集团采购组织中的 Novation 收购 MedAssets，更名为 Vizient）、Premier、Intalere（原 Amerinet）和 HPG 合作，项目覆盖北美近万家终端医疗机构；除此之外，迈瑞医疗在美国还服务于近八成的 IDN 医联体客户，并与多家大型 IDN 医联体建立了长期合作关系，其中包括 HCA Healthcare、Kaiser Permanente、Tenet Healthcare、Christus Health 等。在欧洲，迈瑞医疗采用"直销 + 经销"的销售模式，迈瑞医疗产品持续进入欧洲高端医疗集团、综合医院以及专科医院。在发展中国家，如拉美地区国家，迈瑞医疗采用了经销为主的销售模式，建立了完善且覆盖度广的经销体系，产品进入了多家综合性和专科类医院。

4．全方位、全时段、全过程服务体系

在服务方面，以客户为导向，从售前支持流程，包括现场勘察、现场规划布局方案、现场流程优化等，到确保销售和后续服务交付工作，迈瑞

医疗建立了全方位、全时段、全过程售前、售后服务体系。迈瑞医疗借助业界领先的客户关系管理平台、远程支持平台和数据监控中心对服务全过程进行管理。

在国内，截至 2022 年，迈瑞医疗构建了由 31 家分公司、50 余家驻地直属服务站和 900 余家优质授权服务渠道商共同组成的完整的"总部—分公司—直属服务站—服务渠道商"四级服务网络构架。迈瑞医疗拥有 600 余名直属工程师、200 余名临床应用工程师，以及 4700 余名经原厂培训、考核及认证的专业服务渠道商组成的服务团队。

5．稳定、专业的管理团队

迈瑞医疗历经 30 多年的拼搏发展，形成了一支以董事长李西廷为核心的管理团队。管理团队始终秉承"普及高端科技，让更多人分享优质生命关怀"的企业使命，坚守"客户导向、以人为本、严谨务实、积极进取"的核心价值观，形成了行业内独树一帜的强大战斗力。迈瑞医疗拥有稳定的、平均年龄不足 50 岁的核心管理层团队，其中多人在迈瑞医疗多个岗位历练十年以上，积累了丰富的医疗器械行业研发、营销、生产、管理、并购等相关经验和卓越的国际化运营能力，对行业发展有深刻的认识。经过多年的创业发展，管理层不仅能很好地基于企业的现实情况、行业发展趋势和市场需求，及时、有效地制定符合迈瑞医疗实际的发展战略，而且成员之间沟通顺畅、配合默契，对迈瑞医疗未来发展有着共同的、务实的理念。迈瑞医疗管理团队的目标是带领企业进入全球前二十大医疗器械公司行列。

五、迈瑞医疗的资源禀赋

一家优秀企业的成长与基业长青，与它的资源禀赋息息相关。在多年的持续运营中，这些资源禀赋也逐渐成为企业的基因文化。企业的资源禀赋与创始人和创业团队密不可分。

迈瑞医疗自创立以来所累积起来的资源禀赋以及文化基因，就与其创始人李西廷的经历直接相关。李西廷为安徽砀山县人，生于 1951 年，得益于家庭的支持，李西廷受到了少有的高中教育，后又应征入伍，四年的部队历练，又使他拥有军人的作风与气质。1973 年，在那个年代仅有的一次全国高考中，他又适时地抓住机遇，以优异的成绩考入中国科学技术大学物理系低温物理专业学习。大学毕业后，李西廷来到武汉物理研究所（1996 年，该所与武汉数学物理研究所合并组建中国科学院武汉物理与数学研究所），从事低温工程领域的工作。

在工作岗位上，李西廷干得风生水起。1982 年，他通过考试，取得了公派到法国巴黎第十一大学的访问学者的机会，远赴法国学习了两年半。国外生活开拓了李西廷的眼界，也增强了他做一番事业的信心。回国后不久，他被中国科学院派往深圳，担任中美合资的高科技医疗器械企业——深圳安科的办公室主任。这一经历让李西廷对医疗器械行业有了深入的理解。

因为看好医疗器械行业的未来发展，1991 年，李西廷毅然决然地在深圳安科最红火的时候选择辞职，他与同事徐航、成明和三人一起离开安科，自立门户，创立了迈瑞医疗。迈瑞医疗最早的创业"三人团"都毕业于名校：李西廷毕业于中国科学技术大学低温物理专业且拥有当时少有的海外留学经历，徐航是清华大学计算机本科、电机工程系硕士，成明和是上海交通大学生物医学硕士，这在当时来说可谓是背景雄厚的高知创业团队。

这样的一支创业团队，使得迈瑞医疗对外既有敏锐的市场触觉，又有广阔的国际视野；对内则拥有良好的科技与研发思维。迈瑞医疗在借鉴国外技术的基础上，很快便研发出国内第一款监护仪，从此走上了研发之路；同时，国际视野也让迈瑞医疗的创业团队在资本市场大放异彩，不断通过资本市场获得企业发展的关键资金。从早期获得深圳市政府支持的近 400 万元无息贷款，到获得美国华登投资的 200 万美元风险投资，再到 2006 年在美国纽交所上市募集到 2.7 亿美元资金，直至 2016 年从美股市场退市并于 2018 年在 A 股市场上市，募集资金 59.34 亿元，成为当时为创业板有史以来最大规模的一笔 IPO，迈瑞医疗可谓是恰到好处地运用了资本市场的红利，为自身的发展插上了腾飞的翅膀。

迈瑞医疗 30 多年的发展，从大的环境来说，是赶上了中国医疗发展、医疗基建腾飞的好时代；从企业微观角度说，是以李西廷为首的创业团队有力地抓住了时代的机遇，充分利用自身拥有的资源禀赋，并不断将其积累放大，使创新研发、资本运作并购、体系化运营成为企业的文化基因，成就了今日之迈瑞医疗。

后记

　　思考五年，写作用时一年半，本书终于大功告成。距离作者出版上本书《管理转型——成长型企业管理困境突破》已经 10 年整，本书是作者专为几千家成长型上市公司而写的一本市值增长战略图书。

　　本书既是作者团队的研究成果，更是多年管理与顾问经历的经验总结。希望本书能为几千家成长型上市公司、拟上市公司在追求市值增长的进程中提供营养，也希望本书能给专业投资者从另一个视角去研究上市公司的市值增长逻辑提供一些帮助，让投资决策更加理性，如此，作者团队会倍感欣慰。

　　我和我的团队非常感谢过去多年服务过的上市公司，服务过程也是一个互相学习、方法论不断得到验证的过程。

　　为响应成长型上市公司的需求，立足于实战，结合实际案例，我和团队专门开发了一套"轻"咨询模式的市值增长战略研讨会课程，以"私董会"模式协助成长型上市公司拟定市值增长战略，协助实施与市值增长战略所匹配的资本运作关键举措，欢迎有兴趣的上市公司联系我们。

感谢投身于教育事业的整合营销专家蔡咏平在整合营销传播领域所给予的智慧支持。

在写作期间，年轻的"老中医"意凡通过中药解决了长期困扰作者的胃肠问题，借此机会深表谢意。

在本书完成之时，正值国务院国资委在 2024 年 1 月 29 日指出，在前期试点探索、积累经验的基础上，全面推广央企上市公司市值管理考核，引导企业更加重视上市公司的内在价值和市场表现，传递信心、稳定预期，更好地回报投资者。本书的内容非常契合国务院国资委关于做好国有上市公司市值管理的政策精神。作者团队从 2024 年 5 月起在国资委旗下的《企业管理》杂志连续撰写特稿，专门就国有上市公司以市值增长战略管理为核心的市值管理进行专题研究，希望能与更多的国有上市公司进行交流、研讨。

借助本书的出版，作者团队经过深入探讨并达成共识，确立新时期的工作使命：以"正心、正念、正行"为根本理念，以美的集团等优秀上市公司为标杆，致力于推动中国成长型上市公司建立合法、合规的市值管理方法论，实施可持续的市值增长战略。

我特别喜欢微软现任 CEO 萨提亚·纳德拉在《刷新：重新发现商业与未来》中所说的一句话："每一个人、每一个组织乃至每一个社会，在到达某一个点时，都应该点击刷新——重新注入活力、重新激发生命力、重新组织并重新思考自己存在的意义。"虽然在书中已有摘录，但笔者仍情不自禁地想在此表达对这句话的认同。

无论企业处于哪一个发展阶段，现在，请刷新自己！

REFERENCES
参考文献

［1］ 弗里克曼，托勒瑞德.公司估值[M].注册估值分析师协会，译.北京：机械工业出版社，2021.

［2］ 达莫达兰.估值：难点、解决方案及相关案例[M].刘寅龙，译.北京：机械工业出版社，2019.

［3］ 张先治，池国华.企业价值评估[M].4版.大连：东北财经大学出版社，2020.

［4］ 科勒，戈德哈特，威赛尔斯.价值评估：公司价值的衡量与管理[M].高建，魏平，朱晓龙，等译.北京：电子工业出版社，2007.

［5］ 科勒，多布斯，休耶特.价值：公司金融的四大基石[M].金永红，倪晶晶，单丽翡，译.北京：电子工业出版社，2012.

［6］ 杨峰.公司估值问题：来自实践的挑战[M].北京：中国财政经济出版社，2012.

［7］ 池国华，等.财务分析[M].北京：中国人民大学出版社，2015.

［8］ 汤谷良.战略财务的逻辑：我的偏执[M].北京：北京大学出版社，2011.

［9］ 汤谷良.VBM框架下财务管理理论体系重构[M].北京：中国财政经济出版社，2007.

［10］ 郭永清.财务报表分析与股票估值[M].2版.北京：机械工业出版社，2021.

［11］ 施光耀，刘国芳.市值管理论[M].北京：北京大学出版社，2008.

［12］蓝天祥，陈阳，刘强，等.市值的博弈：市值管理理论、实践与探索 [M].北京：中国金融出版社，2011.

［13］毛勇春.市值管理方略 [M].上海：同济大学出版社，2012.

［14］毛勇春.市值管理新论：从定性到定量 [M].上海：同济大学出版社，2015.

［15］诺夫辛格.行为金融与投资心理学 [M].郑磊，郑扬洋，译.北京：机械工业出版社，2019.

［16］蒙蒂尔.行为金融学：洞察非理性投资心理和市场 [M].黄朔，译.北京：中国青年出版社，2020.

［17］蒂德，贝赞特.创新管理：技术变革、市场变革和组织变革的整合（第4版）[M].陈劲，译.北京：中国人民大学出版社，2012.

［18］陈劲，郑刚.创新管理：赢得持续竞争优势 [M].2 版.北京：北京大学出版社，2013.

［19］圣吉.第五项修炼：学习型组织的艺术与实务 [M].郭进隆，译.2 版.上海：上海三联书店，2002.

［20］麦加恩.产业演变与企业战略：实现并保持佳绩的原则 [M].孙选中，等译.北京：商务印书馆，2007.

［21］施海涛.价值传播体系构建及其中国实践 [M].北京：社会科学文献出版社，2022.

［22］吕大鹏.价值传播：重大公共事件中企业价值传播 [M].北京：中国经济出版社，2021.

［23］黄运成，等.沪深 A 股上市公司市值分析：2022 [M].北京：中国财政经济出版社，2022.

［24］黄卫伟，等.以客户为中心：华为公司业务管理纲要 [M].北京：中信出版社，2016.

［25］黄卫伟，等.价值为纲：华为公司财经管理纲要 [M].北京：中信出版社，2017.

［26］吴晓波，等.华为管理变革 [M].北京：中信出版社，2017.

［27］华为企业架构与变革管理部.华为数字化转型之道 [M].北京：机械工业出版社，2022.

［28］丁焕明，克勒格尔，蔡塞尔.科尔尼并购策略 [M].张凯，译.北京：机械工业出版社，2004.

［29］纳德拉.刷新：重新发现商业与未来［M］.陈召强，杨洋，译.北京：中信出版社，2018.

［30］美国项目管理协会.组织变革管理实践指南［M］.汪小金，译.北京：中国电力出版社，2014.

［31］马利克.战略：应对复杂新世界的导航仪［M］.周欣，等译.北京：机械工业出版社，2013.

［32］李文，李丹，蔡金勇，等.企业项目化管理实践［M］.北京：机械工业出版社，2010.

［33］舒尔茨D，舒尔茨H.整合营销传播：创造企业价值的五大关键步骤［M］.王茁，顾洁，译.北京：清华大学出版社，2013.

［34］林佑刚，张聚勤，黄水荣.管理转型：成长型企业管理困境突破［M］.北京：电子工业出版社，2014.

［35］刘强东.刘强东自述：我的经营模式［M］.北京：中信出版社，2016.

［36］郑祥琥.比亚迪之父王传福：巴菲特看好的人［M］.北京：中央编译出版社，2009.

［37］奥瑞克，琼克，威伦.企业基因重组：释放公司的价值潜力［M］.高远洋，等译.北京：电子工业出版社，2003.

［38］马克斯.周期：投资机会、风险、态度与市场周期［M］.刘建位，译.北京：中信出版社，2019.

［39］克里斯坦森.创新者的窘境［M］.胡建桥，译.北京：中信出版社，2010.

［40］张振刚.格力模式［M］.北京：机械工业出版社，2019.

［41］谢超，李瑾.分拆上市能否创造价值？——分拆上市的动机、路径及影响［R］.光大证券，2020.

［42］张馨元.A股分拆上市全景投资手册［R］.华泰证券，2020.

［43］刘晨明，李如娟，许向真，等.增长的选择——30%、-50%、70%三个经验值［R］.天风证券，2022.